776 — 1896
ΟΛΥΜΠΙΑΚΟΙ
ΑΓΩΝΕΣ
ΑΘΗΝΑΙ – ATHÈNES
ES JEUX OLYMPIQUES
ΚΑΡΟΛΟΣ ΜΠΕ
Ἐκδότ
CH. B
Édi

ΟΛΥΜΠΙΑΚΟΙ ΑΓΩΝΕΣ

776 — 1896

JEUX OLYMPIQUES

ΟΙ ΟΛΥΜΠΙΑΚΟΙ ΑΓΩΝΕΣ

776 π. Χ. — 1896.

Τῇ ἐγκρίσει καὶ ὑποστηρίξει τοῦ ἐν Ἀθήναις κεντρικοῦ συμβουλίου τῶν διεθνῶν
Ὀλυμπιακῶν Ἀγώνων τοῦ προεδρευομένου ὑπὸ τῆς

Α. Β. ΥΨΗΛΟΤΗΤΟΣ ΤΟΥ ΔΙΑΔΟΧΟΥ ΚΩΝΣΤΑΝΤΙΝΟΥ

ΜΕΡΟΣ Β΄

ΟΙ ΟΛΥΜΠΙΑΚΟΙ ΑΓΩΝΕΣ 1896

ΥΠΟ

ΒΑΡΩΝΟΥ ΔΕ ΚΟΥΜΠΕΡΤΕΝ, ΤΙΜΟΛΕΟΝΤΟΣ ΦΙΛΗΜΟΝΟΣ,

Ν. Γ. ΠΟΛΙΤΟΥ ΚΑΙ ΧΑΡΑΛΑΜΠΟΥ ΑΝΝΙΝΟΥ

ΕΝ ΑΘΗΝΑΙΣ

ΠΑΡΑ ΤΩι ΕΚΔΟΤΗι ΚΑΡΟΛΩι ΜΠΕΚ

1896

LES JEUX OLYMPIQUES

776 av. J.-C. — 1896.

Honoré d'une souscription du Comité central d'Athènes présidé par

S. A. R. LE PRINCE HÉRITIER DE GRÈCE

DEUXIÈME PARTIE

LES JEUX OLYMPIQUES DE 1896

PAR

LE BARON DE COUBERTIN, TIMOLÉON PHILÉMON,

N. G. POLITIS & CHARALAMBOS ANNINOS

TRADUCTION FRANÇAISE

PAR

LÉON OLIVIER

ATHÈNES

CHARLES BECK, EDITEUR

Rue d'Hermès N° 14

PARIS

H. LE SOUDIER

Boulevard St. Germain 174-176

1896

Athènes, Imprimerie de la Hestia **C. Meissner & N. Kargadouris** 1896 — 1307.

ΙΝΕ συνήθως ἱκανῶς δυσδιάγνωστον τὸ διατί καὶ πῶς ἰδέα τις γεννᾶται — ἀναδυομένη ἐκ τοῦ πλήθους τῶν ἄλλων ἰδεῶν, αἵτινες ἀναμένουσι τὴν πραγμάτωσιν αὐτῶν — καὶ ἐνσωματωθεῖσα καθίσταταί τι τετελεσμένον. Ἀλλ' οὐχ οὕτω περὶ τῶν Ὀλυμπιακῶν Ἀγώνων.

Ἡ ἰδέα τῆς ἀνασυστάσεως αὐτῶν δὲν ἦτό τι φαντασιῶδες, ἀλλὰ τὸ λογικὸν ἀποτέλεσμα μεγάλης τινὸς κινήσεως. Ὁ ΙΘ' αἰὼν εἶδεν ἀπανταχοῦ ἀναγεννωμένην τὴν πρὸς τὰς φυσικὰς ἀσκήσεις κλίσιν, κατὰ μὲν τὴν κύψην αὐτοῦ ἐν Γερμανίᾳ καὶ Σουηδίᾳ κατὰ δὲ τὴν μεσημβρίαν ἐν Ἀγγλίᾳ, κατὰ δὲ τὴν δύσιν ἐν ταῖς Ἡνωμέναις Πολιτείαις καὶ ἐν Γαλλίᾳ. Ταυτοχρόνως δὲ διὰ τῶν μεγάλων ἐφευρέσεων, τοῦ τε σιδηροδρόμου καὶ τοῦ τηλεγράφου ἐξαλείφονται αἱ ἀποστάσεις, καὶ οἱ ἄνθρωποι ἄρχονται ζῶντες βίον νέον, αἱ φυλαὶ συμμιγνύονται καὶ μαθοῦσαι νὰ γινώσκωσιν ἑαυτὰς κάλλιον, πάραυτα χαίρουσι συγκρινόμεναι πρὸς ἀλλήλας· καὶ ἐκεῖνο μὲν ὅπερ ἡ φυλὴ αὕτη ἐξετέλει, ἤθελε νὰ ἐπιχειρήσῃ τὸ καθ' ἑαυτὴν καὶ ἐκείνη. Παγκόσμιοι ἐκθέσεις συνήγαγον ἐφ' ἑνὸς καὶ τοῦ αὐτοῦ σημείου τῆς γηΐνης σφαίρας τὰ προϊόντα τῶν ἀπωτάτων χωρῶν· φιλολογικὰ ἢ ἐπιστημονικὰ συνέδρια ἤγαγον εἰς συνάφειαν τὰς διαφορωτάτας διανοητικὰς δυνάμεις. Πῶς λοιπὸν καὶ οἱ ἀθληταὶ νὰ μὴ ἐπιζητήσωσι νὰ συναντηθῶσι, καθ' ὃν χρόνον ἡ ἄμιλλα εἶνε τὸ κύριον θεμέλιον τοῦ ἀθλητισμοῦ καὶ σχεδόν που ὁ λόγος τῆς ὑπάρξεως αὐτῆς; Τοῦτο δὲ καὶ

IL est d'ordinaire, assez difficile, de savoir pourquoi et comment une idée naît — se dégage du flot des autres idées qui attendent leur réalisation — prend un corps et devient un fait. Mais tel n'est pas le cas pour les Jeux Olympiques. L'idée de leur rétablissement n'était pas une fantaisie : c'était l'aboutissement logique d'un grand mouvement. Le XIXème Siècle a vu partout renaître le gout des exercices physiques : à son aurore, en Allemagne et en Suède ; à son midi, en Angleterre : à son déclin, aux Etats Unis et en France. En même temps les grandes inventions, le chemin de fer et le télégraphe ont rapproché les distances et les hommes se sont mis à vivre d'une existence nouvelle ; les races se sont pénétrées les unes les autres, elles ont appris à se mieux connaitre et tout de suite elles ont aimé à se comparer entre elles. Ce que l'une accomplissait, l'autre voulait à son tour le tenter : des expositions universelles ont amené sur un même point du globe les produits des pays les plus lointains ; des congrès littéraires ou scientifiques ont mis en contact les facultés cérébrales les plus diverses. Comment les athlètes n'auraient ils pas cherché à se rencontrer alors que l'émulation est la base même de l'athlétisme, et presque sa raison d'être? Cela est arrivé en effet ; la Suisse a convié les tireurs étrangers à ses concours fédéraux. Les bicyclistes ont roulé sur tous les vélodromes de l'Europe ; l'Angleterre et les Etats Unis se sont défiés sur l'eau et sur l'herbe ; les escrimeurs de Rome et de Paris ont

ἐγένετο· καὶ ἡ μὲν Ἑλβετία συνεκάλεσε τοὺς ἀλλοδα-
ποὺς σκοπευτὰς εἰς τοὺς ὁμοσπονδιακοὺς αὐτῆς ἀγῶ-
νας, οἱ δὲ ποδηλάται διήλασαν ἐν πᾶσι τῆς Εὐρώπης
τοῖς ποδηλατοδρομίαις, ἡ Ἀγγλία καὶ αἱ Ἡνωμέναι
Πολιτεῖαι προεκάλεσαν ἀλλήλας ἐπί τε τοῦ ὕδατος καὶ
τοῦ χόρτου, οἱ δὲ ξιφομάχοι τῆς Ῥώμης καὶ τῶν
Παρισίων διεσταύρωσαν τὰ ξίφη, κατὰ μικρὸν δὲ τὸ
διεθνὲς εἰσέδυσεν ὑπὸ τὰ διάφορα ἀγωνίσματα, ἀναρ-
ριπίζον τὸ διάφορον καὶ μεγεθῦνον τὴν σφαῖραν τῆς
ἐνεργείας. Οὕτω δὲ ἡ τῶν Ὀλυμπιακῶν Ἀγώνων ἀνα-
βίωσις καθίστατο δυνατή.

Ταῦτα διανοούμενος, εὗρον αὐτὴν καὶ ἀναγκαίαν.
Ἐπί τινα ἔτη, διετέλεσα μελετῶν τὰ τῆς νεολαίας τῶν
σχολείων Ἀγγλίας καὶ Ἀμερικῆς. Δύναται νὰ ἐπικρίνῃ
τις ἐπὶ πολλῶν σημείων τὴν διδασκαλίαν τὴν γενομέ-
νην ἐν τοῖς δημοσίοις βρεττανικοῖς σχολείοις· ἀλλ' εἶνε
ἔξω πάσης ἀμφιβολίας ὅτι ἡ ἀγωγὴ ἐν αὐτοῖς εἶνε
ἰσχυρὰ καὶ ἀνδρική. Ὀφείλει δὲ νὰ ἀποδοθῇ κατὰ μέγα
μέρος εἰς τὰς ἀρετὰς τῆς ἀγωγῆς ταύτης ἡ τεραστία
ἐξάπλωσις τοῦ Βρεττανικοῦ κράτους καὶ ὁ βαθμὸς τῆς
ἰσχύος, εἰς ὃν ὑψώθησαν οἱ Ἄγγλοι ἐπὶ τῆς βασιλείας
τῆς ἀνάσσης Βικτωρίας. Εἶνε δὲ μάλιστα περίεργον ὅτι,
καθ' ἃ ἀποδεικνύεται, αἱ πρόοδοι αὗται συμπίπτουσι
πρὸς τὴν ἐν τῷ Ἡνωμένῳ βασιλείῳ κατὰ τὸ ἔτος 1840
ἐπιτελεσθεῖσαν παιδαγωγικὴν μεταρρύθμισιν, ἐν ᾗ τὴν
πρωτοκαθεδρίαν τρόπον τινὰ κατέχει ἡ φυσικὴ ἄσκησις,
χρησιμοποιουμένη εἰς ἔργον ἠθικῆς ἀγωγῆς. Εἶνε δὲ τὸ
ἔργον τοῦτο ἡ ἀποκατάστασις, συμφώνως πρὸς τὰς
σημερινὰς χρείας, μέρους τινὸς ἐκ τῶν ἀξιολογωτάτων
τοῦ Ἑλληνικοῦ πολιτισμοῦ, τοῦτ' ἔστι τῆς συμμετο-
χῆς τῶν μυῶν ἐν τῇ ἐργασίᾳ τῆς ἠθικῆς μορφώσεως.
Ἀλλ' ἐν Γαλλίᾳ τοὐναντίον ἡ φυσικὴ ἀδράνεια ἐθεω-
ρεῖτο ἕως ἐπ' ἐσχάτων ὡς πόρισμα ἀναγκαῖον τῆς δια-
νοητικῆς τελειοποιήσεως. Ἦτο παραδεδεγμένον ὅτι οἷος
δήποτε ἀγὼν βλάπτει τὰς σπουδάς· ὡς πρὸς τὸν χαρα-
κτῆρα δὲ, οὐδ' ἐφαντάζοντο κἂν ὅτι ἠδύνατο νὰ ὑπάρχῃ
δεσμός τις οἷος δήποτε μεταξὺ τοῦ σώματος καὶ τῆς
βουλήσεως.

Καθ' ὅλου εἰπεῖν τὰ πλεῖστα τῶν μεγάλων ἐθνικῶν
ζητημάτων περιορίζονται εἰς ἓν ζήτημα ἀγωγῆς, μάλι-
στα δὲ ἐν ταῖς δημοκρατίαις· ὀφείλει πάντοτε νὰ ζητῆ-
ται ἐν τῷ σχολείῳ, ἐν τῷ Πανεπιστημίῳ, τὸ μυστήριον
τοῦ μεγαλείου ἢ τῆς παρακμῆς δημοκρατίας τινός,
διότι πᾶσα βελτίωσις εἰσαγομένη εἰς αὐτὰ ἀντανακλᾶ-
ται ἰσχυρότερον καὶ μακρότερον πάσης ἄλλης. Ὀφείλε
νὰ ἐπέλθῃ φυσικώτατα εἰς τὸν νοῦν ἀνδρὸς πεπεισμένου
περὶ τῆς ἀληθείας ταύτης, ὅτι θὰ ἦτο καλὸν εἰς τὴν
Γαλλίαν νὰ εἰσαγάγῃ εἰς τὸν σχολειακὸν βίον ὀλίγον τι

croisé le fer; peu à peu, l'internationalisme s'est
glissé sous le sport, avivant l'intérêt, agrandis-
sant la sphère d'action. Le rétablissement des
Jeux Olympiques devenait possible.

En y réfléchissant, il m'apparut même comme
nécessaire. J'avais employé un certain nombre
d'années à étudier la jeunesse scolaire d'Angle-
terre et d'Amérique. On peut critiquer sur bien
des points l'enseignement qui se donne dans les
public schools britanniques; mais il est hors de
doute que l'éducation y est forte et virile. On doit
attribuer, pour une large part, aux mérites de
cette éducation, l'expansion prodigieuse de l'Em-
pire Britannique et le haut degré de puissance
atteint par les Anglais sous le règne de la Reine
Victoria. Il est même curieux de constater que
ces progrès coincident avec la réforme pédago-
gique qui s'est opérée dans le Royaume Uni vers
1840. Dans cette réforme l'exercice physique tient,
en quelque sorte, la première place. On le fait
servir à une œuvre d'éducation morale. C'est la
restitution, selon les besoins du jour, d'une des
particularités les plus remarquables de la ci-
vilisation grecque : la participation des muscles
au travail de formation morale. En France, au
contraire, l'inertie physique était, jusqu'à ces
derniers temps, considérée comme un corollaire
indispensable du perfectionnement cérébral; il
était admis que le jeu nuit aux études : quant au
caractère on n'avait pas idée qu'il pût exister un
lien quelconque entre le corps et la volonté.

En général, la plupart des grandes questions
nationales se réduisent à une question d'éduca-
tion, surtout dans les états démocratiques. Il faut
toujours chercher dans l'école, dans l'université
le secret de la grandeur ou de la décadence d'une
démocratie. Les améliorations qu'on y introduit
sont celles qui se répercutent le plus fort et le
plus loin. Il devait venir tout naturellement à la
pensée d'un homme convaincu de cette vérité,
qu'il serait bon pour la France d'introduire dans
la vie scolaire un peu de cette vitalité physique,
de cette énergie animale dont nos voisins ont
éprouvé les bienfaits. L'œuvre, ainsi entreprise
au commencement de 1888, a rapidement pros-
péré et l'*Union des Sports Athlétiques* dont les
débuts furent des plus modestes groupait déjà, à
la fin de 1892 un nombre considérable de so-

τῆς φυσικῆς ἐκείνης ζωτικότητος, τῆς ζωϊκῆς ἐκείνης ἐνεργείας, ἧς τὰ εὐεργετήματα ἐδοκίμασαν οἱ ἡμέτεροι γείτονες. Τὸ ἔργον οὕτω πως ἐπιχειρηθέν, ἀρχομένου τοῦ ἔτους 1888, τάχιστα προὐχώρησε καὶ ἡ Ἕνωσις τῶν ἀθλητικῶν ἀγωνισμάτων, ἐξ ἁπλουστάτων καὶ ἀφανῶς ἀρξαμένη, εἶχεν ἤδη λήγοντος τοῦ 1892 ση- μαντικὸν ἀριθμὸν συλλόγων, ἐξ ὧν ἦσαν σχολειακοὶ σύλλογοι, ἱδρυμένοι ἐν τοῖς λυκείοις, δημιουργηθέντες καὶ συντηρούμενοι ὑπὸ μαθητῶν τῶν γυμνασίων. Τὰ προγενέστερα ταξείδιά μου, ἡ ἀνάγκη τοῦ νὰ μελετήσω ὅ τι ἐγίνετο ἔξω, ἵνα ἀποτελεσματικώτερον ἐργασθῶ ἐντός, πρὸς ἐπιτυχίαν τῆς ἐπιχειρήσεως, ἐγένοντό μοι ἀφορμὴ σχέσεων καὶ πρὸς τοὺς ἐν ἄλλαις χώραις προσ- έχοντας εἰς τὰς φυσικὰς ἀσκήσεις. Πλὴν δὲ τούτου ἐπὶ τῇ Παγκοσμίῳ Ἐκθέσει τοῦ 1889 ἡ Γαλλικὴ Κυ- βέρνησις εἶχε συγκαλέσῃ εἰς Παρισίους διεθνῆ συνέδρια παντοῖα, ἐν οἷς καὶ συνέδριον ἀγωγῆς φυσικῆς. Ἐπι- τραπεὶς τὴν διοργάνωσιν αὐτοῦ, ἀπέστειλα πανταχοῦ τῆς ἀλλοδαπῆς ἐγκύκλιον μετὰ ἐρωτήσεων ἀναφερο- μένων εἰς τὸν τρόπον καθ' ὃν ἐγένοντο αἱ φυσικαὶ ἀσκή- σεις ἔν τε τοῖς γυμνασίοις καὶ τοῖς Πανεπιστημίοις. Τέλος ἵδρυσα ἐφημερίδα μηνιαίαν, τὴν Ἀθλητικὴν Ἐπιθεώρησιν, σκοπῶν νὰ προκαλέσω δι' αὐτῆς κίνη- σίν τινα ὑπὲρ τῶν ἀνδρικῶν ἀγωνισμάτων καὶ νὰ ἀντι- παραβάλω πρὸς ἄλληλα τὰ ἑκασταχοῦ ἐπιτευχθέντα ἀποτελέσματα. Ἡ δὲ ὑπὸ τοῦ Ὑπουργείου τῆς Δημο- σίας Ἐκπαιδεύσεως ἀνατεθεῖσά μοι τῷ 1889 ἐντολὴ πρὸς ἐπίσκεψιν τῶν ἐν τῇ Β. Ἀμερικῇ καθιδρυμάτων τῆς δημοσίας ἐκπαιδεύσεως, συνετέλεσεν εἰς τὸ νὰ προσ- θέσω νέα τεκμήρια εἰς τὴν διεθνῆ συλλογήν μου. Ἐκ πάντων δὲ τούτων ἠδυνήθην νὰ καταστήσω φανερὸν ὅτι ὁ ἀθλητισμὸς ἐκινδύνευεν ἤδη, κινδύνους μεγάλους κατὰ τὴν ἑσπέραν τοῦ αἰῶνος, ὅστις εἶδεν αὐτὸν γεννώμενον, καὶ ὅτι αἱ πρόσοδοι αὐτοῦ ὡσαύτως ἐκινδύνευον, ἂν μὴ παρενέβαινέ τις μετὰ τάχους καὶ δραστηριότητος. Παν- ταχοῦ εἶχον εὕρη τὴν διχόνοιαν, τὸν ἐμφύλιον πόλεμον μεταξὺ τῶν διασωτῶν ἢ τῶν ἐναντίων τῆς τοιαύτης ἢ τοιαύτης ἀσκήσεως· αὕτη δὲ τῶν πραγμάτων ἡ κατά- στασις ἐφάνη μοι προερχομένη ἐξ ὑπερβολικῆς τινος τάσεως περὶ τὸ εἰδικεύειν τὰ πράγματα. Οἱ μὲν γυμνα- σταὶ ἤθελον τὸ κακὸν τῶν ἐρετῶν, οἱ δὲ ξιφομάχοι τὸ τῶν ποδηλατῶν, οἱ δὲ σκοπευταὶ τὸ τῶν παικτῶν τοῦ lawn-tennis· ἀλλ' οὐδὲ μεταξὺ τῶν διασωτῶν ἑνὸς καὶ τοῦ αὐτοῦ ἀγωνίσματος ὑπῆρχεν εἰρήνη, διότι οἱ μὲν φίλοι τῆς Γερμανικῆς γυμναστικῆς ἠρνοῦντο πᾶ- σαν ἀξίαν τῆς Σουηδικῆς μεθόδου, οἱ δὲ Ἀμερικανικοὶ κανόνες τοῦ foot ball ἐφαίνοντο εἰς τοὺς Ἄγγλους ὡς ἀντικείμενοι τῷ ὀρθῷ λόγῳ. Καὶ ἄλλο τι ὑπῆρχε

ciétés, parmi lesquelles beaucoup étaient des so- ciétés scolaires, établies dans les lycées, créés et dirigées par des lycéens. Mes précédents voyages, la nécessité d'étudier ce qui se faisait au dehors pour travailler plus efficacement au de- dans, à la réussite de l'entreprise, m'avaient créé des relations avec ceux qui, dans les autres pays, donnent aussi leur attention aux exercices physiques. De plus, à l'occasion de l'exposition universelle de 1889, le gouvernement Français avait convoqué à Paris, des congrès interna- tionaux d'ordres très divers : parmi ceux-là il y avait un congrès d'éducation physique. Chargé de l'organiser, j'avais envoyé partout à l'étran- ger, une circulaire et un questionnaire ayant trait à la façon dont les exercices physiques étaient pratiqués dans les collèges et universités. Enfin j'avais fondé un journal mensuel, la *Revue Athlétique* dans le but de provoquer un mouve- ment en faveur des sports virils et de comparer les uns aux autres les résultats obtenus ici et là. La mission dont le ministère de l'Instruction Publique me chargea en 1889 et qui tendait à visiter les établissements d'Instruction Publique de l'Amérique du nord m'avait permis d'ajouter des nouveaux documents à mon dossier interna- tional. Tout cela me mit à même de constater qu'au soir du Siècle qui l'avait vu renaître, l'athlé- tisme courait déjà de grands dangers et que ses progrès allaient être compromis si l'on n'inter- venait pas d'une façon prompte et énergique. Partout, j'avais rencontré la discorde, la guerre civile établi entre les partisans ou les adver- saires de telle ou telle forme d'exercice; cet état de choses me parut provenir d'une spécialisation excessive. Les gymnastes voulaient du mal aux rameurs, les escrimeurs aux cyclistes, les tireurs aux joueurs de *lawn-tennis* : entre adeptes d'un même sport, la paix ne regnait pas davantage ; les amis de la gymnastique allemande déniaient tout mérite à la méthode suédoise et les règles amé- ricaines de *foot-ball* paraissaient aux joueurs anglais, contraires au bon sens. Il y avait encore autre chose : il y avait l'esprit mercantile qui me- naçait d'envahir les cercles sportifs : là ou on ne courait pas, ou on ne luttait pas ouvertement pour de l'argent on sentait néanmoins une ten- dance à de regrettables compromis ; et dans le

προσέτι, τὸ ἐμπορικὸν πνεῦμα, τὸ ἀπειλοῦν νὰ εἰσ-
βάλῃ εἰς τοὺς ἀγωνιστικοὺς συλλόγους· καὶ ἐκεῖ ἔνθα
ἔτρεχον ἢ ἐπάλαιον οὐχὶ φανερὰ χάριν ἀργυρολογίας,
ᾐσθάνοντο οὐχ ἧττον τάσιν τινὰ πρὸς συναλλαγάς τινας
λυπηράς, καὶ εἰς τὴν ἐπιθυμίαν τῆς νίκης ὑπεισήρχετο
πολλάκις πᾶν ἄλλο ἢ ἡ φιλοδοξία καὶ τὸ συναίσθημα
τῆς τιμῆς. Ἐὰν δὲ ἠθέλομεν νὰ μὴ ἴδωμεν ἐπικειμένην
τὴν παρακμὴν τοῦ ἀθλητισμοῦ καὶ τὸν ἐκ δευτέρου θά-
νατον αὐτοῦ, ὠφείλομεν νὰ ἐνοποι-
ήσωμεν καὶ καθαρίσωμεν αὐτόν.

Πρὸς τοῦτο δὲ εἷς καὶ μόνος
τρόπος μοι ἐφάνη, πρακτικός, ἡ
σύστασις δῆλον ὅτι ἀγώνων πε-
ριοδικῶν, εἰς οὓς νὰ συνέρχωνται
οἱ ἀντιπρόσωποι πασῶν τῶν χω-
ρῶν καὶ πάντων τῶν ἀγωνισμά-
των, καὶ ἡ ὑποβολὴ τῶν ἀγώνων
τούτων ὑπὸ τὴν προστασίαν τὴν
μόνην δυναμένην νὰ περιάψῃ αὐ-
τοῖς λαμπρότητά τινα μεγαλείου
καὶ δόξης, ὑπὸ τὴν προστασίαν,
λέγω, τῆς κλασικῆς ἀρχαιότητος.
Τοῦτο δὲ οὐδὲν ἄλλο ἦτο ἢ ἡ ἀνα-
βίωσις τῶν Ὀλυμπιακῶν Ἀγώ-
νων· τὸ ὄνομα ἐπεβάλλετο, οὐδ᾽ ἦτο
μάλιστα δυνατὸν νὰ εὑρεθῇ ἄλλο.

Ἀληθῶς εἰπεῖν τὸ ὄνομα δὲν
εἶχε περιπέσῃ εἰς ἀχρηστίαν· πολ-
λάκις ἐποιήσαντο χρῆσιν αὐτοῦ
εἴτε πρὸς δήλωσιν τῶν κατὰ τό-
πους ἀγώνων, ὁποίους τὸ Διευθυν-
τήριον — Directoire — ἀπεπει-
ράθη, ποτὲ νὰ ἱδρύσῃ ἐν τῷ ἐν Πα-
ρισίοις Πεδίῳ τοῦ Ἄρεως, ὁποῖοι
τελοῦνται ἔτι καὶ νῦν ἔν τισι χωρίοις τῆς Ἑλλάδος, εἴτε
πρὸς δήλωσιν προώρου τινὸς ἢ ἀδεξίου ἀναβιώσεως, ὁποία
ἡ ἐν Ἀθήναις ἐπὶ τοῦ βασιλέως Ὄθωνος. Ἀλλὰ νῦν ὁ
λόγος ἦτο οὐχὶ περὶ τοῦ ὀνόματος, ἀλλὰ περὶ τοῦ πράγμα-
τος. Ὤφειλε δὲ νὰ δημιουργηθῇ ἔργον οὐχὶ τοπικὸν καὶ
ἐφήμερον, ἀλλὰ παγκόσμιον καὶ ἐς ἀεί. Διενοήθην νὰ
συγκαλέσω ἐν Παρισίοις διεθνὲς ἀθλητικὸν συνέδριον,
ἀλλὰ ταυτοχρόνως σχεδὸν παρετήρησα ὅτι τὸ πρᾶγμα
δὲν ἦτο δυνατὸν ἄνευ τινὸς προεισαγωγικῆς ἐργασίας, εἰς
ἣν καὶ ἀπεδύθην παράυτα. Κατὰ πρῶτον λόγον ἐπεβάλ-
λετο ἡ πρὸς ἀλλήλους προσέγγισις τῶν μεγάλων Γαλ-
λικῶν ἀγωνιστικῶν συλλόγων καὶ ἡ συναφὴ σχέσεων
πρὸς τοὺς ὁμοίους τῆς ἀλλοδαπῆς συλλόγους, τοῦτο δὲ
ἵνα μὴ γίνωσι μάρτυρες τῶν διχονοιῶν ἡμῶν οἱ ξένοι

désir de vaincre il entrait souvent tout autre
chose que l'ambition et le sentiment de l'hon-
neur. Sous peine de voir l'athlétisme dégénérer
et mourir une seconde fois, il fallait l'*unifier* et
le *purifier*.

Un seul moyen me parut pratique pour y par-
venir : créer des concours périodiques auxquels
seraient conviés les représentants de tous les
pays et de tous les sports et pla-
cer ces concours sous le seul
patronage qui pût leur donner
une auréole de grandeur et de
gloire, le patronage de l'antiquité
classique. Faire cela, c'était ré-
tablir les Jeux Olympiques : le
nom s'imposait : Il n'était pas
possible même d'en trouver un
autre.

A vrai dire, le nom n'était pas
tombé en désuétude : on l'a em-
ployé souvent soit pour désigner
des concours locaux comme ceux
que le Directoire tenta d'établir
jadis dans le champ de Mars
parisien, comme ceux qui se cé-
lèbrent encore dans certains vil-
lages Grecs—soit pour désigner
quelque restitution prématurée
ou maladroite comme celle dont
Athènes fut le théâtre sous le
Roi Othon ; mais, cette fois, il
ne s'agissait plus du nom, il
s'agissait de la chose. Il fallait
faire non point œuvre locale et
passagère, mais œuvre universelle et durable.
L'idée de réunir à Paris un congrès athlétique
international se presenta à mon esprit et pres-
qu'en même temps je m'aperçus que cela n'était
pas possible, sans un travail préliminaire auquel
je m'attelai aussitôt. Rapprocher les unes des
autres les grandes Sociétés Françaises de Sport
et établir des rapports entre elles et les Sociétés
similaires des autres pays s'imposait en premier
lieu afin de ne pas donner aux étrangers qui vien-
draient le spectacle de nos discordes et d'obtenir
du dehors des adhésions nombreuses.

L'Union des Sports Athlétiques avait semé
autour d'elle par sa fondation et ses progrés

οἵτινες ἔμελλον νά προσέλθωσι, καὶ ἵνα τύχωμεν ἔξωθεν πολυπληθῶν συγκαταθέσεων.

Ἡ Ἕνωσις τῶν ἀθλητικῶν ἀγωνισμάτων εἶχε σπείρῃ περὶ ἑαυτὴν διὰ τῆς ἱδρύσεως καὶ τῆς ταχείας αὐτῆς προόδου δυσπιστίας καὶ ζηλοτυπίας· πᾶσαί μου δὲ αἱ προσπάθειαι ἔτεινον εἰς τὴν βελτίωσιν τῶν σχέσεων αὐτῆς πρὸς τὴν Ποδηλατικὴν ἕνωσιν τῆς Γαλλίας, τὴν Ἐθνικὴν ἕνωσιν τῶν συλλόγων τῆς σκοποβολῆς, τὴν Ἕνωσιν τῶν συλλόγων τῆς γυμναστικῆς, τὸν Σύλλογον πρὸς ἐνίσχυσιν τῆς ξιφασκίας, τὴν Ἕνωσιν τῶν ἐρετῶν, τὴν Ἕνωσιν τῶν Γαλλικῶν θαλαμηγῶν, ἀλλὰ κατὰ τὸ ἥμισυ μόνον ἐπέτυχον. Ἐν τούτοις κατωρθώθη νὰ διασκεδασθῶσι πολλαὶ παρεξηγήσεις καὶ νὰ ὑποτυπωθῇ μάλιστα ὡς πρός τινα σημεῖα φιλική τις συνεργασία. Ἐν τῇ ἀλλοδαπῇ τὸ ἔργον ἦτο κατὰ τὸ φαινόμενον μὲν δυσχερέστατον, ἀλλὰ πράγματι ἧττον ἄχαρπον καὶ ἀπονώτερον. Ἐνωρὶς εἶχον συγκρατισθῇ δεσμοὶ μεταξὺ τῶν ἡμετέρων Παρισιακῶν Λεσχῶν καὶ τῶν Βελγικῶν, ὑπελείπετο δὲ μόνον ἡ ἐνίσχυσις τῆς

rapides, des défiances et des jalousies. Tous mes efforts tendirent à améliorer ses relations avec *l'Union Vélocipédique de France, l'Union Nationale des Sociétés de Tir, l'Union des Sociétés des Gymnastique, la Société d'Encouragement de l'Escrime, l'Union des Sociétés d'Aviron, l'Union des Yachts Français.* Je n'y parvins qu'à demi ; il fut possible cependant, de dissiper plus d'un malentendu, d'esquisser même sur certains points, une collaboration amicale. A l'étranger la tache était en apparence, plus difficile ; en réalité elle était moins ingrate et plus aisée. De bonne heure des liens s'étaient formés entre nos clubs Parisiens et les clubs Belges ; il suffisait d'encourager ces tendances. Avec l'Angleterre l'entente fut moins rapide. La présence de M. Herbert à la tête de l'*Amateur Athletic Association* facilita les choses ; il connaissait nos efforts et les encourageait. La *National Cycliste Union* résista long-

τάσεως ταύτης. Ἡ πρὸς τὴν Ἀγγλίαν συνεννόησις ὑπῆρ-
ξεν ἧττον ταχεῖα. Ἡ παρουσία τοῦ κ. Ἔρβερτ, προεξάρ-
χοντος τῆς Ἀγγλικῆς τῶν *Φιλάθλων* ἀθλητικῆς Ἑται-
ρείας, διηυκόλυνε τὰ πράγματα, διότι, γινώσκων οὗτος
τὰς ἡμετέρας προσπαθείας, ἐθάρρυνεν αὐτάς, ἡ *Ἐθνικὴ
τῶν ποδηλατῶν Ἕνωσις* ἀντέστη ἐπὶ πολὺν χρόνον,
οὐδὲν βλέπουσα ὄφελος συνθήκης συνδεούσης αὐτὴν
πρὸς ἀλλοδαπὴν ὁμοσπονδίαν, ἡ δὲ τῶν *Φιλάθλων ἐρε-
τῶν Ἑταιρεία*, ἵνα ἐπιτρέψῃ τοῖς Γάλλοις ἐρέταις νὰ
μετάσχωσι τῶν περιφήμων λεμβοδρομιῶν, αἵτινες τε-
λοῦνται κατὰ τοὺς κανονισμοὺς αὐτῆς, ἐδέησε νὰ γίνω-
σιν ἐπὶ δέκα μῆνας διαπραγματεύσεις καὶ νὰ παρέμβῃ ὁ
ἐν Λονδίνῳ πρεσβευτὴς τῆς Γαλλίας κ. Βαδιγκτών.

Τὸ ἔαρ τοῦ 1893 ἡ κατάστασις ἐφάνη ἡμῖν ἀρκούν-
τως πρόσφορος πρὸς δυνατὴν συγκρότησιν τοῦ συνε-
δρίου· διότι ἦσαν εὐάρεστοι αἱ σχέσεις ἡμῶν πρὸς τὸ
Βέλγιον, τὴν Ἀγγλίαν καὶ τὰς Ἡνωμένας Πολιτείας.
Καὶ δὴ ἀπεστάλη πρόσκλησις πρὸς πάντας τοὺς ἀγω-
νιστικοὺς συλλόγους, καλοῦσα αὐτοὺς νὰ ἀποστείλωσιν
ἀντιπροσώπους εἰς Παρισίους τὸν Ἰούνιον τοῦ 1894.
Ἐκάλεσα δὲ εἰς βοήθειαν φίλους μου ὡς τὸν καθηγητὴν
Sloane τοῦ Πανεπιστημίου Πρίνσετον, ἢ ἄνδρας πρὸς
οὓς διετέλουν εἰς συνεχῆ ἀνταπόκρισιν, ὡς τὸν κ. Κέμενυ
ἐν Οὐγγαρίᾳ, τὸν στρατηγὸν Βουτόβσκην ἐν Ρωσίᾳ,
τὸν κ. Ἔρβερτ ἐν Ἀγγλίᾳ, τὸν ταγματάρχην Βάλκ ἐν
Σουηδίᾳ. Τὸ πρόγραμμα τοῦ συνεδρίου συνετάχθη οὕ-
τως ὥστε νὰ ἐξαίρωνται τὰ ζητήματα τὰ καθαρῶς
ἀγωνιστικά, κρυπτομένου τοῦ κυριωτάτου, δῆλα δὴ, τῆς
ἀναβιώσεως τῶν Ὀλυμπιακῶν Ἀγώνων, διότι ἐφοβού-
μην μὴ διεγείρῃ σαρκασμοὺς ἢ ἀποθαρρύνῃ τὰς ἀγαθὰς
προθέσεις διὰ τὴν εὐρύτητα ἀκριβῶς τοῦ σχεδίου. Καὶ
ὄντως, ὁμιλήσας περὶ τοῦ πράγματος εἰς ὁμηγύρεις ἐν
Νέᾳ Ὑόρκῃ, ἐν Ὀξωνίῳ κλπ., εἶχον αἰσθανθῆ ὅτι οἱ
ἀκροαταί μου ἐθεώρουν τὸ τοιοῦτον σχέδιον ὡς ὄνειρον,
ὡς χίμαιραν. Ἐθεώρησα δὲ ἀπαραίτητον νὰ γίνωνται
αἱ συνεδρίαι ἡμῶν ἐν τῷ Πανεπιστημιακῷ μεγάρῳ τῆς
Σορβόνης, ἵνα φανῇ ὅτι ὁ λόγος ἦτο περὶ πράγματος
μείζονος λόγου ἀξίου ἢ περὶ συνήθους ἀγωνιστικῆς συν-
ελεύσεως. Μοὶ ἐφαίνετο ὅτι ὑπὸ τοὺς θόλους τῆς Σορ-
βόνης αἱ λέξεις Ὀλυμπιακοὶ Ἀγῶνες ἤθελον ἠχήσῃ ἐπι-
βλητικῶς εἰς τοὺς παρόντας, ὁ δὲ κ. Γρεάρ, πρύτανις
τοῦ Πανεπιστημίου τῶν Παρισίων, ἐφιλοξένησεν ἡμᾶς
ἀσμένως. Ἔγραψα πρὸς τὰς ΑΑ. ΜΜ. τὸν βασιλέα τῶν
Ἑλλήνων καὶ τὸν βασιλέα τῶν Βέλγων, πρὸς τὴν Α. Υ.
τὸν Διάδοχον τῆς Ἑλλάδος, τὸν πρίγκιπα τῆς Οὐαλ-
λίας, τὸν Διάδοχον τῆς Σουηδίας, τὸν Μέγαν Δοῦκα
Βλαδίμηρον ἀπονέμων αὐτοῖς τὸν τίτλον ἐπιτίμου μέ-
λους τοῦ Συνεδρίου, οὗ τὴν προεδρείαν ἀπεδέξατο ὁ βα-

temps : elle ne voyait pas l'utilité d'un traité la
liant à une fédération étrangère. Quant à l'*Ama-
teur Rowing Association*, pour obtenir à nos ra-
meurs le droit de prendre part aux fameuses
régates de Henley qui se courent sous ses ré-
glements, il fallut dix mois de négociations et
l'intervention de l'Ambassadeur de France à
Londres, M. Waddington.

Au printemps de 1893, la situation nous parut
assez bonne pour que le congrès pût être con-
voqué ; nous avions des bons rapports avec la
Belgique, l'Angleterre et les Etats Unis. Un appel
fut donc adressé à toutes les Sociétés de sport du
monde les conviant à envoyer des délégués à
Paris au mois de Juin 1894. J'appelai à mon aide
des amis tels que le Professeur Sloane, de l'Uni-
versité de Princeton, ou de personnes avec les-
quelles j'entretenais une correspondance suivie
comme M. Kemény, en Hongrie, le Général de
Boutowski, en Russie, M. Herbert, en Angle-
terre, le Commandant Balck en Suède. Le pro-
gramme du Congrès fut rédigé de manière à
mettre en avant les questions d'ordre purement
sportif et à dissimuler la question principale,
celle du rétablissement des Jeux olympiques ; je
craignais qu'elle n'excitât les sarcasmes ou ne
décourageât les bonnes volontés par l'ampleur
même du projet. De fait, j'en avais parlé dans
des réunions à New-York, à Oxford etc. et
j'avais senti que mes auditeurs considéraient un
tel projet comme un rêve et une chimère. Je re-
gardai comme indispensable de tenir nos séances
dans le Palais universitaire de la Sorbonne pour
marquer pourtant qu'il s'agissait de quelque chose
de plus que d'une réunion sportive ordinaire ;
il me semblait que sous les voutes de la Sor-
bonne, les mots : Jeux olympiques résonneraient
de manière à s'imposer aux assistants. M. Gré-
ard, Recteur de l'Université de Paris nous y
accorda gracieusement l'hospitalité. J'écrivis à
L. M. le Roi des Hellènes et le Roi des Belges,
à L. A. R. le Prince Royal de Grèce, le Prince
de Galles, le Prince Royal de Suède, à S. A. I.
le Grand Duc Wladimir pour leur offrir le titre
de membre d'honneur du Congrès dont M. le
Baron de Courcel, Sénateur, ancien ambassadeur
de France à Berlin accepta la présidence. Un
certain nombre de collaborateurs se groupaient

ρῶνος κ. Κουρσὲλ γερουσιαστὴς καὶ πρώην πρεσβευτὴς τῆς Γαλλίας ἐν Βερολίνῳ. Εὐάριθμοί τινες συνεργάται ἦσαν ἤδη περὶ ἐμὲ συνηγμένοι, πεποιθότες εἰς τὸ ἡμέτερον ἔργον. Εἴχομεν καθορίση σειρὰν ἑορτῶν προωρισμένων νὰ καταστήσωσι τὴν ἐν Παρισίοις διαμονὴν εὐάρεστον εἰς τοὺς ἀλλοδαποὺς ἀπεσταλμένους· ἀλλὰ θὰ ἤρχοντο ἀπεσταλμένοι; Προσεγγίζοντος τοῦ ἔαρος μετὰ δυσκολίας ἠλπίζετο τοῦτο, διότι ἡ Γερμανία, ἡ Ἑλβετία καὶ ἡ Ὁλλανδία δὲν ἀπήντων, ἄλλαι δὲ χῶραι ἀπήντων προφασιζόμεναι παντοίας προφάσεις. Ἡ ἀνταπόκρισις κατέστη καταθλιπτικωτάτη, ἐδέησε δὲ νὰ ἐπαναλάβωμεν τὴν ἔφοδον, νὰ ἐπιμείνωμεν, ἡ δ' ἐπιτυχία ἐστερεώθη διὰ μιᾶς σχεδὸν κατὰ τὴν τελευταίαν ὥραν. Καὶ ἦλθον ἀντιπρόσωποι Ἄγγλοι, Ἀμερικανοί, Σουηδοί, Ἱσπανοί, Ἰταλοί, Βέλγοι, Ῥῶσοι. Ὁ Ἕλλην ἀντιπρόσωπος κ. Βικέλας, ὢν ἤδη ἐν Παρισίοις, συνεμερίζετο τούς τε φόβους ἡμῶν καὶ τὰς ἐλπίδας. Πρὸς δὲ τούτοις ἦλθον συγκαταθέσεις περὶ ὧν οὐδόλως ἠλπίζομεν καὶ αὐτὴ δὲ ἡ Αὐστραλία ἀπέστειλε τὰς ἐνθερμοτάτας αὐτῆς εὐχάς. Ἡ ἔναρξις δὲ τῶν ἐργασιῶν τελεσθεῖσα μετὰ μεγάλης ἐπισημότητος τὸ Σάββατον τῆς 16 Ἰουνίου, παρόντων δισχιλίων περίπου ἀκροατῶν, καταλήξασα δὲ διὰ τοῦ *Ὕμνου εἰς τὸν Ἀπόλλωνα*, προσέδωκεν εἰς τὸ Συνέδριον τὸν ἀληθῆ αὐτοῦ χαρακτῆρα, οἱ Ὀλυμπιακοὶ Ἀγῶνες κατέλαβον τὴν πρώτην θέσιν.

Ἡ ἀνασύστασις τῶν Ὀλυμπιακῶν Ἀγώνων ἀπεφασίσθη ὁμοφώνως. Σκοπὸν δὲ εἴχομεν νὰ ἐγκαινίσωμεν αὐτοὺς τῷ 1900, ἀλλ' ἐκρίθη προτιμότερον νὰ τελεσθῶσιν ἐνωρίτερον, τῷ 1896· τῇ προτάσει δὲ τοῦ κ. Βικέλα ὡρίσθησαν αἱ Ἀθῆναι τόπος τῆς πρώτης τελέσεως τῶν Ἀγώνων. Ἀπεφασίσθη δὲ νὰ τελεσθῶσι τὴν ἐπομένην τετραετίαν, τῷ 1900, ἐν Παρισίοις, καθ' ὅσον ἔμελλον κατὰ τετραετίαν νὰ τελῶνται ἐκ διαδοχῆς ἐν ταῖς μεγάλαις πρωτευούσαις τῆς οἰκουμένης. Τὸ Συνέδριον ὥρισεν ἐκτελεστικὴν τῶν ἀποφάσεων αὐτοῦ ἐπιτροπείαν διεθνῆ, ἀποτελουμένην ἐκ δεκατεσσάρων μελῶν. Οὕτω πως ἐγεννήθη ἔργον εὐοίωνον, ὅπερ ἔκτοτε πολλάκις μὲν ἐπεκρίθη, μάλιστα δὲ βιαίως προσεβλήθη· ἀλλὰ πάντες οἱ ἄνθρωποι δὲν κατανοοῦσι τὸ ἔργον, ὁμιλοῦσι δὲ οὐδόλως πληροφορούμενοι ἐπαρκῶς περί τε τῆς ἀρχῆς αὐτοῦ καὶ τοῦ σκοποῦ. Τὸ κατ' ἐμὲ ἀντιποιοῦμαι γεγωνυίᾳ τῇ φωνῇ τῆς πατρότητος τοῦ ἔργου καὶ ἀσμένως ἐνταῦθα εὐχαριστῶ ἅπαξ ἔτι τοὺς βοηθήσαντάς μοι εἰς εὐόδωσιν αὐτοῦ, τοὺς πιστεύοντας μετ' ἐμοῦ ὅτι ὁ μὲν ἀθλητισμὸς θὰ ἐξέλθῃ ἐξ αὐτοῦ μέγας καὶ ἐξηυγενισμένος, ἡ δὲ διεθνὴς νεολαία θὰ ἀντλήσῃ ἐξ αὐτοῦ τὴν ἀγάπην τῆς εἰρήνης καὶ τὸ σέβας τῆς ζωῆς.

Ἀθήνῃσι τῇ 7/19 Ἀπριλίου 1896.

ΠΕΤΡΟΣ ΚΟΥΜΠΕΡΤΕΝ

maintenant autour de moi et prenaient confiance en notre œuvre. Nous avions arrangé une série de fêtes destinées à rendre le séjour de Paris agréable aux délégués étrangers. Mais viendrait il des délégués ? Aux approches du printemps, on avait peine à l'espérer. L'Allemagne, la Suisse, la Hollande ne repondaient pas. Des autres pays, on s'excusait déjà. La correspondance devint écrasante : il fallut revenir à la charge, insister. Le succès s'affirma tout d'un coup presque au dernier moment. Il y eut des délégués Anglais, Américains, Suédois, Espagnols, Italiens, Belges, Russes ; le délégué Hellène, M. Bikelas, déjà présent à Paris avait partagé nos craintes et nos espérances. Des adhésions vinrent en outre, sur lesquelles nous ne comptions guère ; l'Australie elle-même envoya ses vœux chaleureux. La séance d'ouverture qui eût lieu en grande solennité le Samedi 16 Juin devant un auditoire de près de deux mille personnes et qui se termina par l'exécution de l'*Hymne à Apollon* donna au congrès son véritable caractère : Les Jeux olympiques passaient en première place.

Leur rétablissement fut décidé à l'unanimité. Nous proposions de les inaugurer en 1900 ; on préféra devancer cette date. Celle de 1896 fut adoptée et Athènes, désignée sur la proposition de M. Bikelas, comme le lieu où les Jeux seraient célébrés tout d'abord. Il fut décidé que les suivants auraient lieu à Paris en 1900, puis qu'on les célébrerait successivement dans les grandes capitales du monde, de quatre ans en quatre ans. Le Congrès nomma un Comité International de quatorze membres pour veiller à l'exécution de ses décisions. Ainsi prit naissance une œuvre qui paraît appelée à d'heureuses destinées ; elle a été, depuis lors, souvent critiquée et même violemment attaquée ; tout le monde ne la comprend pas ; on en parle sans se renseigner suffisamment sur ses origines et son but. Pour moi j'en revendique hautement la paternité et je veux ici remercier une fois de plus, ceux qui m'ont aidé à la mener à bien ; ceux qui croient avec moi que l'athlétisme en sortira grandi et ennobli et que la jeunesse internationale y puisera l'amour de la paix et le respect de la vie.

Athènes 7/19 Avril 1896.

PIERRE DE COUBERTIN

ἐκδηλωθεῖσα ἐν τῇ εἰς Πα-
ρισίους συνελθούσῃ διεθνεῖ
ἀθλητικῇ Συνόδῳ εὐχή, ὅ-
πως οἱ πρῶτοι Διεθνεῖς Ὀ-
λυμπιακοὶ Ἀγῶνες τελεσθῶ-
σιν, ἐν ταῖς Ἀθήναις, ἠκού-
σθη ἐν τῇ Ἑλλάδι εὐμενῶς.
Οὐ μόνον ἐκολάκευε τὴν ἐθνι-
κὴν φιλοτιμίαν, ἀλλὰ καὶ δὲν
ἐβράδυναν οἱ πολλοὶ νὰ δισ-
δῶσιν, εὐθὺς ἐξ ἀρχῆς, οἵων
ἔμελλε τὸ γεγονὸς τοῦτο νὰ
καταστῇ παραγωγὸν πολλα-
πλῶν ὠφελημάτων. Ἀλλ' ἡ
ἐν ἔτει 1894 Κυβέρνησις, ὑποτιθεῖσα, ὅτι αὕτη ἔμελλε
ν' ἀναλάβῃ καὶ τὰς δαπάνας τῆς τελέσεως τῆς πανη-
γύρεως, ἀντέστη πεισμόνως, κατὰ τῆς συναινέσεως
τῆς Ἑλλάδος εἰς τὴν παροδοχὴν τῆς διατυπωθείσης
εὐχῆς. Ἀφοῦ τὸ δημόσιον Ταμεῖον ἐκηρύχθη δι' ἑαυ-
τοῦ εἰς κατάστασιν πτωχεύσεως, ἐδύνατο ν' ἀναδεχθῇ
δαπάνας, ὑπολογισθείσας ὑπὲρ τὸ ἥμισυ ἑκατομμύριον
δραγμῶν, εἰς τέλεσιν πανηγύρεων, στερήσῃ δὲ τοὺς
πιστωτὰς τοῦ Κράτους, καὶ τούτους ἀλλογενεῖς, τῶν
νομίμων καὶ ἀναμφισβητήτων δικαιωμάτων αὐτῶν; Ἡ
ἔνστασις ἦν σοβαρὰ καὶ πειστική.

Ἀλλὰ παρὰ τὴν ὑλικὴν συνδρομήν, ἥτις εὐλόγως
ἐδύνατο ν' ἀποκρουσθῇ, ἀπέμενεν ἡ ἠθικὴ ἀρωγή, ἣν
ἡ Κυβέρνησις ἦν ἱκανὴ νὰ χορηγήσῃ εἰς τοὺς ἀνα-
ληψομένους τὸ ἔργον τῆς δι' ἰδιωτικῶν εἰσφορῶν συλλο-
γῆς τοῦ ἀναγκαίου χρήματος. Καὶ εἰς τοῦτο ὅμως ἠρ-
νήθη νὰ συναινέσῃ ἡ Κυβέρνησις, θεωροῦσα τὴν ἠθικὴν
σύμπραξιν αὐτῆς προεξοφλοῦσαν, οὕτως εἰπεῖν, τὴν ὑλι-
κὴν συνδρομήν, ἀνεπαρκῆ δὲ μόνην τὴν ἰδιωτικὴν εἰσ-
φοράν, ὅπως καλυφθῶσιν αἱ δαπάναι τῆς τελέσεως τῶν
Ἀγώνων. Ὑπεστηρίχθη, ὅτι δυσκόλως ἔμελλε νὰ περι-
συναχθῇ ἐν καιρῷ τὸ ἀπαιτούμενον χρῆμα, δι' ἰδιωτι-
κῶν εἰσφορῶν, ἀφ' ἑτέρου δὲ ἡ ἔκδοσις δανείου λαχειο-
φόρου ἀπῄτει χρόνον πολύν, ὅπως ὑπηρετήσῃ εἰς σκο-
πόν, ἀπαιτοῦντα ἀμέσως καὶ ἄνευ οὐδὲ τῆς ἐλαχίστης
ἀναβολῆς, χρηματικὰ κεφάλαια σπουδαῖα.

Καὶ ὅμως, ἡ ἰδέα τῆς τελέσεως τῶν Ἀγώνων ἐν

C'EST avec une véritable satisfaction qu'on apprit, l'année dernière, en Grèce, que dans l'Assemblée athlétique internationale réunie à Paris, on avait émis le vœu que les premiers Jeux Olympiques internationaux fussent célébrés à Athènes. En effet, cette proposition flattait l'orgueil national, et la plupart s'aperçurent aussitôt des avantages de toute sorte qui en résulteraient pour la Grèce. Mais les membres du gouvernement qui, en 1894, se trouvait au pouvoir, croyant que les dépenses que nécessiterait la célébration de ces Jeux seraient à la charge du trésor public, s'opposèrent de toutes leurs forces à la réalisation de ce projet. Le trésor public, en effet, venait de se déclarer en faillite, or, dans cet état de choses, pouvait-on songer à allouer pour la célébration de ces Jeux une somme évaluée à cinq cent mille francs, tandis qu'on ne pouvait satisfaire aux justes et légitimes prétentions des créanciers Grecs et étrangers? L'argument était sérieux et paraissait irréfutable.

Mais en dehors du concours matériel que le gouvernement pouvait à juste titre refuser, n'y avait-il pas le concours moral, par lequel le gouvernement pouvait venir en aide à ceux qui avaient entrepris la réalisation de cette tâche, en leur permettant de se procurer, au moyen de collectes, la somme voulue? Le gouvernement refusa même ce concours moral, craignant que celui-ci n'entraînât nécessairement le concours matériel par suite de l'insuffisance de la somme qu'aurait à fournir l'initiative privée. Il soutenait qu'on ne pourrait trouver à temps, par le moyen d'une collecte, la somme voulue, et que, d'autre part, l'émission d'un emprunt à lots était une opération trop lente pour la réalisation d'une œuvre qui exigeait immédiatement des capitaux disponibles.

Et pourtant cette idée de la célébration des Jeux à Athènes résonnait si agréablement aux oreilles du peuple, qui, par un merveilleux instinct,

ταῖς Ἀθήναις τόσῳ κολακευτικῶς ἤχησε παρὰ τῷ πλήθει καὶ τόσῳ ἐνστίκτως κατενοήθησαν τὰ ἐνδεχόμενα ἐκ ταύτης πλεονεκτήματα, καίτοι ἰσχυρῶς καὶ πειστικῶς ἐν μέρει διαμφισβητούμενα παρά τισιν, ὥστε ἐκρίθη, ὡς βαρεῖαν συνεπαγομένη εὐθύνην ἡ ἀπότομος ἀπόκρουσις τῆς ἐκδηλωθείσης εὐχῆς. Ἡ εἰς τὰς Ἀθήνας ἄφιξις τοῦ κ. Κουμπερτὲν καὶ ἡ εὔγλωττος συνηγορία αὐτοῦ ὑπὲρ τῆς παραδοχῆς τῆς εὐχῆς τῆς εἰς Παρισίους συνελθούσης Συνόδου, ἐπίσης τοῦ κ. Δημητρίου Βικέλα ἡ ἐνθουσιώδης καὶ πατριωτικὴ ἐνέργεια παρὰ τοῖς πολιτευομένοις, τοῖς τε ἐν τῇ Ἀρχῇ καὶ τοῖς ἐκτὸς ταύτης, συντάξασαι αὐτῇ πλείστους ὅσους, εἵλκυσαν ὑπὲρ τῆς ἰδέας τὸ μέγα μέρος τοῦ ἑλληνικοῦ Τύπου καὶ παρέσχον δυνάμεις ἰσχυρὰς εἰς τοὺς ὑποστηρίζοντας ἀνέκαθεν τὴν γνώμην, ὅτι ἡ Ἑλλὰς ὤφειλε, διὰ πάσης θυσίας, νὰ συναινέσῃ εἰς τὴν τέλεσιν τῶν πρώτων διεθνῶν Ὀλυμπιακῶν Ἀγώνων ἐν ταῖς Ἀθήναις. Οὕτω κατηρτίσθη προσωρινή τις Ἕνωσις, ἐξ εὐαρίθμων ἐνθουσιώντων Πολιτῶν, καὶ μᾶλλον νεανιῶν, προωρισμένη αὕτη ν' ἀναλάβῃ τὴν διεύθυνσιν τῆς ὅλης ὑποθέσεως.

Ἡ ἕνωσις αὕτη ἀνεκήρυξε τὸν Διάδοχον τοῦ ἑλληνικοῦ Θρόνου ἐπίτιμον Πρόεδρον αὐτῆς.

Ἀλλὰ νέα πάλιν ἀπήντησαν προσκόμματα εἰς τὴν πρόοδον τῶν πρώτων δοκιμῶν. Μέλη τοῦ ἀρχικοῦ Συμβουλίου, μεταπεισθέντα, συνέταξαν καὶ ὑπέβαλον ὑπόμνημα τῷ Διαδόχῳ, ἐν ᾧ ἀνέπτυσσον τοὺς λόγους, ὧν ἕνεκα ἐκρίνετο παρ' αὐτοῖς ἀνέφικτος ἡ ἐκτέλεσις τοῦ σχεδίου· διότι πρωτίστως ἀπῃτοῦντο τοὐλάχιστον ἑξακόσιαι χιλιάδες δραχμῶν, ὧν ἡ συλλογὴ ἀδύνατος ἐθεωρήθη δι' ἰδιωτικῶν εἰσφορῶν, ἢ δι' οἱουδήποτε ἄλλου τρόπου· ὁ χρόνος δέ, ὁ διαθέσιμος ἀπομένων, μέχρι τῆς τελέσεως τῶν Ἀγώνων, ἦν λίαν βραχύς. Τὸ ὑπόμνημα ἐπεδόθη τῷ Διαδόχῳ, μετὰ τῆς δηλώσεως, ὅτι οἱ ὑπογράψαντες τοῦτο παρῃτοῦντο τῆς ἀνατεθείσης αὐτοῖς ἐντολῆς.

Ἀλλ' ὁ Διάδοχος εἶχεν ἤδη ἐσχηματισμένην τὴν γνώμην αὐτοῦ, ὑπὲρ τῆς παραδοχῆς τῆς ἐν Παρισίοις διατυπωθείσης εὐχῆς, ἀπαντῶν δὲ εἰς τοὺς ὑποβαλόντας τὸ ἀπελπίζον ὑπόμνημα, ἐδήλωσεν, ὅτι ἀπεφάσισεν αὐτὸς ν' ἀναλάβῃ τὴν πραγματικὴν προεδρείαν τῆς προωρισμένης νὰ ἐργασθῇ ὑπὲρ τῆς ἐκτελέσεως τῆς εὐχῆς ἐκείνης Ἐπιτροπείας, προσεκάλεσε δὲ τοὺς ὑποβαλόντας τὸ ὑπόμνημα νὰ δηλώσωσι, τίνες ἐξ αὐτῶν ἐπιμένουσιν εἰς τὴν παραίτησίν των καὶ τίνες ἀποσύρουσιν αὐτήν.

Ἡ ἀπόφασις τοῦ Διαδόχου ὑπῆρξεν ἀληθῶς ἐμπνεύσεως εὐτυχοῦς τὸ προϊόν, ἀνταξία δὲ καὶ τοῦ ὑψί-

prévoyait tous les avantages qui en devaient résulter, malgré les dénégations de quelques-uns, qu'on trouva que ce refus entrainait de lourdes responsabilités. L'arrivée de M. de Coubertin à Athènes, le plaidoyer qu'il prononça en faveur de l'adoption de l'idée émise par l'Assemblée athlétique de Paris, l'enthousiasme patriotique de M. Démétrius Vikélas et ses nombreuses démarches auprès des hommes d'État qui se trouvaient soit au pouvoir, soit dans les rangs de l'opposition, tout cela, disons-nous, séduisit un grand nombre de personnes, rallia à ce projet la majeure partie de la presse hellénique et apporta de nouvelles forces au parti de ceux qui, dès le principe, avaient soutenu que la Grèce devait, au prix de tous les sacrifices, consentir à ce que les premiers Jeux Olympiques internationaux soient célébrés à Athènes. C'est ainsi que se constitua un comité provisoire composé d'un grand nombre de personnes enthousiastes, de jeunes gens surtout, dont le but était d'entreprendre la réalisation de cette œuvre.

Ce comité élut comme président d'honneur le Prince Héritier de Grèce.

Mais de nouvelles difficultés ne tardèrent pas à surgir. Des membres de ce premier comité, ayant changé d'idée, rédigèrent un mémoire qu'ils soumirent au Prince Héritier. Dans ce mémoire étaient exposées les raisons qui leur faisaient trouver impraticable la réalisation de leur premier projet : les dépenses devaient s'élever à six cent mille drachmes, somme que l'on ne pouvait se procurer par une simple collecte ni par tout autre moyen, on n'avait pas assez de temps pour se trouver prêt à l'époque déterminée. Le mémoire fut remis au Prince Héritier ; il était accompagné d'une déclaration d'après laquelle les signataires résiliaient le mandat qui leur avait été confié.

Mais le Prince s'était déjà formé une idée personnelle relativement à l'adoption de l'idée émise par l'assemblée de Paris. C'est pourquoi, dans sa réponse aux signataires de ce désespérant mémoire, il leur dit qu'il était décidé à prendre la présidence effective du Comité destiné à travailler à la réalisation de ce vœu, et, s'adressant aux membres qui avaient soumis le mémoire en question, il leur demanda quels étaient ceux qui persistaient dans leur décision et ceux qui désiraient retirer leur démission.

στου ἀξιώματός Του καὶ τῆς ἐπ' Αὐτὸν πεποιθήσεως
τοῦ ἑλληνικοῦ Ἔθνους. Ὀρθῶς ἐφρόνει, ὅτι ἡ φωνὴ
Αὐτοῦ δὲν ἔμελλε νὰ μὴ ἠχήσῃ ἐπιτυχῶς εἰς τὰς καρ-
δίας τῶν Ἑλλήνων, καὶ ὅτι τὸ ἔργον ἐντεῦθεν ἔμελλε
νὰ εὐδοκιμήσῃ. Τὰ ἐπελθόντα ἐδικαίωσαν καθ' ὁλο-
κληρίαν τὴν κρίσιν τοῦ πρωτοτόκου Υἱοῦ τοῦ Βασιλέως
τῶν Ἑλλήνων, καὶ κατέδειξαν, ὅτι καὶ ἐσκέφθη, καὶ
ἐνήργησεν, ὡς ἀληθὴς προσδοκώμενος ἡγέτης ἔθνους
ζῶντος. Ἤδη, ἐκ τῶν παραιτηθέντων Μελῶν τοῦ προσω-
ρινοῦ Συμβουλίου, οἱ πλεῖστοι ἀπέσυραν τὰς παραιτή-
σεις αὐτῶν.

Πρῶτον ἔργον τοῦ Διαδόχου ὑπῆρξεν ἡ βαθμιαία
συμπλήρωσις τῆς καταρτισθείσης ὑπὸ τῆς διαλυθείσης
Ἑνώσεως Ἐπιτροπείας, καὶ ἡ συγκρότησις, ἐκ Μελῶν
αὐτῆς καὶ ἐκ προσθέτων νέων, Συμβουλίου Δωδεκαμε-
λοῦς, προωρισμένου νὰ διασκέπτηται παρ' Αὐτῷ περὶ
τῶν πρακτέων ἑκάστοτε. Συγχρόνως ἱδρύθη θέσις Γε-
νικοῦ Γραμματέως καὶ Γενικοῦ Ταμίου.

Τὸ **Δωδεκαμελὲς Συμβούλιον**, οὕτινος προήδρευσε τα-
κτικῶς ἡ Α. Β. Ὑψ. ὁ Διάδοχος, ἐκτὸς διμήνου κατὰ τὸ
θέρος τοῦ 1895 διαστήματος, καθ' ὃ, ἀποδημήσαντος τοῦ
Διαδόχου εἰς τὸ ἐξωτερικόν, ἀνεπλήρωσε δ' Αὐτὸν εἰς τὴν
θέσιν τοῦ Προέδρου καὶ διηύθυνε τὰς συνεδριάσεις ἡ Α. Β.
Ὑψ. ὁ Βασιλόπαις Γεώργιος, συνεκρότησαν, διορισθέντες
ὑπὸ τοῦ Διαδόχου, οἱ ἀκόλουθοι:

Νικ. Δεληγιάννης, Λεων. Δεληγεώργης, Ἀλέξ. Ζαΐμης,
Κ. Καραπάνος, Θρ. Μάνος, Νικόλαος Κ. Μεταξᾶς, Κυρ.
Μαυρομιχάλης, Ἀλέξ. Σκουζές, Γεώργ. Τυπάλδος Κοζάκης,
Γεώργ. Ῥώμας, Ἀλέξ. Δ. Σούτσος, Θ. Ῥετσίνας.

Ἐν ταῖς συνεδριάσεσι παρίσταντο, ἔχοντες καὶ ψῆφον,
ὁ Γενικὸς Γραμματεὺς Τιμολέων Φιλήμων, καὶ ὁ Τα-
μίας Παῦλος Σκουζές, ἀμφότεροι διορισθέντες ὑπὸ τοῦ
Διαδόχου.

Ὡς Γραμματεῖς διωρίσθησαν, ὑπὸ τοῦ Διαδόχου, οἱ κ.κ.
Γεώργιος Μελᾶς, Γεώργ. Στρέϊτ, Κωνστ. Θ. Μάνος, Ἀλέξ.
Μερκάτης.

Ὡς ὑπογραμματεὺς διωρίσθη ὁ κ. Νικόλαος Δ. Ζαχαρίας.

Ὁ Διάδοχος, συγκαλέσας εἰς τινα τῶν αἰθουσῶν τοῦ
Ζαππείου, τῇ 13 Ἰανουαρίου 1895, τά τε παλαιὰ τῆς
Ἑνώσεως Μέλη καὶ τὰ νέα, ἐγνώρισεν αὐτοῖς τὰς ὁρι-
στικὰς ἀποφάσεις Αὐτοῦ καὶ τὸ πρόγραμμα τῆς ἐν τῷ
μέλλοντι ἐνεργείας, πρὸς ἐπίτευξιν τοῦ ποθουμένου,
ἐκήρυξε δὲ τὴν πραγματικὴν ἔναρξιν τῶν ἐργασιῶν «τῆς
» ἐπὶ τῇ ἐν Ἀθήναις τελέσει τῶν πρώτων Διεθνῶν
» Ὀλυμπιακῶν Ἀγώνων Ἐπιτροπείας», διὰ τοῦ ἀκο-
λούθου λόγου:

«Κύριοι,

»Ἐν τῷ εἰς Παρισίους συνελθόντι Διεθνεῖ Ἀθλητικῷ
Συνεδρίῳ, κατὰ τὸ λῆξαν πρό τινος ἔτος, συγκροτηθέντι
δὲ ἐξ Ἀντιπροσώπων τῶν Γυμναστικῶν Ἑταιριῶν καὶ

Cette résolution du Prince Royal fut réellement
le résultat d'une heureuse inspiration ; elle fut
à la hauteur du rang qu'occupe le Prince, à la
hauteur des espérances que le peuple a mises en
lui. Il avait raison de croire que sa voix trou-
verait un écho dans le cœur des Hellènes et qu'à
partir de ce moment l'œuvre ne pouvait que
prospérer. Les événements ont, depuis, confirmé
l'opinion du fils aîné du Roi des Hellènes, et ont
démontré qu'il avait pensé et agi comme le chef
futur d'une nation toujours vivante. La plupart
des signataires du mémoire s'empressèrent de
retirer leur démission.

Le prémier travail du Prince Héritier fut de
remplacer graduellement les membres du Comité
précédent qui avaient donné leur démission, et
de composer un Conseil de douze membres, pris
dans le sein ou en dehors du Comité, et chargés
de travailler conjointement avec lui. Il créa en
même temps la place de Secrétaire général et
celle de Caissier général.

S. A. R. le Prince Héritier assista en qualité de
président à toutes les séances du conseil des douze.
Pendant le voyage de deux mois qu'il fit en Occident,
il confia la présidence du conseil à son frère, S. A. R.
le prince Georges. Le conseil se composait des membres
suivants nommés par le Diadoche : Nicolas Dhélyannis,
Léonidas Dheligeorghis, Alex. Zaïmis, K. Karapanos, Thr.
Manos, Nicolas K. Métaxas, Kyr. Mavromichalis, Alex.
Skouzès, Georges Typaldhos Kozakis, Georges Rhomas,
Alex. Soutzos, Th. Rhetzinas.

MM. Timoléon Philémon, secrétaire général, et Paul
Scouzès, caissier, nommés par le Diadoche, assistaient
avec voix délibérative aux séances du conseil.

Le Prince Héritier nomma comme secrétaires MM.
Georges Mélas, Georges Streit, Constantin Th. Manos,
Alex. Mercatis, et comme sous-secrétaire M. Nicolas D.
Zacharias.

Le 13 janvier 1895, le Prince Héritier ayant
convoqué, dans une des salles du Zappion, les
anciens et les nouveaux membres du Comité,
leur fit connaître ses décisions ainsi que le pro-
gramme qu'il comptait suivre dans l'avenir, et
prononça l'ouverture des travaux «du Comité des
premiers Jeux Olympiques internationaux» par
le discours suivant :

Messieurs,

Au congrès athlétique réuni à Paris l'année dernière
et auquel ont pris part les représentants des sociétés
et associations de gymnastique de la plupart des États

Συλλόγων τῶν πλείστων Κρατῶν τῆς Εὐρώπης καὶ τῆς Ἀμερικῆς, ἐπεκροτήθη ὁμοφώνως ἡ ἰδέα, ὅπως οἱ τελούμενοι ἐφεξῆς Διεθνεῖς Ἀθλητικοὶ Ἀγῶνες ὀνομασθῶσι, τῷ ὀνόματι τῶν Ὀλυμπιακῶν Ἀγώνων, δι' οὗ ἐν τῇ Ἱστορίᾳ τῆς Ἀνθρωπότητος ἐκλεΐσθησαν καὶ παρεδόθησαν εἰς τὴν μνήμην τῶν γενεῶν τῶν ἀνθρώπων αἱ τοιαῦται γόνιμοι συναθροίσεις ἐλευθέρων ἀνδρῶν.

»Διὰ τούτου ἀποτίνεται μὲν φόρος εὐγνωμοσύνης καὶ σεβασμοῦ εἰς τοὺς ἱδρυτὰς τῶν περιωνύμων ἐν Ὀλυμπίᾳ πανελληνίων ἀγώνων, ἑτέρωθεν δέ, διὰ τῆς ἀναβιώσεως αὐτῶν, ἐπικρατύνεται, καὶ διὰ τούτου, ὁ εὐγενὴς τῆς διὰ τῆς τοιαύτης ἐπικοινωνίας σκοπὸς πρὸς στενοτέραν ἕνωσιν τῶν πεπολιτισμένων Λαῶν.

»Οἱ ἀνάδοχοι τῶν νέων διεθνῶν ἀθλητικῶν Ἀγώνων, τὸ σέβας πρὸς τὴν ἀρχαίαν ἑλληνικὴν παράδοσιν ἐμφανέστερον ἐκδηλοῦντες, ἐψηφίσαντο, ἵνα καὶ οὗτοι, ἐπίσης καὶ οἱ ἑλληνικοί, τελῶνται ἀνὰ τετραετίαν.

»Τὸ αὐτὸ πνεῦμα εὐγνώμονος ἀναμνήσεως ὑπηγόρευσε καὶ τὴν διατύπωσιν τῆς εὐχῆς τοῦ Διεθνοῦς Ἀθλητικοῦ Συνεδρίου τῶν Παρισίων, ὅπως οἱ πρῶτοι τῶν καθ' ἡμᾶς χρόνων Ὀλυμπιακοὶ Ἀγῶνες τελεσθῶσιν ἐν τῇ χώρᾳ, ἐν ᾗ ἐπὶ μακροὺς αἰῶνας ἤνθησαν καὶ τόσῳ συνετέλεσαν εἰς τὴν πρόοδον τοῦ ἀληθοῦς πολιτισμοῦ. Ὅπως δ' ἔτι μᾶλλον ἡ τέλεσις τῶν διεθνῶν ἀθλητικῶν Ἀγώνων περιβληθῇ πᾶσαν τὴν αἴγλην τῶν ἐνδοξοτάτων ἀναμνήσεων τοῦ παρελθόντος, ἐν ἀνευφημίαις, ὡς τόπος τῆς τελέσεως τῶν ἀναβιούντων Ὀλυμπιακῶν Ἀγώνων, ὡρίσθη ἡ προσφιλὴς ἡμῖν πόλις τῶν Ἀθηνῶν, ἡ πρωτεύουσα τῆς ἐλευθέρας μερίδος τῆς ἑλληνικῆς χώρας.

»Ἡ Ἑλλάς, εὐγνωμόνως καὶ ἐν συγκινήσει, ἤκουσε τὴν εὐχὴν ταύτην, δὲν ἐβράδυνε δὲ νὰ διΐδῃ καὶ ν' ἀναγνωρίσῃ, ὅτι ἐπεβάλλετο τῷ Ἑλληνικῷ Ἔθνει ν' ἀνταποκριθῇ εἰς τὴν ἐκδηλουμένην προτίμησιν αὐτὴν τοῦ πεπολιτισμένου κόσμου. Μιᾷ φωνῇ, οἱ πάντες, ἐφ' ὅσον ἕκαστοι ἠδύναντο, καὶ διὰ τοῦ λόγου καὶ δι' ὑλικωτέρων ἐκφράσεων, ἐξεδήλωσαν τὴν ἀπόφασιν, ὅπως προθύμως ἀνταποκριθῇ ἡ χώρα ἡμῶν εἰς τὴν εὐχὴν τοῦ Διεθνοῦς Ἀθλητικοῦ Συνεδρίου. Προσετέθη δὲ καὶ ἡ εὐχή, ὅπως ὑπὸ τὴν πραγματικὴν προεδρείαν Μου τεθῇ ἡ ἐκτέλεσις τῆς ἀποφάσεως ταύτης.

»Δὲν ἀμφισβητῶ τὸ ἐν γένει μὴ ἀνθηρὸν τῶν οἰκονομικῶν περιστάσεων τῶν σήμερον. Ἡ Ἑλλάς, μόλις ἀνακύπτουσα ἐκ τῶν ἐνδόξων ἐρειπίων, ἅτινα ἐπεδώρευσαν μακροὶ αἰῶνες, καὶ αἱ Ἀθῆναι εἰδικώτερον, δὲν δύνανται νὰ παράσχωσι πάσας τὰς εὐκολίας καὶ τὰς ἀνέσεις, οὐδὲ τὴν ἐξωτερικὴν λάμψιν, ἃς μεγάλαι καὶ κολοσσιαῖαι πρωτεύουσαι ἄλλων Κρατῶν δαψιλῶς παρέχουσιν εἰς τὰς διεθνεῖς Πανηγύρεις. Ὅμως πολλάκις τίθενται ζητήματα, πρὸς ἅ, ἅπαξ διατυπούμενα θετικώτερον, μία καὶ μόνη εἶναι δυνατὴ καὶ ἐπιτρεπομένη ἀπάντησις. Τοιοῦτον κρίνω καὶ τὸ ζήτημα, ὅπερ ἐνώπιον ἡμῶν ἐτέθη, διὰ τῆς ἀποφάσεως τοῦ Διεθνοῦς Ἀθλητικοῦ Συνεδρίου τῶν Παρισίων. Ἐπεβάλλετο ἡμῖν ν' ἀποδεχθῶμεν, ἄνευ ἐπιφυλάξεως, τὴν ἐκδηλωθεῖσαν εὐχήν, δείξωμεν δ' ἐν τοῖς ἔργοις ὅτι, ἐννοοῦμεν τὴν ὑψίστην ἔννοιαν τῶν διεθνῶν ἀθλητικῶν Ἀγώνων, ὅτι δὲν ἐγενόμεθα ἐπιλήσμονες τῶν

d'Europe et d'Amérique, on a approuvé à l'unanimité que les luttes athlétiques internationales qu'on célébreraient désormais prissent le nom de Jeux Olympiques, sous lequel elles ont été illustrées, dans l'histoire de l'humanité, pas de si fécondes réunions d'hommes libres, qui ont transmis aux générations futures un souvenir impérissable.

De la sorte, nous rendons, d'une part, un tribut d'hommage et de reconnaissance aux fondateurs des jeux panhelléniques qui se célébraient à Olympie, et, d'autre part, en rétablissant ces Jeux, nous resserrons, par des communications plus fréquentes, les liens qui doivent unir les peuples civilisés.

Pour manifester d'une manière plus ostensible leur respect pour les antiques traditions de la Grèce, les fondateurs des luttes athlétiques modernes ont voulu, qu'à l'instar des Jeux Olympiques, ces luttes soient célébrées tous les quatre ans.

C'est de ce même esprit de reconnaissance que s'est inspiré le congrès athlétique international de Paris quand il a formulé le vœu que les Jeux Olympiques modernes soient, pour la première fois, célébrés dans le pays qui, pendant tant de siècles, les vit fleurir, au plus grand progrès de la civilisation. Et, pour que la célébration des luttes athlétiques internationales soit entourée de l'auréole des glorieux souvenirs du passé, on a désigné pas acclamation la capitale de la partie libre de la terre hellénique, notre chère ville d'Athènes, comme le lieu où ces luttes seraient célébrées.

Je ne conteste pas les embarras économiques de l'heure présente. A peine relevée des glorieuses ruines accumulées par les siècles, la Grèce, en général, et Athènes, en particulier, ne sauraient fournir toutes les facilités, le confort, ni l'éclat extérieur que d'immenses capitales d'autres États prodiguent dans les fêtes internationales. Cependant il arrive qu'à des questions une fois formulées d'une manière plus concrète, on ne peut donner qu'une seule réponse. Le vœu du congrès athlétique international est, à mon avis, une question de cette nature. Il était de notre devoir d'accepter sans réserve ce vœu et de montrer par des faits que nous comprenons la portée des luttes athlétiques internationales, que nous n'avons pas oublié les chères traditions de la Grèce antique et que nous ne les honorons pas moins que les traditions étrangères.

J'ai aussi la ferme et inébranlable conviction que, malgré l'insuffisance des ressources dont nous pourrons disposer pour faire un brillant accueil aux gymnastes étrangers, ceux-ci emporteront à leur retour d'excellents souvenirs de notre pays. Nous sommes en mesure de leur montrer de réels progrès dans toutes les branches de l'activité humaine, progrès d'autant plus remarquables qu'ils se sont réalisés au milieu d'embarras de toute sorte et de circonstances désagréables. Ceux qui, à cette occasion, visiteront la Grèce recevront une cordiale et irréprochable hospitalité, qui, jointe à la

προσφιλῶν παραδόσεων τῆς ἀρχαίας Ἑλλάδος, καὶ ὅτι οὐχ ἧσσον τῶν ἑτεροεθνῶν γεραίρομεν τὰς παραδόσεις ταύτας.

»Ἐπίσης ἀκραδάντως καὶ ἀμεταπτώτως πιστεύω, ὅτι, μεθ' ὅλην τὴν ἀνεπάρκειαν τῶν πόρων, οὓς δυνάμεθα νὰ διαθέσωμεν πρὸς ἐπιδεικτικωτέραν δεξίωσιν τῶν προσελευσομένων Ἀθλητῶν, βεβαίως οὗτοι, ἀναχωροῦντες ἐκ τῆς Ἑλλάδος καὶ ἐπιστρέφοντες εἰς τὰς ἑστίας αὐτῶν, θέλουσιν ἀποκομίσει ἐντυπώσεις ἀγαθάς. Οὐδὲ ὀλίγας οὐδὲ μικρὰς ἔχομεν νὰ ἐπιδείξωμεν συντελεσθείσας προόδους, ἐν παντὶ κλάδῳ τῆς κοινῆς ἐργασίας τῆς ἀνθρωπότητος, καὶ ταύτας τόσῳ μᾶλλον ἀξιωτέρας τιμῆς, ὅσῳ συνετελέσθησαν, ἐν μέσῳ παντοίων κωλυμάτων καὶ περιστάσεων δυσαρέστων. Οἱ ἐπὶ τοῖς ἀγῶσιν ἐπισκεφθησόμενοι τὴν Ἑλλάδα θέλουσι τύχει φιλοξενείας, ἐγκαρδίου καὶ ἀμέμπτου, ἁμιλλωμένης πρὸς τὴν λαμπρότητα τοῦ οὐρανοῦ αὐτῆς, ἀμφότερα δὲ ταῦτα ἱκανά εἰσι ν' ἀναπληρώσωσι τὰς ἑτέρωθεν ἐλλείψεις, παρ' ἀνδράσι τοῖς διανοητικῆς ἀναπτύξεως τῶν μελλόντων Ἐπισκεπτῶν. Ἐντεῦθεν ἀναμφισβήτητον τὸ μέγεθος τῆς ἠθικῆς ὠφελείας, ἐκ τῆς τελέσεως τῶν Ὀλυμπιακῶν Ἀγώνων, ἐν ταῖς Ἀθήναις.

beauté de notre ciel, suppléera aisément, chez des esprits aussi cultivés que ceux de nos futurs visiteurs, aux défectuosités diverses qui pourraient se produire. De là l'incontestable utilité morale que doit avoir pour nous la célébration des Jeux Olympiques à Athènes.

Dans cet état de choses, et persuadé que d'une commune voix on s'est prononcé pour le vœu formulé par le congrès athlétique international de Paris, je me suis rendu aux instances qui m'ont été faites de présider aux travaux que l'on va tenter pour la réalisation de ce vœu. Je crois aussi qu'il est heureux que les événements aient, pour ainsi dire, enlevé à ces travaux leur caractère officiel, pour qu'ils ne soient que l'effet du concours de tous les Hellènes.

J'ai, à cet effet, complété le comité définitivement formé, qui doit veiller à l'exécution des travaux. J'ai également composé un conseil de douze membres ; enfin, j'ai confié les fonctions de Secrétaire général à l'un d'entre eux, auquel j'ai adjoint en qualité de secrétaires quatre des plus jeunes membres du comité.

Les corps de métiers d'Athènes, qui ont montré tant d'empressement à contribuer au succès des Jeux Olym-

»Ἐκτιμῶν ὡς ἔδει, πάντα ταῦτα, καὶ πεπεισμένος, ὅτι ἀμερίστος ἐξεδηλώθη ἡ γνώμη ὑπὲρ τῆς προθύμου παραδοχῆς τῆς εὐχῆς τοῦ Διεθνοῦς Ἀθλητικοῦ Συνεδρίου τῶν Παρισίων, ἐδέχθην τὴν ὑποβληθεῖσαν Μοι παράκλησιν, ὅπως προεδρεύσω εἰς τὴν ἐργασίαν, πρὸς ἐκτέλεσιν τῆς εὐχῆς ταύτης. Κρίνω δὲ καὶ εὐτυχῆ τὴν ἐκ τῆς στροφῆς τῶν περιστάσεων ἐπιβαλλομένην, οὕτως εἰπεῖν, ἀνάγκην, ὅπως ἡ ἐργασία αὕτη μὴ φέρῃ ἀποκλειστικῶς αὐθεντικὸν χαρακτῆρα, ἀλλ' ὑπάρξῃ τὸ προϊὸν τῆς συνδρομῆς τῶν προσπαθειῶν πάντων τῶν Ἑλλήνων.

»Ἐπὶ τούτοις, συνεπλήρωσα τὴν ἀρχικῶς συστᾶσαν Ἐπιτροπείαν, τὴν ἐπιστατήσουσαν εἰς τὴν ἐκτέλεσιν τῶν καθ' ἑκάστων, ἐκ τῶν Μελῶν δ' αὐτῆς, οὕτω συμπληρωθείσης, συνεκρότησα Συμβούλιον ἐκ Μελῶν δώδεκα, ἀνέθηκα δὲ τὰ καθήκοντα τοῦ Γενικοῦ Γραμματέως εἰς ἓν ἐκ τῶν Μελῶν, παρ' ᾧ ὥρισα, ὡς Γραμματεῖς, τέσσαρα ἐκ τῶν νεωτέρων Μελῶν τῆς Ἐπιτροπείας.

»Αἱ Συντεχνίαι τῆς πόλεως τῶν Ἀθηνῶν, τόσῳ φιλοτίμως ἐκδηλώσασαι τὴν πρόθεσιν αὐτῶν, ὅπως συντρέξωσιν εἰς τὴν εὐδοκίμησιν τῶν Διεθνῶν Ὀλυμπιακῶν Ἀγώνων, θέλουσι προσκληθῆ, ὅπως ὁρίσωσι τὸν Ἀντιπρόσωπον αὐτῶν ἐν τῇ Ἐπιτροπείᾳ.

»Ἐκάλεσα ὑμᾶς, Κύριοι, εἰς τὴν συνάθροισιν τῆς σήμερον, ὅπως ἐκφράσω πρὸς ὑμᾶς τὰς εὐχαριστείας μου, ἐπὶ τῇ προθυμίᾳ, δι' ἧς ἀπεδέξασθε τὴν ἐκλογήν μου, καὶ διαβεβαιώσω περὶ τῆς πεποιθήσεως, ἣν ὑπὲρ τῆς εὐδοκιμήσεως τοῦ ἔργου, μοὶ ἐμπνέει ἡ προθυμία αὕτη.

»Τὸ παρ' ἐμοὶ Δωδεκαμελὲς Συμβούλιον κυρίαν ἔχει ἐντολήν, ὅπως διασκεφθῇ, περὶ τῶν κριθησομένων καταλληλοτέρων τρόπων τῆς περισυλλογῆς τοῦ πρὸς κάλυψιν τῶν δαπανῶν χρηματικοῦ ποσοῦ. Μοὶ φαίνεται δέ, ὅτι πρέπει νὰ καταβληθῇ πρωτίστως μέριμνα, ἵνα ἡ μετοχὴ εἰς τὰς δαπάνας φέρῃ τὸν χαρακτῆρα πανδήμου εἰσφορᾶς.

»Ὅπως διευκολυνθῇ ἡ ἐργασία τῆς Ἐπιτροπείας, ἐν καιρῷ θέλω ὑποδιαιρέσει αὐτὴν εἰς μερικωτέρας ἄλλας, εἰς ἑκάστην δ' αὐτῶν ἀνατεθήσεται μιά τις εἰδικὴ ἐργασία. Ἐν ἀνάγκῃ, προστεθήσονται καὶ ἄλλα μέλη εἰς τὴν Ἐπιτροπείαν ἢ εἰς τὰς Ἐπιτροπείας ταύτας.

»Τὸ Συμβούλιον θέλει διασκέπτεσθαι περὶ πασῶν τῶν προτάσεων, ἅς τινας θέλουσιν ὑποβάλει αὐτῷ ἡ Ἐπιτροπεία ἢ αἱ εἰδικαὶ Ἐπιτροπεῖαι, ἀφορώσας δὲ εἰς τὴν τελεσφορωτέραν εὐόδωσιν τῶν ἔργων.

»Εἰς τὴν ἀνεγνωρισμένην φιλοτιμίαν καὶ εἰς τὴν πρὸς τὴν ἔνδοξον ἑλληνικὴν παράδοσιν τῆς Ἀρχαιότητος ἄδολον καὶ εἰλικρινῆ λατρείαν τῶν ἀπανταχοῦ Ἑλλήνων στηρίζω πρωτίστως καὶ κυρίως τὴν πίστιν μου, ἐπὶ τῇ εὐδοκιμήσει τοῦ ἔργου, ὅπερ ἀναλαμβάνομεν. Οὐχ ἧττον ἀπεκδέχομαι τὴν συμπλήρωσιν τῆς ἐπ' αἰσίοις ἀποπερατώσεως αὐτοῦ, ἀπὸ τῆς πεφωτισμένης δραστηριότητος καὶ ἀπὸ τοῦ φιλέργου ὑμῶν. Ἀληθῶς, ὁ διαθέσιμος μέχρι τῆς τελέσεως τῶν ἀγώνων χρόνος δὲν εἶναι πολύς, ἐπιτρέπων ἀναβολὰς καὶ βραδυτῆτας. Τοῦτο ἐννοοῦμεν πάντες, ἐφ' ᾧ καὶ πάντες ὀφείλομεν νὰ φεισθῶμεν τοῦ χρόνου, ὅ,τι τάχιον προβαίνοντες εἰς τὰ πρὸς ἀγαθωτέραν παράστασιν ἡμῶν ἔργα.

»Ἐπὶ τούτοις, κηρύσσω τὴν ἔναρξιν τῶν ἐργασιῶν ὑμῶν.«

piques, seront invités à nommer leurs représentants au comité.

Je vous ai convoqués aujourd'hui, Messieurs, afin de vous exprimer ma reconnaissance pour l'empressement que vous avez montré à ratifier les choix que j'ai faits, et vous exprimer la conviction que me donne cet empressement sur la réussite de notre œuvre.

Le conseil de douze membres que je viens de constituer a pour mission de délibérer sur les moyens les plus efficaces à prendre dans le but de couvrir les dépenses que nécessitera la célébration des Jeux. Cette participation aux dépenses doit, à mon avis, prendre le caractère d'une souscription générale.

Dans le but de faciliter l'œuvre du comité, je me propose de le diviser, en temps opportun, en diverses commissions chargées, chacune, d'une mission particulière. D'autres membres pourront, au besoin, être adjoints au comité et aux commissions.

Le conseil aura à délibérer sur toutes les propositions qui lui seront soumises par le comité ou les commissions pour une meilleure réussite de l'œuvre.

La foi que j'ai dans le succès de notre entreprise, je la puise surtout dans l'amour propre national et dans le culte pur et sincère de tous les Grecs pour les glorieuses traditions de l'antiquité hellénique. Je n'en compte pas moins sur votre intelligente activité pour compléter l'œuvre inaugurée sous de si heureux auspices. Le temps qui nous reste est court, et ne nous permet, comme nous le comprenons tous, ni ajournements, ni délais. C'est pourquoi nous devons nous mettre immédiatement à l'œuvre, afin d'en assurer le succès.

Sur ce, je proclame l'ouverture de nos travaux.«

Toute la portée de ce discours du Prince héritier fut immédiatement comprise.

Avant que le Conseil commençât à se mettre à l'œuvre, le Prince Royal adjoignit au Comité un certain nombre de membres dont les connaissances spéciales dans l'athlétique et la gymnastique, ou la compétence dans d'autres questions connexes, pouvaient être d'une très grande utilité pour le but que l'on se proposait d'atteindre. Enfin le Prince composa des commissions spéciales et confia à chacune d'elles l'étude préparatoire de chacun des concours.

Conformément au programme élaboré par l'assemblée de Paris, on créa les commissions spéciales suivantes: commission des jeux athlétiques et des exercices de gymnastique, commission du tir, commission des jeux nautiques, commission des armes et de l'escrime, commission des courses vélocipédiques et commission des jeux de pelouse. On ne procéda point à la formation de

Ἡ ἔννοια τῶν λόγων τοῦ Διαδόχου κατενοήθη, ἐν ὅλῃ τῇ ἀξίᾳ καὶ τῇ βαθύτητι αὐτῶν.

Ἀλλά, πρὶν ἢ τὸ Συμβούλιον ἄρξηται πρακτικώτε- ρον τῶν ἐργασιῶν αὐτοῦ, ὁ Διάδοχος συνεπλήρωσε τὴν μεγάλην Ἐπιτροπείαν, διὰ τῆς προσθήκης καὶ ἑτέρων Μελῶν, ἅτινα ἐκρίθησαν, ὡς εἰδικώτερον γινώσκοντα τὰ ἀθλητικά καὶ τὰ γυμναστικά, ἢ δυνάμενα, διὰ τῶν ἄλλων γνώσεων καὶ τῶν προσόντων αὐτῶν, νὰ ὑπηρε- τήσωσι τελεσφόρως εἰς τὸν ἐπιδιωκόμενον σκοπόν. Τε- λειῶν τὸ ἔργον, ὁ Διάδοχος κατήρτισε καὶ Εἰδικὰς Ἐπι- τροπείας, ἀνέθετο δὲ μιᾷ ἑκάστῃ αὐτῶν τὴν ἐργασίαν πρὸς διοργανισμὸν ἑκάστου τῶν Ἀγώνων.

Συμφώνως ταῖς ὑποδείξεσι τοῦ προγράμματος τῆς Συνόδου τῶν Παρισίων, περὶ τῶν τελεστέων Ἀγώνων, κατηρτίσθησαν αἱ ἀκόλουθοι εἰδικαὶ Ἐπιτροπεῖαι: ἡ τῶν ἀθλητικῶν Ἀγώνων καὶ τῶν γυμναστικῶν ἀσκή- σεων, ἡ τῆς ἐπὶ σκοπὸν βολῆς, ἡ τῶν ναυτικῶν Ἀγώ- νων, ἡ τῆς ὁπλομαχικῆς ἢ ξιφασκίας, ἡ τῶν ποδη- λατικῶν Ἀγώνων καὶ ἡ τῶν γυμναστικῶν παιδιῶν. Εἰδικὴ Ἐπιτροπεία τῶν Ἱππικῶν Ἀγώνων δὲν κατηρ- τίσθη, διότι, εἰ καὶ ἀνεγράφησαν τοιοῦτοι Ἀγῶνες ἐν τῷ προγράμματι τῶν Παρισίων, ἐκρίθη, ὅτι ἡ τέλεσις τοιούτων Ἀγώνων ἦν ἀνέφικτος ἐν τῇ Ἑλλάδι, οὐ μό- νον διότι εἰσέτι δὲν ἐκτήσατο αὕτη γένος ἵππων ἴδιον, ἀλλὰ καὶ διότι ὁ μέχρι τῆς ἐνάρξεως τῶν Ἀγώνων ἀπομένων χρόνος δὲν ἤρκει πρὸς παρασκευὴν ἱπποδρο- μίου καταλλήλου καὶ ἱδρυμάτων, οἷα οἱ τοιοῦτοι Ἀγῶ- νες ἐπιβάλλουσιν· ἐπὶ πᾶσι δὲ ἔλειπον καθ᾽ ὁλοκληρίαν τὰ πρὸς ἐκτέλεσιν τῶν ἔργων τούτων ἀπαιτούμενα μεγάλα χρηματικὰ κεφάλαια. Τὸ Συμβούλιον δ᾽ ἐγνω- μάτευσε καὶ ὁ Διάδοχος ἐνέκρινε τὴν περὶ καταργήσεως τῶν ἱππικῶν Ἀγώνων διάταξιν, κατὰ τοὺς Ἀγῶνας τοῦ 1896· διότι, κατὰ τὸ κείμενον τῆς ἀποφάσεως τῆς Συνόδου τῶν Παρισίων, ἡ χώρα, ἐν ᾗ ἑκάστοτε ἔμελ- λον νὰ τελῶνται οἱ διεθνεῖς Ὀλυμπιακοὶ Ἀγῶνες, ἐδι- καιοῦτο ν᾽ ἀφαιρῇ ἐκ τοῦ γενικοῦ προγράμματος ἀγῶ- νας, οὓς δὲν ἠδύνατο τυχὸν νὰ τελέσῃ ἐπιτυχῶς ἐν αὐτῇ, ἢ νὰ προσθέτῃ ἄλλους, μὴ ἀναγεγραμμένους, ἐν τῷ καταρτισθέντι ὑπὸ τῆς Συνόδου γενικῷ προ- γράμματι.

Ἀλλὰ παρὰ τὰς Εἰδικὰς Ἐπιτροπείας, ἃς ἐπέβαλλε τὸ πρόγραμμα τοῦ Διεθνοῦς Συνεδρίου τῶν Παρισίων, συνέστησαν καὶ ἕτεραι τρεῖς, ὧν τὴν ὕπαρξιν ὑπηγόρευον αἱ εἰδικαὶ περιστάσεις, ἐν αἷς διατελεῖ ἡ Ἑλλάς. Αἱ τρεῖς Ἐπιτροπεῖαι αὗται ἦσαν, ἡ τῆς ἐπὶ παρασκευῇ Ἑλλήνων Ἀθλητῶν, ἡ ἐπὶ τῇ δεξιώσει τῶν ἐλευσο- μένων εἰς τὰς Ἀθήνας Ἀγωνιστῶν καὶ ἐπισκεπτῶν, καὶ ἡ ἐπὶ τῇ ἀνακινήσει τοῦ Παναθηναϊκοῦ Σταδίου.

la commission spéciale des jeux hippiques, quoi- qu'il figurât dans le programme de l'assemblée de Paris, par suite des considération suivantes. Tout d'abord la Grèce ne possède point une race de chevaux qui lui soit propre, ensuite il n'y avait point à Athènes d'hippodrome et l'on n'avait pas le temps d'en construire un pour l'époque déterminée, enfin les capitaux considérables qu' exige la création d'établissements de ce genre faisaient complètement défaut. C'est pourquoi, sur la proposition du Conseil, le Prince Héritier approuva la suppression des concours hippiques pour les jeux de 1896. D'ailleurs, l'assemblée athlétique de Paris avait admis que les diverses contrées dans lesquelles se célébreraient succes- sivement les Jeux Olympiques auraient le droit de supprimer quelques-uns des jeux qui figu- raient dans le programme général ou de leur en ajouter d'autres.

En dehors des commissions spéciales qui figu- raient dans le programme de l'assemblée géné- rale de Paris, on en constitua trois autres cor- respondant à des besoins d'intérêt purement local : la commission destinée à former des athlètes Grecs, la commission chargée de rece- voir les athlètes et les spectateurs qui se ren- draient à Athènes, enfin celle de la reconstruction du Stade.

L'addition de ces trois commissions était, en effet, indispensable. L'athlétique et la gymna- stique n'avaient point atteint en Grèce, un dé- veloppement suffisant pour que les clubs par- ticuliers fussent en mesure de fournir des concurrents capables de représenter dignement le pays, dans des jeux athlétiques internationaux, ce qui nécessitait une certaine unité d'action et des soins tout particuliers. D'un autre côté, la ville d'Athènes, par suite de son peu d'étendue et du manque des ressources qui, dans les grands centres, rendent le séjour facile et commode aux étrangers, éveillait des méfiances relativement à l'hospitalité qu'elle pourrait offrir aux person- nes venues du dehors. C'est pourquoi il fallait confier à une commission spéciale le soin d'obvier aux inconvénients de ce genre. Enfin, il fut reconnu de prime abord que le Stade Panathé- naïque était destiné à devenir le centre des fêtes, et que la reconstruction en devait par conséquent

— 15 —

Ἡ ἵδρυσις τῶν Ἐπιτροπειῶν τούτων ἦν ἀπολύτως ἀναγκαία. Ἡ ἀθλητικὴ καὶ ἡ γυμναστικὴ ἐν τῇ Ἑλλάδι δὲν εἶχον ἀναπτυχθῇ ἐπὶ τοσοῦτον, ὅπως στηριχθῶσιν ἐπὶ τῶν γυμναστικῶν Συλλόγων μόνων αἱ προσδοκίαι τῆς εὐπρεποῦς παραστάσεως καὶ τῶν Ἑλλήνων, ἐν διεθνεῖ ἀθλητικῷ Ἀγῶνι. Ἀπῃτεῖτο ἑνότης περὶ τὴν ἐνέργειαν καὶ φροντίς τις μερικωτέρα. Ἡ πόλις τῶν Ἀθηνῶν ἑτέρωθεν, καὶ ἐκ τοῦ μεγέθους αὐτῆς καὶ ἕνεκα τῆς ἐλλείψεως τῶν ἐν ταῖς ἄλλαις μεγαλοπόλεσι τῆς Οἰκουμένης ἀπαντώντων ἀφθόνων πόρων πρὸς δεξίωσιν καὶ διατριβὴν ἄνετον μεγάλου ἀριθμοῦ ξένων, δὲν ἐνέπνεε τὴν ἐμπιστοσύνην, ὅτι οἱ ξένοι ἤθελον τύχει ἐν αὐτῇ τῆς δεούσης περιποιήσεως. Ἔδει ἐντεῦθεν ν' ἀνατεθῇ εἰς εἰδικὴν Ἐπιτροπείαν ἡ μελέτη καὶ ἡ ἐξεύρεσις τῶν τρόπων τῆς θεραπείας τῆς ἀνάγκης ταύτης. Ἐπὶ τέλει ἀνεγνωρίσθη, εὐθὺς ἐξ ἀρχῆς, ὅτι τὸ Παναθηναϊκὸν Στάδιον προώριστο νὰ καταστῇ τὸ κέντρον τῆς πανηγύρεως, ὅτι δέ, ἄμορφον καὶ καθ' ὁλοκληρίαν ἐκλιπόν, ὅπως ἀνακαινισθῇ ἐπὶ τὸ καταλληλότερον πρὸς τέλεσιν τῶν Ἀγώνων, ἀπῃτεῖτο ἡ μελέτη εἰδικῶν ἀνδρῶν καὶ ἡ ὑπὸ τοιούτων κατάρτισις σχεδίων καὶ προϋπολογισμῶν.

Αἱ καταρτισθεῖσαι Ἐπιτροπεῖαι συνεκλήθησαν εἰς γενικὴν συνεδρίαν εἰς τὸ Ζάππειον, τῇ 1 (13) Φεβρουαρίου 1895. Ὁ Διάδοχος, συνοδευόντων καὶ τῶν δύο Ἀδελφῶν Αὐτοῦ, τοῦ Γεωργίου καὶ τοῦ Νικολάου, οἵτινες ἤδη εἶχον κληθῇ ὑπ' Αὐτοῦ, ὡς Μέλη, ὁ μὲν τῆς ἐπὶ τῶν ναυτικῶν Ἀγώνων, ὁ δὲ τῆς ἐπὶ Σκοπὸν Βολῆς Εἰδικῶν Ἐπιτροπειῶν, ἐγνώρισε τοῖς συνελθοῦσι τὸν ὑπ' Αὐτοῦ συντελεσθέντα ὀργανισμὸν τῆς ἐν τῷ μέλλοντι ἐργασίας, ἐξήγησε δι' ὀλίγων τὰ ἔργα, ἅτινα ἐκαλεῖτο νὰ ἐκτελέσῃ ἑκάστη Ἐπιτροπεία, συνιστῶν δὲ θερμῶς, ὅπως αἱ ἐργασίαι τῶν Ἐπιτροπειῶν ἄρξωνται, ἀμέσως καὶ δραστηρίως, παρεκάλεσεν, ἵνα, κατὰ τὴν αὐτὴν συνεδρίασιν, προβῶσιν αἱ Ἐπιτροπεῖαι εἰς τὸν καταρτισμὸν αὐτῶν, ἐκλέγουσαι τοὺς Προέδρους καὶ τοὺς Γραμματεῖς αὐτῶν ἑκάστη. Πράγματι ἡ πρακτικὴ σύστασις αὕτη εἰσηκούσθη, πρὶν ἢ κηρύξῃ δὲ τὴν λῆξιν τῆς συνεδριάσεως, ὁ Διάδοχος ἠδυνήθη ν' ἀναγγείλῃ ἀπὸ τῆς καθέδρας Αὐτοῦ ἐπισήμως τὸ ἀποτέλεσμα τῶν γενομένων ἐκλογῶν καὶ τὸν τέλειον καταρτισμὸν τῶν Ἐπιτροπειῶν.

Αἱ εἰδικαὶ Ἐπιτροπεῖαι, διὰ τῶν ἀκολούθως γενομένων περιοδικῶς προσθηκῶν, κατηρτίσθησαν ὑπὸ τοῦ Διαδόχου ὁριστικῶς, ὡς ἀκολούθως:

α´) **Ἐπιτροπεία Ναυτικῶν Ἀγώνων.** Πρόεδρος ἡ Α. Β. Ὑψ. ὁ Βασιλόπαις Γεώργιος· Γραμματεὺς ὁ Παῦλος Α. Δαμαλᾶς· Μέλη. οἱ κ.κ. Δημ. Κριεζῆς, Κ. Σαχτούρης, Γεώρ-

être confié à des personnes compétentes, chargées d'en arrêter le plan et d'en déterminer le budget.

Les dites commissions ainsi constituées furent convoquées en assemblée générale au Zappion, le 1/13 février 1895. Le Prince Héritier accompagné de deux de ses frères : les Princes Georges et Nicolas, qu'il avait nommés membres des commissions spéciales, l'un de la commission des joux nautiques et l'autre de celle du tir, fit connaitre à l'assemblée de quelle manière serait désormais répartie la tâche qui incombait à chacune des commissions, leur recommandant instamment de se mettre immédiatement à l'œuvre et de procéder sur le champ à l'élection des présidents et des secrétaires de ces diverses commissions. Cet appel obtint un effet immédiat, et, avant de lever la séance, le Prince héritier put annoncer le résultat du suffrage et la formation complète des dites commissions.

Après les nominations complémentaires qui se firent successivement, les différentes commissions spéciales furent constituées par S. A. R. le Prince Héritier de la manière suivante :

1) **Commission des Concours Nautiques.** Président, S. A. R. le Prince Georges· Secrétaire: Paul A. Damalas, Membres : Dém. Kriézis, K. Sachtouris. Georges Coundouriotis, Dém. Arghyropoulos, Const. Kanaris, K. Arghyrakis.

2) **Commission du tir.** Président, S. A. R. le Prince Nicolas. Secrétaire, Joan. Phrangoudhis. Membres: Démosth. Staikos, Alc. Krassas, Joan. Konstandinidhis, Alex. Kondostavlos, Ath. D. Botzaris, Ath. N. Piérrakos, Georges Antonopoulos. Stéph. Skouloudhis.

3) **Commission préparatoire pour les athlètes Hellènes.** Président, André Psyllas. Secrétaire, Sp. Lambros. Membres : Joan. Hadjidhakis, Joan. Phokianos. Chr. Koryllos, J. Nyder, A. Yéroussis, G. Papadhiamandhopoulos, K. Papamichalopoulos, Const. Lombardhos, A. Diom. Kyriakos, A. D. Thémistaléas.

4) **Commission des luttes athlétiques et gymnastiques.** Président, Joan. Phokianos. Secrétaire. Georges Streit. Membres : Joan. Yénissarlis, Loukas Bélos, Nic. Politis, Waldstein, Dim. Aighinitis, Dim. Sékkéris, Sp. Coumoundouros, Const. Manos, Sp. Antonopoulos.

5) **Commission d'escrime,** Président, Méléagros Athanasiou. Secrétaire, St. Rhallis. Membres : Paul Scouzès, Chr. Rhallis, Ép. Embirikos, Nic. Pyrghos, Hect. Rhomanos, Joan. Dellaporta, Const. Miliotis Komninos, Pétros Kanakis, Georges Colocotronis.

6) **Commission des courses velocipédiques.** Président, Nic. Vlangalis. Secrétaire, Const. Bellinis. Membres:

γιος Κουντουριώτης, Δημ. Ἀργυρόπουλος, Κωνστ. Κανάρης, Κ. Ἀργυράκης.

6´) **Ἐπιτροπεία βολῆς.** Πρόεδρος ἡ Α. Β. Ὑψ. ὁ Βασιλόπαις **Νικόλαος**· Γραμματεύς, Ἰω. Φραγκούδης· Μέλη, οἱ κ.κ. Δημοσθ. Στάϊκος, Ἀλκ. Κρασσᾶς, Ἰωάν. Κωνσταντινίδης, Ἀλέξ. Κοντόσταυλος, Ἀθ. Δ. Μπότσαρης, Ἀθ. Ν. Πιερράκος, Γεώργιος Ἀντωνόπουλος, Στέφ. Σκουλούδης.

γ´) **Ἐπιτροπεία Παρασκευῆς Ἑλλήνων Ἀθλητῶν.** Πρόεδρος, Ἀνδρ. Ψύλλας· Γραμματεύς, Σπ. Λάμπρος· Μέλη οἱ κ. κ. Ἰωάν. Χατζηδάκις, Ἰωάν. Φωκιανός, Χρ. Κορύλλος, Ι. Νύδερ, Α. Γερούσης, Γ. Παπαδιαμαντόπουλος, Κ. Παπαμιχαλόπουλος, Κωνστ. Λομβάρδος, Α. Διομ. Κυριακός, Α. Δ. Θεμιστοκλέας.

δ´) **Ἐπιτροπεία Ἀθλητικῶν Ἀσκημάτων καὶ Γυμναστικῆς.** Πρόεδρος, Ἰωάννης Φωκιανός· Γραμματεύς, Γεώργ. Στρέϊτ· Μέλη οἱ κ. κ. Ἰωάν. Γενίσαρλης, Λουκᾶς Μπέλος, Νικ. Πολίτης, Βαλδστάϊν, Δημ. Αἰγινήτης, Δημ. Σέκκερης, Σπ. Κουμουνδοῦρος, Κωνστ. Μάνος, Σπ. Ἀντωνόπουλος.

ε´) **Ἐπιτροπεία Ξιφασκίας.** Πρόεδρος, Μελέαγρος Ἀθανασίου· Γραμματεύς, Στ. Ράλλης· Μέλη οἱ κ. κ. Παῦλος Σκουζές, Χρ. Ράλλης, Ἐπ. Ἐμπειρῖκος, Νικ. Πύργος, Ἕκτ. Ρωμάνος, Ἰωάν. Δελαπόρτας, Κωνστ. Μηλιώτης Κομνηνός, Πέτρος Κανάκης, Γεώργ. Κολοκοτρώνης.

ϛ´) **Ἐπιτροπεία Ποδηλατικῶν Ἀγώνων.** Πρόεδρος, Νικ. Βλάγκαλης· Γραμματεύς, Κ. Βελλίνης· Μέλη, οἱ κ. κ. Σπ. Μαῦρος, Ν. Κοντογιαννάκης, Μάρ. Φιλίππ, Ἰάκ. Α. Θεοφιλᾶς.

ζ´) **Ἐπιτροπεία Ἀθλητικῶν Παιδιῶν** (Lown Tennys, Cricket κτλ.) Πρόεδρος, Φερδ. Σερπιέρης· Γραμματεύς, Ἰάκ. Νεγρεπόντης· Μέλη, οἱ κ. κ. Ἀλ. Ραγκαβῆς, Πέτρ. Καλλιγᾶς, Ἀλέξ. Μερκάτης, Λέων Μελᾶς, Κωνστ. Μάνος, Κάρολος Μέρλιν, Πύρρος Καραπάνος.

S. Mavros, Nic. Kontoïannis, Mar. Philipp, Jac. A. Théophilas.

7) **Jeux de Pelouse** (Lown Tennys, Cricket, etc.) Président, Ferd. Serpieri, Secrétaire, Jac. Négrépondis. Membres: Al. Rhangabé, P. Kalligas, Al. Mercatis, Léon Mélas, Const. Manos, Charles Merlin, Pyrrhos Karapanos.

8) **Commission de la reconstruction du Stade Panathénaïque.** Président, A. Théophilas. Secrétaire P. Cawadias. Membres: W. Dœrpfeld, Homolle, Richardson, Smith, Ant. Matsas, Phoc. Négris, Oth, Lüders, Anastase Métaxas, A. Pappagos, Th. Lymbritis, Alex. Ampelas. (Les trois derniers membres furent particulièrement préposés à la gestion financière de la reconstruction du Stade sur la demande du généreux bienfaiteur M.Avéroff.

9) **Commission de réception.** M. Iph. Kokkidhis en fut définitivement élu président en remplacement de M. Markos N. Dhragoumis, obligé de se rendre à l'étranger. Secrétaire, Michel Lambros, Membres: Michel Paparrhigopoulos, Marcos Dhragoumis, Péricl. Valaoritis, Nic. Louriotis, Chr. Vournazos, Dim. Silyvriotis, Joan. Dhoumas, Chr. Hadjipétros, Georges Baltadjis, Périkles Hiéropoulos, A. Métaxas, Georges M. Averoff, Dim. Kalliphronas, Lambros Kalliphronas, Konst. Koutzalexis, Nic. Zacharias, Anast. Christomanos, Zaph. Matsas, Tryph. Moutsopoulos, Nic. Handzopoulos, P. Zaphiriou, L. Féraldy.

Mais cet heureux début n'était qu'un prélude, et l'on ne pouvait aller de l'avant à moins de s'être assuré préalablement de la perception d'une somme considérable. Le but que l'on se proposait

η΄) Ἐπιτροπεία ἐπὶ τῇ παρασκευῇ καὶ τῇ ἀνακαινίσει τοῦ Παναθηναϊκοῦ Σταδίου. Πρόεδρος, Ἀν. Θεοφιλᾶς· Γραμματεύς, Π. Καββαδίας· Μέλη, οἱ κ. κ. Β. Δαῖρπφελδ, Ὠμόλ, Ρίχαρδσων, Σμίθ, Ἀντ. Μάτσας, Φωκ. Νέγρης, Ὀθ. Λύδερς, Ἀναστάσιος Μεταξᾶς, Λ. Παππάγος, Θ. Λυμπρίτης, Ἀλέξ. Ἀμπελᾶς. [Οἱ τρεῖς τελευταῖοι συνεκρότησαν ἰδίαν διαχειριστικὴν τῶν δαπανῶν τῆς ἀνακαινίσεως τοῦ Σταδίου Ἐπιτροπείαν, καθ᾽ ὑπόδειξιν τοῦ γενναίου χορηγοῦ Γ. Ἀβέρωφ].

θ΄) Ἐπιτροπεία τῆς Δεξιώσεως. Πρόεδρος, Ἰφ. Κοκκίδης [ἀντικαταστήσας ὁριστικῶς εἰς τὴν προεδρείαν, διὰ νέας ἐκλογῆς, τὸν ἀρχικῶς ἐκλεγέντα κ. Μᾶρκον Ν. Δραγούμην, ἀποδημήσαντα]· Γραμματεύς, Μιχ. Λάμπρος· Μέλη, οἱ κ. κ. Μιχ. Παπαρρηγόπουλος, Μάρκ. Δραγούμης, Περικλ. Βαλαωρίτης, Νικ. Δουριώτης, Χρ. Βουρνάζος, Δημ. Σπλυδριώτης, Ἰωάννης Δούμας, Χρ. Χατζηπέτρος, Γεώργ. Βαλτατζῆς, Περικλῆς Ἰερόπουλος, Ἄγγ. Μεταξᾶς, Γεώργ. Μ. Ἀβέρωφ, Δημ. Μ. Καλλιφρονᾶς, Λάμπρος Καλλιφρονᾶς, Κωνστ. Κουτσαλέξης, Νικ. Ζαχαρίας, Ἀναστ. Χρηστομάνος, Ζαφ. Μάτσας, Τρύφ. Μουτσόπουλος, Νικ. Χαντζόπουλος, Π. Ζαφειρίου, Α. Φερδᾶλδης.

Καὶ καλῶς μὲν ἐγένοντο, καὶ καλῶς εἶχον πάντα ταῦτα. Ἀλλ᾽ ὅμως ἀναμφισβητήτως ἦσαν ἁπλῶς τὸ σάλπισμα πρὸς τὴν ἐργασίαν· αὕτη δὲ δὲν ἐδύνατο νὰ χωρήσῃ γενναίως ἐπὶ τὰ πρόσω, ἄνευ χρημάτων, ἀφθόνων. Ἐνῷ δὲ τὸ ἔργον ὡμολογημένως ἀπῄτει χρῆμα πολύ, ἐλάχιστα μόνον εἶχον συναχθῆ, ποσά, μαρτυροῦντα μὲν περὶ τῆς προθυμίας καὶ τοῦ πατριωτισμοῦ τῶν συνεισενεγκόντων, ἀλλ᾽ ὅλως ἀνεπαρκῆ εἰς τὴν συντέλεσιν τῶν ἔργων, ἅτινα ἔμελλον νὰ μαρτυρήσωσι τοῖς ξένοις, ὅτι ἡ Ἑλλὰς καὶ ᾐσθάνθη τὸ μέγεθος τῆς εἰς αὐτὴν ἀποδοθείσης τιμῆς, καὶ ἔπραξεν ὅ,τι δύναμις αὐτῇ, ὅπως ἀναδειχθῇ, ἀνταξία τῆς ἐμπιστοσύνης τοῦ πεπολιτισμένου κόσμου. Πρωτίστως ἐντεῦθεν τὸ παρὰ τῷ Διαδόχῳ Δωδεκαμελὲς Συμβούλιον ὤφειλε νὰ διασκεφθῇ, περὶ τῶν τρόπων, δι᾽ ὧν δυνατὸν ἦτο νὰ περισυλλεγῇ χρῆμα, καὶ ὅσῳ ἔνεστι πολύ. Εἰς τὸ ἔργον δὲ τοῦτο ἀφωσιώθη, εὐθὺς ἐξ ἀρχῆς. Αἱ γνῶμαι αὐτοῦ, τυχοῦσαι καὶ τῆς ἐγκρίσεως τοῦ Διαδόχου, ἐστέφθησαν διὰ τοῦ χρόνου, ἐὰν μὴ καθ᾽ ὅλα, ἐν μέρει ὅμως, διὰ πλήρους ἐπιτυχίας, ἐξησφαλίσθη δὲ οὕτως ἐντεῦθεν ἡ εὐδόκιμος τέλεσις τῶν Ἀγώνων.

Ἅπαξ δεκτοῦ γενομένου, ὅτι, ἕνεκα τῶν δυσχερειῶν, εἰς ἃς προῆλθεν, ἀπέναντι τῶν ἀλλοδαπῶν πιστωτῶν τοῦ Κράτους, τὸ Δημόσιον Ταμεῖον ἔπρεπε ν᾽ ἀποστῇ πάσης χρηματικῆς ἀρωγῆς ὑπὲρ τοῦ Ταμείου τῶν Ὀλυμπιακῶν Ἀγώνων, εἰς ἀπέμενε τρόπος πρὸς πορισμὸν τοῦ ἀναγκαίου χρήματος, ἡ ἔκλησις εἰς ἀτομικὴν εἰσφορὰν πρὸς τοὺς Ἕλληνας, τοὺς ἐντὸς καὶ τοὺς ἐκτὸς τῆς Ἑλλάδος. Τὸ παρελθὸν παρεῖχε πᾶσαν προσδοκίαν,

exigeait un capital énorme, et la somme que l'on avait pu jusque-là recueillir par l' appel à la générosité publique témoignait de la bonne volonté générale et du patriotisme des souscripteurs, mais elle était complètement insuffisante pour la réalisation de la tâche que l'on se proposait, et pour montrer aux étrangers que la Grèce avait conscience de l'honneur qu'on lui avait fait et désirait, dans la mesure de ses forces, justifier ce qu'attendait d'elle le monde civilisé. C'est pourquoi le conseil des douze devait songer avant tout aux moyens de trouver le plus d'argent possible, et c'est là le but qu'il poursuivit immédiatement. Les idées émises par le conseil et approuvées par le Prince héritier furent par la suite couronnées d'un succès relatif, et ainsi l'heureuse célébration des Jeux Olympiques fut dès lors assurée.

Une fois admis que la situation de l'État vis-à-vis de ses créanciers étrangers ne permettait pas au trésor public de coopérer à la célébration des Jeux Olympiques, le seul moyen qui restait pour se procurer les ressources nécessaires était de faire un appel personnel à la générosité des Hellènes de la Grèce libre et de l'étranger. En effet, comme il était démontré par le passé, si l'on exposait habilement au peuple grec l'importance du but et la véritable signification de cet appel à sa générosité, on ne pouvait obtenir que des résultats satisfaisants, malgré les grandes difficultés que cet appel aurait à rencontrer par suite de la crise économique que l'on traversait et des nombreux secours que la charité publique avait eu à fournir aux victimes des tremblements de terre et d'autres calamités dont la Grèce venait d'être le théâtre. De la part du Prince héritier, et en son nom, le conseil des douze fit un chaleureux appel à la générosité de tous les Hellènes. Il recommanda en outre aux autorités municipales du Royaume de pourvoir, dans ce but, à la création de commissions locales, et aux agents diplomatiques et consulaires de la Grèce d'en agir de même dans l'étendue territoriale de leur juridiction. En même temps, le conseil interdisit formellement d'accepter des offrandes provenant de sujets étrangers.

Les espérances du conseil des douze ne furent pas toutes réalisées. Plusieurs personnes riches firent la sourde oreille à son appel, d'autres

ὅτι, καὶ κατὰ τὴν ὑπόθεσιν αὐτήν, ἐὰν καταλλήλως ἀνεκοινοῦτο πρὸς τοὺς Ἕλληνας ὁ κύριος σκοπός, δι' ὃν ᾐτεῖτο ὁ ἔρανος αὐτῶν, ὡς εἶχον ἤδη οὗτοι κατανοήσει τὴν ὑψίστην ἔννοιαν τῆς τελέσεως τῶν Διεθνῶν Ὀλυμπιακῶν Ἀγώνων, ἐν ταῖς Ἀθήναις, τὰ ἀποτελέσματα τῆς ἐν τούτῳ ἐνεργείας ἔμελλον νὰ ὦσιν εὐχάριστα, εἰ καὶ αἱ ἕνεκα τῶν σεισμῶν καὶ ἄλλων δυστυχημάτων ἐπανειλημμέναι ἐκκλήσεις ἐπὶ εἰσφοραῖς πρὸς αὐτούς, καὶ τὰ ἕνεκα τῆς οἰκονομικῆς κρίσεως ἐπελθόντα εἰς τὰς περιουσίας αὐτῶν τραύματα, ἔμελλον νὰ παράσχωσι δυσκολίας, οὐχὶ σμικράς. Οὐχ ἧττον, ἐν ὀνόματι καὶ ἐκ μέρους τοῦ Διαδόχου, τὸ Δωδεκαμελὲς Συμβούλιον ἀπηύθυνεν ἔκκλησιν θερμὴν ἐπὶ εἰσφοραῖς πρὸς τοὺς ἁπανταχοῦ Ἕλληνας. Ἀνέθετο δὲ ἰδίᾳ τὴν ἵδρυσιν ἐπιτροπειῶν τοπικῶν, ἐπὶ συλλογῇ ἐράνων, εἰς τὰς δημοτικὰς Ἀρχὰς τῆς Ἑλλάδος, ὅσῳ ἀφεώρα εἰς τοὺς ἐντὸς τῆς Ἑλλάδος Ἕλληνας, εἰς τοὺς ἐν τῇ ἀλλοδαπῇ δὲ διπλωματικοὺς καὶ προξενικοὺς Πράκτορας τῆς Ἑλλάδος τὴν σύστασιν, ἐπὶ τῷ αὐτῷ σκοπῷ, Ἐπιτροπειῶν, ἐντὸς τῆς περιφερείας τῆς δικαιοδοσίας αὐτῶν. Ἀπηγορεύθη δὲ ῥητῶς ἡ καταβολὴ εἰσφορῶν ἐκ μέρους μὴ Ἑλλήνων Πολιτῶν.

Αἱ προσδοκίαι τοῦ Δωδεκαμελοῦς Συμβουλίου δὲν ἐπραγματοποιήθησαν πᾶσαι. Πολλοὶ ἐκ τῶν πλουσίων ἐξώφευσαν εἰς τὰς πρὸς αὐτοὺς ἐκκλήσεις, ἠρνήθησαν δ' ἄλλοι πεισμόνως τὸν ἔρανον αὐτῶν, ἔστω καὶ ἐλάχιστον, κηρύσσοντες καὶ διαδίδοντες, ὅτι τὸ ἔργον ἦν κωμικὸν καὶ ἔμελλε ν' ἀποτύχῃ, εἰς μάτην δ' ἔμελλον νὰ δαπανηθῶσι τὰ χρήματα. Οὐχ ἧττον, ὑπολογιζομένων τῶν οἰκονομικῶν δυσχερειῶν τῆς ἐποχῆς, καὶ τῆς δυσπιστίας, ἥτις ἐπεκράτησεν ἐπὶ χρόνον, πρὸς τοὺς ἀξιοῦντας, ὅτι οἱ Ἀγῶνες θέλουσι τελεσθῇ καὶ θέλουσιν ἐπιτύχει, δυσπιστίας, πανταχόθεν ὑποτρεφομένης, καὶ ἐκ παντοίων λόγων, τὰ ἐξ ἰδιωτικῶν εἰσφορῶν εἰσπραχθέντα ποσά, ἐντὸς τῆς Ἑλλάδος καὶ ἐκτὸς αὐτῆς, ὑπῆρξαν σχετικῶς γενναῖα, τριπλάσια δὲ σχεδὸν τοῦ ποσοῦ, ὅπερ ἐπανειλημμένως τὸ κατ' ἀρχὰς ἐθεωρήθη, ὑπὸ τῶν εἰσηγητῶν τῆς ὑποθέσεως, ὡς ἐπαρκοῦν εἰς τὴν ἐκ τῶν ἐνόντων κάλυψιν τῶν ἀπαραιτήτως ἀπαιτουμένων πρὸς τέλεσιν τῶν Ἀγώνων δαπανῶν. Τὰ ἐξ ἰδιωτικῶν εἰσφορῶν εἰσπραχθέντα ποσά, ἐν οἷς περιλαμβάνονται καὶ τὰ ὑπὸ τῶν δημοτικῶν Ταμείων καταβληθέντα, κατὰ τὴν σημείωσιν τοῦ κεντρικοῦ Ταμείου, συνεποσώθησαν εἰς τριακοσίας τριάκοντα δύο χιλιάδας δραχμῶν (332,756). Εἰς χιλιάδας δὲ μόνον ἑκατὸν πεντήκοντα προϋπελογίσθησαν, τὸ κατ' ἀρχάς, αἱ πρὸς τέλεσιν τῶν Ἀγώνων πάντων, καὶ τῶν πανηγύρεων καὶ τῶν ἑορτῶν ἀναγκαῖαι δαπάναι!

refusèrent même de verser leur obole, prétendant et publiant que c'était là une entreprise ridicule, destinée à échouer. Néanmoins, si l'on tient compte des difficultés économiques dans lesquelles on se trouvait à cette époque, et de l'esprit de défiance qui régnait alors à l'égard de ceux qui soutenaient que la célébration des Jeux Olympiques à Athènes serait couronnée de succès, défiance entretenue de toutes parts, et pour des raisons diverses, les sommes recueillies en Grèce et à l'étranger ont atteint un chiffre relativement considérable, elles se sont, en effet, élevées au triple de la somme que les promoteurs du projet avaient trouvée strictement nécesaire pour couvrir les dépenses que devaient entrainer la célébration des Jeux. Le total des offrandes provenant des particuliers, y compris les sommes allouées par les caisses municipales, ce sont élevées, d'après les livres de la caisse centrale à trois cent trente-deux mille sept cent cinquante-six drachmes (dr. 332,756). La somme que devait exiger la célébration des jeux et des fêtes n'avait été évaluée d'abord qu'à cent cinquante mille drachmes.

Or, au début, le comité ne disposait pas même, de cette somme, qui ne put être recueillie que peu à peu. Et pourtant, la somme nécessaire devait être assurée d'avance, pour que l'on fût en mesure de faire face, à temps, aux exigences du programme. Il était d'ailleurs facile de comprendre que le Stade Panathénaïque devait être le principal champ des luttes, l'Altis d'Athènes, le centre des fêtes, et qu'il devait donc attirer tout spécialement l'attention de ceux auxquels était confiée la direction de la célébration des jeux. Or, le Stade était complètement désert, il était informe, couvert de pierres, de ronces et d'ordures, on n'en distinguait même plus les grandes lignes. Il était donc facile à comprendre, même pour ceux qui se trouvaient dépourvus de toutes notions techniques, qu'afin de pouvoir satisfaire aux exigences qu'entrainerait la digne célébration de ces jeux, une reconstruction même provisoire du Stade ne pouvait se faire sans un capital considérable. La commission préposée à cette reconstruction, après avoir apporté toutes les réductions possibles aux plans de M. Anastase Métaxas, architecte et membre de la commission,

Ἀλλὰ καὶ τὸ ποσὸν τοῦτο δὲν ὑπῆρχεν εὐθὺς ἐξ ἀρχῆς κατατεθειμένον ἐν τῷ Ταμείῳ, βαθμηδὸν δὲ καὶ κατὰ δόσεις συνήχθη. Καὶ ὅμως ἀπητοῦντο χρήματα ἠσφαλισμένα ἀπ᾽ ἀρχῆς, ὅπως ἐκτελεσθῶσιν ἐγκαίρως τὰ χρειώδη. Ἰδίως δὲν ὑπῆρξε δύσκολον νὰ κατανοηθῇ, ὅτι τὸ Παναθηναϊκὸν Στάδιον ἔμελλε νὰ ὑπάρξῃ τὸ κύριον πεδίον τῶν Ἀγώνων, ἡ ἐν Ἀθήναις Ἄλτις, τὸ κέντρον, περὶ ὃ ἔμελλε νὰ στραφῇ σύμπασα ἡ πανήγυρις, καὶ ὅτι εἰς τοῦτο ἔπρεπε νὰ στραφῇ κυριώτατον ἡ μέριμνα τῶν ἀναδεξαμένων τὴν διεύθυνσιν τῆς τελέσεως τῶν Ἀγώνων. Τὸ Στάδιον ὅμως ἦν ἐντελῶς ἔρημον, ἀγρὸς ἄμορφος, τόπος πλήρης λιθωμάτων, ἀκανθῶν καὶ ἀκαθαρσιῶν, συσσωρευμένων πανταχοῦ, ἦν οὐδὲ σκελετὸς κἄν, ἀλλ᾽ ὄγκος ἄμορφος. Καὶ αὐτῷ δὲ τῷ ἄκρῳ δακτύλῳ ἁψαμένῳ τῶν τεχνικῶν πραγμάτων κατάδηλον ἐγίνετο, ὅτι ὅπως τὸ Στάδιον ἐπιδιορθωθῇ, ἔστω καὶ προσωρινῶς, καὶ ἐκ τῶν ἐνόντων, καὶ καταστῇ εὐπρόσιτον εἰς ὁπωσοῦν σπουδαίους ἀθλητικοὺς καὶ γυμναστικοὺς ἀγῶνας, ἀπητεῖτο χρηματικὸν ποσὸν γενναῖον.

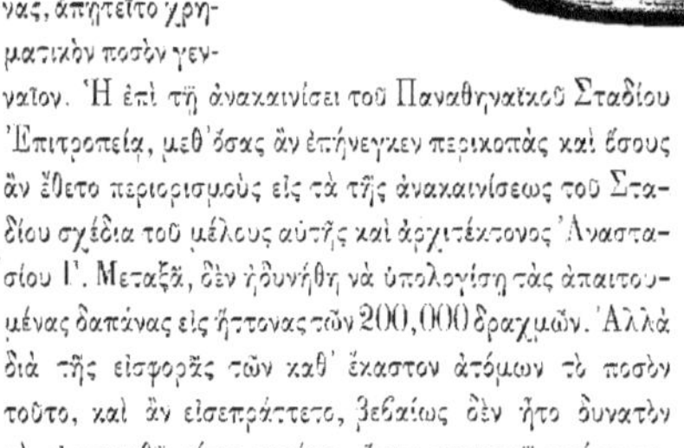

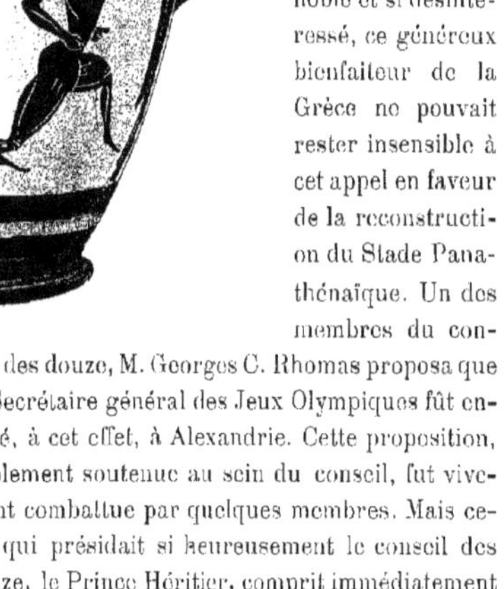

Ἡ ἐπὶ τῇ ἀνακαινίσει τοῦ Παναθηναϊκοῦ Σταδίου Ἐπιτροπεία, μεθ᾽ ὅσας ἂν ἐπήνεγκεν περικοπὰς καὶ ἔσους ἂν ἔθετο περιορισμοὺς εἰς τὰ τῆς ἀνακαινίσεως τοῦ Σταδίου σχέδια τοῦ μέλους αὐτῆς καὶ ἀρχιτέκτονος Ἀναστασίου Γ. Μεταξᾶ, δὲν ἠδυνήθη νὰ ὑπολογίσῃ τὰς ἀπαιτουμένας δαπάνας εἰς ἥττονας τῶν 200,000 δραχμῶν. Ἀλλὰ διὰ τῆς εἰσφορᾶς τῶν καθ᾽ ἕκαστον ἀτόμων τὸ ποσὸν τοῦτο, καὶ ἂν εἰσεπράττετο, βεβαίως δὲν ἦτο δυνατὸν νὰ εἰσπραχθῇ τόσῳ ταχέως, ὅπως καταστῇ χρήσιμον.

Ἐν τῇ δυσχερείᾳ τῶν καιρῶν, ἐγεννήθη εἰς τινας ἡ ἰδέα, ὅτι, ἐὰν ἀνεκοινοῦτο τὸ μέγα ἔργον εἰς τὸν ἤδη κατακτήσαντα τὴν φήμην ἀμεταπτώτου γενναίου χορηγοῦ πάσης ἐθνικῆς ὑποθέσεως, εἰς τὸν Γεώργιον Ἀβέρωφ, ὑπῆρχε βεβαιότης πλήρης, ὅτι ἡ ἔκκλησις τῆς Ἑλλάδος δὲν ἔμελλε ἐπὶ ματαίῳ νὰ ἀπευθυνθῇ πρὸς τὸν μεγαλόψυχον Ἕλληνα. Ὁ ἀνεγείρας τὸ Μετσόβειον Πολυτεχνεῖον, ὁ ἀνεγείρας τὴν Σχολὴν τῶν Εὐελπίδων, ὁ δαπανήσας εἰς τὴν ἀνέγερσιν τοῦ Ἐφηβείου, τοῦ Γυμνασίου τῆς Ἀλεξανδρείας, τοῦ Παρθεναγωγείου

ne put pourtant s'empêcher d'avouer que les dépenses s'élèveraient au moins à la somme de 200,000 drachmes. Or, en supposant même que cette somme pût être couverte par des souscriptions personnelles, elle ne pouvait assurément l'être à temps pour l'exécution des travaux.

En présence de cette difficulté, quelques-uns émirent l'idée, que si l'on faisait part de cet état de choses à celui qui, à diverses reprises, était venu en aide au pays, au généreux bienfaiteur de la Grèce, à M. Georges Avéroff, cet appel à sa munificence ne lui serait pas adressé en vain. Celui aux frais duquel avaient été élevés, à Athènes, l'école polytechnique, l'école militaire, les prisons des enfants, et, à Alexandrie, le gymnase et l'institution des demoiselles, ce citoyen si noble et si désintéressé, ce généreux bienfaiteur de la Grèce ne pouvait rester insensible à cet appel en faveur de la reconstruction du Stade Panathénaïque. Un des membres du conseil des douze, M. Georges C. Rhomas proposa que le Secrétaire général des Jeux Olympiques fût envoyé, à cet effet, à Alexandrie. Cette proposition, faiblement soutenue au sein du conseil, fut vivement combattue par quelques membres. Mais celui qui présidait si heureusement le conseil des douze, le Prince Héritier, comprit immédiatement combien cette idée était pratique, et, attribuant l'indifférence ou l'hostilité du conseil à ce que les membres qui le composaient ignoraient dans quels termes la proposition serait faite, il ordonna sans hésitation au Secrétaire général du comité de se rendre à Alexandrie, pour y porter la lettre autographe qu'il lui remit à l'adresse de M. Georges Avéroff. Dans cette lettre, le premier rejeton de la dynastie hellénique exposait à M. Georges Avéroff l'état de la situation et lui demandait son concours patriotique.

Cette idée du Prince Héritier fut de nouveau

αὐτῆς, γενναῖος δὲ καὶ ἀφιλοκερδὴς γενόμενος χορηγὸς
παντὸς ἐθνικοῦ ἱδρύματος, δὲν ἔμελλεν ἀδιαφόρως νὰ
ἀκούσῃ ἔκκλησιν πρὸς αὐτὸν ὑπὲρ τῆς ἀνακαινίσεως
τοῦ Παναθηναϊκοῦ Σταδίου. Ἕν τῶν Μελῶν τοῦ Δω-
δεκαμελοῦς Συμβουλίου, ὁ Γεώργιος Κ. Ρώμας, ὑπέ-
βαλε τὴν πρότασιν, ὅπως ἀποσταλῇ εἰς Ἀλεξάνδρειαν
ἐπὶ τούτῳ ὁ Γενικὸς Γραμματεὺς τῶν Ὀλυμπιακῶν
Ἀγώνων. Ἡ πρότασις αὕτη ἀσθενῶς ὑπεστηρίχθη ἐν
τῷ Συμβουλίῳ, ὑπό τινων δὲ τῶν Μελῶν αὐτοῦ καὶ
ἐντόνως κατεκρίθη. Ἀλλ' ὁ ἐπ' αἰσίοις προεδρεύων τοῦ
Συμβουλίου, ὁ Διάδοχος, κατενόησε τὸ πρακτικὸν τῆς
ἰδέας, ἄνευ δὲ περαιτέρου ἐνδοιασμοῦ καὶ τὴν ἀδιαφο-
ρίαν ἢ τὴν ἀντίστασιν τοῦ Δωδεκαμελοῦς Συμβουλίου
ἀποδίδων εἰς τὴν πραγματικὴν ἄγνοιαν τῶν ὅρων τῆς
ὑποβληθείσης προτάσεως, ἐνετείλατο, καθ' ἣν εἶχεν
ἐξουσίαν, εἰς τὸν Γενικὸν Γραμματέα τῆς Ἐπιτροπείας,
ὅπως μεταβῇ εἰς Ἀλεξάνδρειαν, κομίζων ἐπιστολὴν
Αὐτοῦ πρὸς τὸν Γεώργιον Ἀβέρωφ, δι' ἧς ὁ πρῶτος βλα-
στὸς τῆς Δυναστείας τῶν Ἀθηνῶν ἐξέθετε τὰ τῆς ὑπο-
θέσεως καὶ ᾐτεῖτο τὴν πατριωτικὴν συνδρομὴν αὐτοῦ.

Καὶ ἐν τούτῳ, ἡ ἔμπνευσις τοῦ Διαδόχου ὑπῆρξεν
εὐτυχής. Ὁ μέγας χορηγός, ἄνευ περαιτέρων λόγων,
ἅμα ἀναγνοὺς τὴν πρὸς αὐτὸν ἐπιστολὴν τοῦ Διαδόχου,
κατενόησε τὴν ἑλληνικωτάτην ἔννοιαν αὐτῆς καὶ τὸ
ἀληθὲς μεγαλεῖον τῆς εἰσηγουμένης αὐτῷ παρακλή-
σεως, μεθ' ὅλης δὲ τῆς γλυκύτητος, τῆς ἀπερίττου
προθυμίας καὶ τῆς χάριτος, ἣν ἐμπνέει ἡ συνείδησις
τῆς τελέσεως τῶν ἐθνικῶν ἔργων, ἐδήλωσεν, ὅτι αὐτὸς
ἀναλαμβάνει τὴν ἰδίαις δαπάναις ἀνακαίνισιν τοῦ Πα-
ναθηναϊκοῦ Σταδίου. Μετά τινας ἡμέρας, ἐνέκρινε τὰ
ὑπὸ τοῦ νεαροῦ ἀρχιτέκτονος Ἀναστασίου Μεταξᾶ ἐκ-
πονηθέντα σχέδια τῆς ἀνακαινίσεως, μελετηθέντα ἤδη
καὶ ὑπὸ τῆς ἐπὶ τῇ ἀνακαινίσει τοῦ Σταδίου Εἰδικῆς
Ἐπιτροπείας, ἐγκριθέντα δὲ καὶ ὑπὸ τοῦ Διαδόχου, ἐπί-
σης καὶ τὸν προϋπολογισμὸν τῆς δαπάνης αὐτῶν, τὸ μὲν
πρῶτον ὑπολογισθείσης εἰς 585,000 δρχ. ἀκολούθως δὲ
ἀναβιβασθείσης εἰς 920,000 δρχμάς, ἕνεκα δαπανῶν,
ἐπιβληθεισῶν ἐκ τῆς συντελέσεως ἔργων, ὧν ἀπαραί-
τητος κατεδείχθη ἡ προσθήκη, κατ' ἀκολουθίαν τῶν
κατὰ τὴν προϊοῦσαν ἐργασίαν ἀναποδράστων κατα-
δειχθέντων. Οὕτως ᾔρετο εὐτυχῶς καὶ καθ' ὁλοκλη-
ρίαν μεγάλη δυσχέρεια.

Ὁ Γεώργιος Ἀβέρωφ, εὐλόγως ἐγκιρετίσθη, ὑπὸ
σύμπαντος τοῦ Ἑλληνικοῦ, ὡς ὁ κύριος καταρτιστὴς
τῶν Ὀλυμπιακῶν Ἀγώνων. Εὐτυχέστερος δὲ ἀναδει-
κνύμενος Ἡρώδου τοῦ Ἀττικοῦ, ἀνεκαίνιζε τὸ Πανα-
θηναϊκὸν Στάδιον, ἢ μᾶλλον ἐκάλει ἐκ τῆς κόνεως εἰς
τὴν ζωὴν αὐτό, οὐχὶ ὅπως παραδώσῃ, ὡς ἐκεῖνος, πρὸ

une heureuse inspiration. Dès que le généreux
bienfaiteur eut pris connaissance de la lettre du
Prince Héritier, comprenant, sans autres explica-
tions, tout ce que cette demande avait de patrio-
tique et d'élevé, avec toute la douceur et la grâce
que lui inspirent la conscience et l'accomplisse-
ment d'une œuvre nationale, il déclara prendre
à sa charge la somme qu'exigerait la reconstruc-
tion du Stade Panathénaïque. Quelques jours
après, il approuvait les plans du jeune architecte
Anastase Métaxas, adoptés par la commission
spéciale de la reconstruction du Stade ainsi que
par le Prince Héritier, il approuvait également le
devis des dépenses. Cette dépense, évaluée d'abord
à 585,000 drachmes, s'éleva ensuite à 920,000
drachmes, par suite des travaux complémentai-
res qui furent jugés indispensables pour l'achè-
vement de l'œuvre. C'est ainsi que l'on put
obvier à la plus sérieuse des difficultés et que M.
Georges Avéroff fut salué par l'Hellénisme tout
entier, comme l'agent principal du rétablissement
des Jeux Olympiques. En effet, plus heureux qu'
Hérode Atticus, il restaurait, dix-sept siècles
après celui-ci, le Stade Panathénaïque, non pour
le livrer ensuite à des conquérants, mais à celui
que le suffrage de la nation avait appelé à pré-
sider à ses destinées, au Roi de la Grèce libre,
qui devait recevoir dans le Stade les hommages
des représentants de l'univers tout entier, et y
proclamer, sous le beau ciel de la patrie libre,

— 21 —

αἰώνων δεκαεπτά, εἰς τὸν ξένον καὶ ἀλλόφυλον κατακτητὴν καὶ κύριον τῆς Ἑλλάδος, ἀλλ' εἰς τὸν ἐλευθέρᾳ
ψήφῳ τῶν Ἑλλήνων ἀνακεκηρυγμένον Ἀντιπρόσωπον
τοῦ Ἔθνους, εἰς τὸν Βασιλέα τῆς ἐλευθέρας Ἑλλάδος,
κεκλημένον νὰ δεχθῇ ἐν αὐτῷ τὴν ἔκφρασιν τοῦ σεβασμοῦ τῶν ἀντιπροσώπων τῆς Οἰκουμένης, καὶ νὰ κηρύξῃ
τὴν ἔναρξιν τῶν πρώτων διεθνῶν Ὀλυμπιακῶν Ἀγώνων, ὑπὸ τὸν ἐλεύθερον οὐρανὸν τῆς Πατρίδος.

Τὸ Δωδεκαμελὲς Συμβούλιον, τῇ εἰσηγήσει τοῦ Διαδόχου, ἐψηφίσατο τὴν δαπάναις τοῦ Ταμείου τῶν Ὀλυμπιακῶν Ἀγώνων στῆσιν ἀνδριάντας τῷ Ἀβέρωφ, πρὸ
τοῦ Σταδίου, εἰς ἀνάμνησιν τοῦ περιφανοῦς πατριωτισμοῦ καὶ εἰς δήλωσιν τῆς ὀφειλομένης εὐγνωμοσύνης
εἰς ἄδολον γενναιοδωρίαν. Ὁ ἀνδριάς, ποιηθεὶς ὑπὸ τοῦ
ἀνδριαντοποιοῦ καὶ καθηγητοῦ τῆς γλυπτικῆς ἐν τῷ
Πολυτεχνείῳ Γεωργίου Βρούτου, ἀπεκαλύφθη ὑπὸ τοῦ
Διαδόχου, παρισταμένων τῶν δύο ἀδελφῶν αὐτοῦ Γεωργίου καὶ Νικολάου καὶ πασῶν τῶν Ἀρχῶν τοῦ Κράτους, καὶ πλήθους Ἑλλήνων τε καὶ ξένων, τῇ 24 Μαρτίου, τῇ παραμονῇ τῆς ἐνάρξεως τῶν Ἀγώνων, ἀνευφημίαι δὲ εἰλικρινεῖς καὶ ἐνθουσιώδεις ἀντήχησαν εἰς
τοὺς περὶ τὸ Στάδιον λόφους, ὑπὲρ τῆς εὐδαιμονίας τοῦ
εἰς τὴν ζωὴν καὶ εἰς τὴν πάλαι λαμπρότητα αὖθις παραδιδόντος, καὶ ὑπὸ αἰωνοὺς τόσῳ αἰσίους, τόπους, ἐπὶ
μακροὺς αἰῶνας καταδικασθέντας εἰς τὸ πένθος καὶ εἰς
τὴν σιγήν.

Ἐὰν ἑνὸς ἀνδρὸς ἡ μεγάλη ψυχὴ ἐπανήγαγεν εἰς τὴν
ζωὴν τὸ Στάδιον καὶ ἐπεσφράγιζε τὸν θρίαμβον τῶν
ἀθλητικῶν καὶ γυμναστικῶν Ἀγώνων, ἀπέμενεν ὅμως
καὶ ἄλλων ἰδρυμάτων, καθ' ὁλοκληρίαν μὴ ὑπαρχόντων, ἡ ἀνέγερσις. Ἦν δὲ καὶ τούτων ἡ ταχίστη κατασκευὴ ἐπιβαλλομένη· διότι ἐν τῷ προγράμματι τῶν
Διεθνῶν Ἀγώνων περιελήφθησαν καὶ ἀγῶνες ἐπὶ σκοπὸν
βολῆς καὶ ποδηλατικῆς, ἐπίσης καὶ ἀγῶνες ναυτικοὶ
καὶ γυμναστικῶν παιδιῶν. Οὔτε σκοπευτήριον δέ, οὔτε
ποδηλατοδρόμιον, οὔτε πρὸς παρασκευὴν ναυτικῶν
ἀγώνων ἢ γυμναστικῶν παιδιῶν κατασκευάσματα ὑφίσταντο, ἔστω καὶ ἀτελῆ.

Δὲν ηὐδοκίμησαν, ὡς παρὰ τῷ Ἀβέρωφ, αἱ ἀπόπειραι παρά τισιν, ὅπως αὐτοὶ ἀναλάβωσι, καθὼς
ἐκεῖνος τοῦ Σταδίου, οὗτοι τοῦ Σκοπευτηρίου καὶ τοῦ
Ποδηλατοδρομίου τὴν κατασκευήν. Ἀλλ' ἡ Ἐπιτροπεία τῶν Ἀγώνων δὲν ἀπεθαρρύνθη, προέβη δὲ εἰς τὸ
ἔργον, ἐν τελείᾳ πίστει, περὶ τῆς τελειώσεως αὐτῶν.
Ἤδη εἶχεν ἀνὰ χεῖρας διαθέσιμον ἐξ ἰδιωτικῶν εἰσφορῶν,
ποσὸν οὐχὶ εὐκαταφρόνητον, δὲν ἔπαυον δὲ καὶ εἰσφοραὶ
εἰσρέουσαι εἰς τὸ ταμεῖον τῶν Ἀγώνων, μέχρι καὶ τῆς
τελευταίας στιγμῆς. Ἀλλ' ἐπέρρωσε τὰς προσδοκίας

l'inauguration des premiers Jeux internationaux.

Le conseil des douze, sur la proposition du Prince
Héritier, vota l'érection de la statue de M. Avéroff
à l'entrée du Stade, aux frais du comité des Jeux
Olympiques, comme un témoignage de reconnaissance envers l'illustre bienfaiteur. Cette statue, exécutée par M. Georges Vroutos, statuaire
et professeur de sculpture à l'école des beauxarts, fut inaugurée, la veille du début des Jeux
Olympiques, le 24 mars 1896, par le Prince Héritier, en présence de ses deux frères, les Princes
Georges et Nicolas, de toutes les autorités du
royaume et d'une multitude de Grecs et d'étrangers. La foule innombrable qui couvrait les collines environnantes acclama d'une voix unanime
celui qui, après de longs siècles, rendait enfin au
Stade sa vie et sa splendeur antiques.

Mais si la générosité d'un seul citoyen relevait
le stade de ses ruines et assurait la réalisation
des luttes athlétiques et gymnastiques, la tâche
qu'imposait cette réalisation des Jeux Olympiques
était pourtant encore incomplète : on avait encore
à élever d'autres constructions qui faisaient entièrement défaut, et dont la prompte exécution
était urgente. En effet, dans le programme des
Jeux Olympiques étaient compris des concours
de tir et des courses vélocipédiques ainsi que des
concours nautiques et des jeux de pelouse. Or,
il n'existait aucun édifice réservé au tir, aucun
vélodrome, et il restait à faire les préparatifs
nécessaires pour les concours nautiques et les
jeux de pelouse.

Des tentatives furent alors faites auprès de
certaines personnes jouissant d'une fortune considérable, pour leur persuader d'entreprendre, à
leurs frais, la construction du vélodrome ou de
l'édifice destiné aux concours du tir ; mais ces
tentatives furent infructueuses. Le comité des
Jeux Olympiques ne se laissa pourtant point aller
au découragement, mais il se mit à l'œuvre, plein
de foi dans la réalisation du but qu'il se proposait. Il avait déjà en caisse une somme assez
considérable provenant de diverses souscriptions,
et ces souscriptions continuèrent à affluer jusqu'au dernier moment. Quoique le comité ne
possédât point encore les sommes nécessaires
pour l'érection du vélodrome et de l'édifice destiné aux concours du tir, il put pourtant procéder

αὐτῆς, ὅπως, καίτοι μὴ ἔχουσα ἐν χερσὶ τὰ ὅλα ἀπαιτούμενα κεφάλαια, πρὸς ἀνέγερσιν σκοπευτηρίου καὶ ποδηλατοδρομίου, ἀνταξίων τοῦ προορισμοῦ των, ἄρχηται αὐτῶν, ἄνευ ἀναβολῆς, ἡ προσδοκία τῶν εἰσπράξεων ἐκ τῶν εἰσιτηρίων καὶ τῶν ἀναμνηστικῶν μεταλλίων, καὶ ἡ βεβαιότης περὶ τοῦ διὰ δύο Νόμων ἀσφαλισθέντος αὐτῇ ποσοῦ 400,000 δραχμῶν, ἐκ τῶν εἰσπράξεων τῶν ἀναμνηστικῶν Γραμματοσήμων.

Αἱ προσδοκίαι τῆς Ἐπιτροπείας δὲν διεψεύσθησαν, καὶ ἐν τούτῳ. Αἱ ἐκ τῶν εἰσιτηρίων εἰσπράξεις, καίτοι περιορισθεισῶν τῶν πανηγύρεων ἐν τῷ Σταδίῳ εἰς πέντε, ἀντὶ ἓξ ἡμέρας, ὡς ἀρχῆθεν εἶχον ὁρισθῇ, καίτοι τῶν ναυτικῶν Ἀγώνων μὴ τελεσθέντων, καίτοι ἐκ τοῦ πρωτοφανοῦς τῆς ἐργασίας, καταδειχθεισῶν ἐλλείψεων τινῶν, περὶ τὴν ἐκτέλεσιν, μεθ' ὅλην τὴν ὑπὸ τοῦ διαχειριστοῦ τῶν εἰσιτηρίων Ταμίου Παύλου Γ. Σκουζέ ἀναπτυχθεῖσαν ἔκτακτον δραστηριότητα καὶ ἄκραν νοημοσύνην, αἱ εἰσπράξεις ἐκ τῶν εἰσιτηρίων καὶ τῶν μεταλλίων συνεποσώθησαν περὶ τὰς 200,000. Διὰ τούτων καὶ τῶν ὑπὸ τῆς Κυβερνήσεως ἐγγυηθεισῶν 400,000 δραχ. κατωρθώθη ἡ ἀνέγερσις δύο ἱδρυμάτων ἐκ τῶν τελειοτάτων καὶ τὸ εἶδος αὐτῶν, τοῦ Σκοπευτηρίου, ἐν τῇ Καλλιθέᾳ, καὶ τοῦ Ποδηλατοδρομίου, παρὰ τὸν τάφον τοῦ Καραϊσκάκη, ἐν τῷ νέῳ Φαλήρῳ. Ἐπίσης κατεσκευάσθησαν αἱ ἐξέδραι διὰ τοὺς ναυτικοὺς Ἀγῶνας, οἱ οἶκοι πρὸς φύλαξιν τῶν λέμβων καὶ ἄλλα μικρότερα ἔργα, σχετικὰ πρὸς τοὺς ναυτικοὺς Ἀγῶνας καὶ τὰς γυμναστικὰς παιδιάς.

Ὁ ἀπὸ τῆς ἐνάρξεως τῶν ἐργασιῶν μέχρι τῆς ἐνάρξεως τῶν Ἀγώνων διαθέσιμος χρόνος ὑπῆρξεν ἀληθῶς βραχύτατος. Τοῦτο δὲ καὶ ἡ ἔλλειψις χρημάτων ἐπαρκῶν ἀποτεταμιευμένων, καὶ ἀμέσως διαθεσίμων, διέσεισαν τὰς ἐπὶ τὴν ἔγκαιρον συντέλεσιν τῶν ἔργων καὶ τὴν ἐντεῦθεν ἐπιτυχίαν τῶν Ἀγώνων πεποιθήσεις τῶν πολλῶν. Αἱ ἑλληνικαὶ ἐφημερίδες ἐξεδήλωσαν τὴν διακλόνισιν ἐπὶ τούτῳ τῆς κοινῆς πίστεως, διὰ φράσεων πολλάκις ἀπελπιζουσῶν. Εὐτυχῶς οἱ αἰσιοδοξοῦντες ἐδικαιώθησαν, καὶ ἐν τούτῳ. Διὰ τῆς ἐπιμόνου καὶ διαρκοῦς ἐπιτηρήσεως τοῦ Διαδόχου καὶ διὰ τῆς ὑπὸ τῶν ἀναλαβόντων καὶ διευθυνόντων τὰς ἐργασίας μηχανικῶν, ἀρχιτεκτόνων, ἐργολάβων καὶ διαφόρων μελῶν τῶν εἰδικῶν Ἐπιτροπειῶν, ἀναπτυχθείσης δραστηριότητος καὶ νοημοσύνης, τὰ ἔργα, ὅπως καταστῶσιν ἱκανὰ εἰς τέλεσιν τῶν Ἀγώνων, συνεπληρώθησαν, κατὰ τὴν παραμονὴν τῆς ἐνάρξεως τῆς μεγάλης ἱστορικῆς ἑορτῆς, οὕτω δὲ μεγαλοπρεπὲς ἀληθῶς ὑπῆρξε τὸ θέαμα, ὅπερ παρέστησε τὸ Στάδιον, τὸ Σκοπευτήριον καὶ τὸ Ποδηλατοδρόμιον, κατὰ τὴν διάρκειαν τῶν Ἀγώνων.

immédiatement à la construction de ces deux édifices, en comptant sur les recettes qui devaient provenir de la location des places du Stade et sur la vente des médailles commémoratives, ainsi que sur la somme de 400,000 drachmes que par une double loi, le Gouvernement assura au comité, sur la vente des timbres commémoratifs.

Les espérances du comité ne furent point déçues. En effet, quoique les journées des luttes qui eurent lieu au Stade aient été réduites de six à cinq, quoique les concours nautiques n'aient point eu lieu, et malgré quelques abus provenant de l'inexpérience de la location des places, abus auxquels M. Paul Scousès, malgré tout le zèle qu'il déploya alors ne put complètement remédier, les recettes des billets et des médailles commémoratives s'élevèrent à la somme d'environ 200,000 drachmes. Cette somme et celle de 400,000 drachmes garantie par le Gouvernement suffirent à construire, dans les meilleures conditions possibles, l'édifice du tir, à Callithéa, et le vélodrome, près du tombeau de Karaïskakis, au nouveau Phalère. On procéda aussi à la construction d'une estrade pour les concours nautiques, de formes pour abriter les canots et à l'exécution d'autres travaux de moindre importance relatifs aux concours nautiques et aux jeux de pelouse.

Le temps dont on pouvait disposer jusqu'à l'inauguration des Jeux était relativement très court, ce qui, joint au manque d'une somme immédiatement disponible ébranla la confiance du plus grand nombre, relativement à l'heureuse issue des Jeux. La presse se fit l'interprète de ces sentiments et exprima les idées les plus pessimistes à l'égard des futurs Jeux Olympiques. Ces craintes et ces sinistres prédictions furent heureusement déçues. Grâce à la constante vigilance du Prince Héritier et à l'activité incessante que déployèrent les ingénieurs, les architectes, les entrepreneurs et les membres des diverses commissions, les travaux purent être achevés la veille de la fête nationale, et c'est ainsi que, pendant la durée des Jeux Olympiques, le Stade, le tir et le vélodrome excitèrent l'admiration de tous. Les prédictions des optimistes furent surtout pleinement réalisées à l'endroit des athlètes Hellènes. Grâce à la vigilance et aux soins incessants de la commission spéciale chargée de la préparation

Ἀλλὰ τῶν αἰσιοδόξων αἱ προμαντεύσεις ἐδικαιώθησαν, καθ' ὁλοκληρίαν, καὶ ἐν τῷ κεφαλαίῳ τῶν Ἑλλήνων Ἀγωνιστῶν. Διὰ τῶν ἀόκνων καὶ νοημονεστάτων ἐργασιῶν τῆς ἐπὶ τῇ παρασκευῇ Ἑλλήνων Ἀθλητῶν Εἰδικῆς Ἐπιτροπείας, κατωρθώθη, ὅπως ἡ Ἑλλὰς παραστῇ εὐπρόσωπος, κατὰ τοὺς Ἀγῶνας, κερδήσωσι δὲ οἱ Ἕλληνες Ἀθληταὶ καὶ Γυμνασταὶ βραβεῖα, ὑπὲρ τὰ ὑπολογισθέντα, τιμήσαντα τὴν εὐφυΐαν καὶ τὴν δεξιότητα αὐτῶν, παρασχόντα δὲ τὴν βεβαίαν προσδοκίαν, ὅτι, μετά τινα ἐπιστημονικωτέραν καὶ συντονωτέραν προπαίδευσιν, ἡ Ἑλλὰς παρασταθήσεται, ἀρεύκτως, εὐρύτερον καὶ πανηγυρικώτερον νικῶσα, εἰς ἀγῶνας προσεχεῖς.

Μεθ' ὅλην δὲ τὴν δυσκολίαν, ἣν ποικίλαι διαδόσεις εἶχον ἐνσπείρει ἐν τῇ διανοίᾳ καὶ τῶν Ἑλλήνων καὶ τῶν ἀλλοδαπῶν, ὅπερ ἐμείωσε κατὰ πολὺ τὸν ἀριθμὸν αὐτῶν, ἡ μετάβασις ἐπισκεπτῶν ἐπὶ τοῖς Ἀγῶσιν ἐγένετο ἄνετος, ἡ διαμονὴ ἐν ταῖς Ἀθήναις εὐάρεστος καὶ εὔκολος. Εἰς τὴν εἰδικὴν ἐπὶ τῇ δεξιώσει Ἐπιτροπείαν, ἐργασθεῖσαν ἐν ἄκρᾳ νοημοσύνῃ καὶ καταβαλοῦσαν ὑπερανθρώπους πράγματι κόπους, ὀφείλεται ἡ διοργάνωσις τῶν τελετῶν, τῶν λαμπαδηφοριῶν καὶ ἡ διακόσμησις τῆς πόλεως τῶν Ἀθηνῶν, μάλιστα ὁ κατὰ τὰς νύκτας τοῦ δεκαημέρου τῶν Ἀγώνων ὡραῖος καὶ ἔκτακτος φωτισμὸς τῶν δύο πλατειῶν τοῦ Συντάγματος καὶ τῆς Ὁμονοίας καὶ τῆς ὁδοῦ Σταδίου, διὰ τόξων ἐκ φωτοβολίδων ἀερίφωτος. Ἀληθῶς, ἦν μαγικὸν τὸ θέαμα, ὅπερ παρίστα ἡ ὁδὸς Σταδίου, ἀπὸ τοῦ ἄκρου τῆς ἐνάρξεως αὐτῆς, ἐπὶ τῆς πλατείας τῆς Ὁμονοίας, μέχρι τῆς λήξεως αὐτῆς, εἰς τὴν πλατείαν τοῦ Συντάγματος, εἰκονίζουσα στοὰν ἀμφιωτὴν φωτεινὴν ἀπέραντον. Ὡραῖον ἐπίσης ἦν καὶ τὸ θέαμα τῶν δύο πλατειῶν τῆς Ὁμονοίας καὶ τοῦ Συντάγματος, μετὰ τῶν περιβαλλουσῶν αὐτὰς φωτεινῶν ἀψίδων. Εἰς τὴν αὐτὴν Ἐπιτροπείαν δὲ ὀφείλεται κατὰ μέγα μέρος ἡ ἀρίστη ἐντύπωσις, ἣν περὶ τῆς φιλοξενίας τῶν Ἑλλήνων ἀπεκόμισαν οἱ εἰς τὰς Ἀθήνας ἐλθόντες ξένοι. Αὕτη ἐμερίμνησεν, ὅπως οἱ προσερχόμενοι ἐκ τῆς ἀλλοδαπῆς Ἀγωνισταὶ γίνωνται ἑκάστοτε δεκτοί, κατὰ τὴν εἰς τὰς Ἀθήνας εἴσοδον αὐτῶν, μετὰ πάσης δυνατῆς πομπῆς καὶ παντὸς δείγματος, βεβαιοῦντος περὶ τῆς εὐφροσύνης καὶ τῶν ἀδελφικῶν αἰσθημάτων τῶν δεχομένων αὐτοὺς κατοίκων τῶν Ἀθηνῶν.

Αἱ ἡνωμέναι προσπάθειαι πάντων τῶν κληθέντων εἰς τὴν ὀργάνωσιν τῶν μεγάλων ἑορτῶν ἔσχον, ὡς ἀποτέλεσμα, ὅπως, κατὰ τὴν ὁρισθεῖσαν ἡμέραν τῆς ἐνάρξεως αὐτῶν, τὰ πάντα ὦσιν ἕτοιμα καὶ ὅσω ἔνεστιν ἐπιτυχῶς παρεσκευασμένα. Οὐχὶ ἐν ὑπερβολῇ ἐχαρα-

---

des athlètes nationaux, la Grèce put avoir aux Jeux Olympiques des champions dignes d'entrer en lice et capables de remporter plusieurs prix. Ces victoires tout en donnant pleinement satisfaction à l'amour-propre national, laissèrent entrevoir que, dans un avenir relativement prochain et après une instruction plus développée, les athlètes Hellènes ne seraient pas indignes des antiques traditions nationales de leur pays.

Malgré les bruits qu'on avait répandus, en Grèce et dans d'autres pays, relativement aux difficultés que le voyage et le séjour en Grèce présenteraient aux étrangers, bruits qui arrêtèrent considérablement l'affluence des visiteurs, tous les étrangers qui accoururent aux Jeux Olympiques purent effectuer leur traversée sans la moindre difficulté et firent à Athènes un séjour des plus agréables. C'est surtout à la commission spéciale de réception qu'est due l'organisation des fêtes. Cette commission déploya, en effet, un zèle aussi ardent qu'intelligent ; c'est à elle que sont dus les embellissements de la ville, l'organisation des retraites aux flambeaux et l'éclairage de la rue du Stade et des places de la Concorde et de la Constitution au moyen d'arcs de becs de gaz, pendant les dix jours que durèrent le Jeux. Le spectacle que présentait alors la rue du Stade, qui relie les deux places était vraiment magique: c'était un long portique ruisselant de lumières. Les deux places de la Concorde et de la Constitution, encadrées d'arcs lumineux, offraient également un spectacle magnifique. C'est aux efforts de la même commission qu'est due, en grande partie, l'excellente impression que les étrangers ont rapportée relativement à l'accueil qui leur à été fait et à l'hospitalité qu'ils ont rencontrée à Athènes. Les membres qui composaient cette commission avaient pris soin que les champions venus de l'étranger fussent reçus, lors de leur arrivée, avec toute la pompe possible, et avec toutes les marques pouvant leur témoigner les sentiments de joie et d'estime fraternelle dont les habitants d'Athènes étaient animés à leur égard.

Les efforts combinés de tous ceux qui étaient préposés à la célébration des fêtes eurent pour résultat l'achèvement complet de tous les préparatifs pour le jour fixé. Cet accomplissement de l'œuvre que l'on avait entreprise fut, sans aucune

κτηρίσθη τὸ συντελεσθὲν ἔργον, ὡς θαῦμα· διότι ἀνη-
γέρθησαν ἐκ θεμελίων ἱδρύματα ἐπιφανῆ, ἐντὸς βραχυ-
τάτου χρόνου, καὶ διὰ δαπάνης, σχετικῶς σμικρᾶς,
ἐγένοντο δὲ ἄλλαι προετοιμασίαι, ἀπαιτοῦσαι βεβαίως
ἔκτακτον δραστηριότητα καὶ νοημοσύνην, οὐχὶ κοινήν,
ὅπως καὶ αὗται ἐκ τοῦ μηδενὸς ἀναδείξωσι τὴν πρω-
τεύουσαν τοῦ Ἑλληνικοῦ Κράτους ἀνωτέραν τῶν
προσδοκιῶν τῶν ἐπισκεφθέντων αὐτὴν ξένων.

Ἀλλά, πρὶν ἢ περατώσω τὴν περὶ τῶν προηγηθέν-
των τῶν Ἀγώνων καὶ πρὸς παρασκευὴν αὐτοτελεσθέν-
των σημείωσιν, ὠχρὰν ὅλως καὶ στερουμένην τῶν λε-
πτομερειῶν, αἵτινες ἤθελον παράσχει αὐτῇ ἄλλην ὄψιν,
ἤθελον παραλείψει τὴν ἐκπλήρωσιν καθήκοντος ὑπερ-
τάτου, ἐὰν μὴ ἐξέφραζον τὴν εὐγνωμοσύνην τῆς Ἐπι-
τροπείας τῶν Ὀλυμπιακῶν Ἀγώνων εἰς τὴν τόσῳ
συντελέσασαν εἰς τὴν ἐπίστεψιν τοῦ ἔργου, Ἑλληνικὴν
Κυβέρνησιν.

Ἀληθῶς, ἡ Ἑλληνικὴ Κυβέρνησις, διότι ὑλικῶς
ἦν ἀδύνατον αὐτῇ, δὲν παρέσχεν ἄμεσον ἐκ τοῦ δημο-
σίου Ταμείου συνδρομὴν εἰς τὸ προπαρασκευαστικὸν
ἔργον τῶν Ἀγώνων. Ἀλλ' ὅμως παρέσχε τοῖς ὑπὲρ
τῆς εὐδοκιμήσεως αὐτῶν ἐργαζομένοις τὴν ἠθικὴν συν-
δρομὴν αὐτῆς ἀμέριστον, διευκολύνασα καὶ ἐνθαρρύ-
νασα τὰς ἐργασίας αὐτῶν τελεσφόρως καὶ ἄνευ τῆς
ἐλαχίστης ἀναβολῆς αἴρουσα πᾶσαν δυσχέρειαν, τυχὸν
ἐκ τῆς ἑβραϊκῆς ἑρμηνείας τῶν κειμένων προκύπτου-
σαν. Ἔτι δὲ μᾶλλον, διὰ Νόμων, ὑπὸ τῆς Βουλῆς προ-
θύμως ψηφισθέντων, τῇ εἰσηγήσει τῆς Κυβερνήσεως,
παρεσχέθη ἐμμέσως γενναία χρηματικὴ βοήθεια εἰς τὸ
ἔργον τῶν Ἀγώνων, ἄνευ ζημίας θετικῆς τοῦ δημοσίου
Ταμείου ἢ συνταράξεως τῶν οἰκονομικῶν τοῦ Κράτους.
Διὰ Νόμου, ἀπηλλάγησαν τὰ εἰσιτήρια εἰς τὰ ἱδρύ-
ματα τῶν Ἀγώνων τοῦ τέλους τοῦ ὑπὲρ τοῦ Δημοσίου
εἰσπρατομένου. Δι' ἑτέρου Νόμου, γενομένης δεκτῆς
τῆς ἐκδόσεως ἀναμνηστικῶν Γραμματοσήμων τῶν
Ὀλυμπιακῶν Ἀγώνων, ἠσφαλίσθη ὑπὲρ τῆς μεγάλης
ὑποθέσεως ποσὸν τετρακοσίων χιλιάδων δραχμῶν. Οὕτω
δὲ ἐνῷ τὸ Δημόσιον, ἀντὶ ζημίας, ἐκ τῶν ἀναμνηστικῶν
Γραμματοσήμων, εἰσέπραξε καὶ ποσά, οὐχὶ εὐκατα-
φρόνητα, παρεσχέθη ἑτέρωθεν σωτηρία ἀρωγὴ εἰς τὸ
ἐθνικὸν ἔργον.

Τῶν Ἀγώνων δὲν μετέσχον Ἀγωνισταὶ ξένοι ὅσοι
προσεδοκῶντο. Παρεννοήσεις ἄδικοι, αἴφνης καὶ κατὰ
τὴν τελευταίαν στιγμὴν σχεδὸν ἐπελθοῦσαι, ἤθελον
ματαιώσει τὴν ἐκ Γερμανίας κάθοδον Ἀθλητῶν, ἐὰν
μή, παρεμβαίνων, δι' ἐκτάκτου ἐργασίας καὶ διὰ νοή-
μονος καὶ εὐφυεστάτης ἐνεργείας, οὐ μόνον ἐματαίου
τὰς ἀντιθέτους ἐνεργείας, ἀλλὰ καὶ μονονοὺ μετέτρεπεν

exagération, considéré comme une merveille ; en
effet, des constructions avaient été élevées en
très peu de temps et n'avaient exigé que des dé-
penses relativement faibles, et les préparatifs que
l'on avait exécutés pour qu'Athènes fît sur les
étrangers une impression supérieure à leur at-
tente, avaient exigé une activité extraordinaire et
une rare intelligence. Mais avant de terminer
cette énumération des préparatifs et des préli-
minaires des Jeux Olympiques, énumération mal-
heureusement pâle et dépourvue de tous les dé-
tails qui devraient l'animer, nous croirions man-
quer à un devoir, si nous n'exprimions pas ici,
de la part du comité des Jeux Olympiques, la
reconnaissance qu'il ressent à l'égard du Gou-
vernement hellénique, pour le généreux concours
que celui-ci a bien voulu lui prêter, et grâce
auquel son entreprise a pu être couronnée de
succès.

Le Gouvernement hellénique n'alloua, il est
vrai, aucune somme pour les préparatifs des
Jeux, car cela lui était matériellement impossi-
ble, mais il prêta sans réserve son concours
moral à ceux qui travaillaient à la réussite de
l'œuvre, en facilitant leur tâche, en les encoura-
geant d'une manière efficace, et en obviant sans
aucun retard à tous les obstacles qui pouvaient
surgir. Enfin par deux lois que vota le Parlement,
sur la proposition du Gouvernement, une géné-
reuse subvention fut indirectement accordée au
comité des Jeux, sans qu'il en résultât le moindre
détriment pour le Trésor public ni la moindre
perturbation dans les finances de l'État. Par la
première de ces lois, les billets des places des di-
vers édifices destinés aux concours furent dé-
clarés exempts de toute taxe. Par la seconde, qui
autorisa l'émission des timbres commémoratifs, la
somme de 400,000 drachmes fut assurée au co-
mité, et ainsi, tandis que cette émission promet-
tait à l'État un bénéfice assez considérable, elle
procurait d'autre part, un précieux secours à
l'œuvre de la réalisation des Jeux Olympiques.

Les nombre des concurrents étrangers ne fut
pas aussi grand qu'on l'avait espéré d'abord. Des
malentendus fâcheux, survenus soudainement et
presque à la dernière heure, furent sur le point
d'empêcher les champions allemands de se rendre
à Athènes. Le ministre plénipotentiaire de Grèce

εἰς εὐμενῆ, ἀντὶ δυσμενοῦς, τὴν κοινὴν γνώμην ἐν Γερμανίᾳ, ὁ εἰς Βερολῖνον πρέσβυς τῆς Ἑλλάδος κ. Κλέων Ῥαγκαβῆς. Ἀλλ' ἔτυχε δύο μεγάλων προστατῶν ἐν τῷ ἔργῳ αὐτοῦ, τῆς Χήρας Αὐτοκρατείρας καὶ τοῦ πρίγκιπος Χοενλόε, υἱοῦ τοῦ ἀρχικαγγελαρίου τῆς Γερμανικῆς Αὐτοκρατορείας. Εἰς τούτους δέον νὰ προστεθῇ ἡ ἐνθουσιώδης δρᾶσις τοῦ Γενικοῦ Γραμματέως τῆς Γερμανικῆς Ἐπιτροπείας δόκτορος Γκεπχάρ, παντοίοις τρόποις συντελέσαντος εἰς τὴν ἐπιτυχίαν τῶν ἐργασιῶν τοῦ ἀντιπροσώπου τῆς Ἑλλάδος.

Οἱ ἐξ Οὑγγαρίας ἐλθόντες Ἀγωνισταὶ καὶ οἱ ἐκ τῆς Ἀμερικῆς, πλειότεροι ἢ ἀφ' οἱασδήποτε ἄλλης χώρας, μετὰ τὴν Γερμανίαν, ἰδιαιτάτην ὅλως παρέσχον λαμπρότητα εἰς τοὺς Ὀλυμπιακοὺς ἀγῶνας καὶ ἐξῆραν αὐτούς. Δικαίως δὲ ἔτυχον ἐξαιρετικῶν ὅλως τιμῶν καὶ ἐνδείξεων ἀγάπης, παρὰ τοῖς Ἕλλησιν.

Ἀλλὰ ὁ τὴν λαμπρότητα τῶν Ἀγώνων ἐπιστέψας παράγων ὑπῆρξεν ὁ ἑλληνικὸς Λαός. Αἱ ἀρεταὶ τῆς ἀπερίττου, τῆς προθύμου καὶ πανηγυρικῆς φιλοξενίας, περὶ ὧν ὁ Πρόεδρος Διάδοχος ἐμνήσθη, ἐν τῷ ἐναρκτηρίῳ λόγῳ Αὐτοῦ, ὡς προωρισμένων ν' ἀμιλληθῶσι πρὸς τὴν λαμπρότητα τοῦ οὐρανοῦ τῆς Ἑλλάδος καὶ ν' ἀντικαταστήσωσι τὰς ἑτέρωθεν ἐλλείψεις τῆς ὑλικῆς ἐπιδείξεως, ἀνεπτύχθησαν καὶ ἔλαμψαν, ἐν ὅλῳ τῷ μεγαλείῳ αὐτῶν. Οἱ ἀλλοεθνεῖς θεαταὶ πάντες ἔκπληκτοι ἔστησαν, πρὸ τοῦ θεάματος συρροῆς ἀνθρώπων ἑκατὸν πεντήκοντα χιλιάδων, ἐν στενοτάτῳ χώρῳ, μετὰ τῆς ἀδιακόπου κινήσεως ἵππων τε καὶ ἁμαξῶν, χωρὶς οὐδ' ἡ ἐλαχίστη νὰ ἐπιφανῇ που ἀταξία ἢ σύγχυσις, χωρὶς οὐδὲ σκιὰ ῥήξεως ἢ βιαίας τινος κινήσεως νὰ προκύψῃ, χωρὶς οὐδὲ μανδήλιον ἐν ν' ἀπολεσθῇ. Καὶ ἀληθῶς, σώφρονες καὶ μεμελετημέναι καὶ πρακτικαὶ ὑπῆρξαν αἱ περὶ τῆς καθ' ὅλου ἀστυνομικῆς ὑπηρεσίας ληφθεῖσαι καὶ ἀκριβῶς ἐφαρμοσθεῖσαι ἀποφάσεις ὑπὸ τοῦ συνταγματάρχου τοῦ μηχανικοῦ κ. Νικολάου Κ. Μεταξᾶ, διορισθέντος ὑπὸ τοῦ Διαδόχου ἀνωτάτου Ἐπόπτου καὶ Διευθυντοῦ τῆς κατὰ τοὺς Ἀγῶνας ἀστυνομίας, καὶ τῶν ὑπὸ τὰς ὁδηγίας αὐτοῦ διατελεσάντων Ἀξιωματικῶν, Ὑπαξιωματικῶν καὶ Ὁπλιτῶν, ἐπίσης δὲ ἀποτελεσματικὴ ἡ δρᾶσις καὶ ἡ ἐποπτεία τῆς Διοικητικῆς Ἀστυνομίας Ἀθηνῶν. Ἀλλ' εἰς ἐλάχιστα ἤθελον συντελέσει αὗται, οὐδὲ τὸ ἔκτακτον καὶ μοναδικὸν φαινόμενον τῆς διατηρηθείσης διαρκῶς καὶ οὐδ' ἐπὶ στιγμὴν μίαν διαταραχθείσης ἡσυχίας καὶ τάξεως ἤθελεν ἀναπτυχθῆ, ὑπὸ τόσῳ ἀρίστους ὅρους, ἐὰν τὰ συγκροτοῦντα τὰ περὶ τὸ Στάδιον ἐπὶ δεκαήμερον ἀθροιζόμενα πλήθη τῶν Ἀθηνῶν μὴ διέφερον τῶν ἐν ταῖς ἄλλαις μεγαλοπόλεσι τοῦ κόσμου. Ἐν Ἀθήναις, ἐπίσης

à Berlin, M. Cléon Rangabé, par son intervention aussi habile qu'intelligente, put heureusement dissiper ces malentendus et changer, en Allemagne, le courant de l'opinion publique qui, d'hostile qu'elle était, devint on ne peut plus bienveillante à l'égard de la Grèce. Il trouva pour l'aider dans cette tâche, deux très hauts et très puissants appuis dans la personne de l'Impératrice-Mère et dans celle du prince de Hohenlohe, archichancelier de l'Empire. A ces deux influences, vint s'ajouter la coopération du Secrétaire général du comité allemand, du docteur Gepchar, qui seconda, de toutes ses forces, les efforts du représentant de la Grèce.

Les concurrents Hongrois ainsi que les concurrents d'Amérique, qui, après ceux d'Allemagne, furent les plus nombreux, figurèrent brillamment aux Jeux Olympiques, et c'est à juste titre que la Grèce leur prodigua de nombreuses marques de sympathie.

Mais c'est le peuple grec qui donna à ces fêtes tout l'éclat dont elles furent accompagnées. L'hospitalité simple, empressée et enthousiaste, dont le Prince Héritier avait fait mention dans son discours d'ouverture et qui, d'après lui, était destinée, conjointement avec le beau ciel de la Grèce, à suppléer à tout ce qui pourrait manquer d'ailleurs, atteignit alors à son comble. Les étrangers assistèrent alors au spectacle d'une foule de cent cinquante mille personnes accourant de toutes parts, au milieu du mouvement incessant des voitures et des chevaux, pour se concentrer dans une enceinte restreinte, sans qu'il en résultât le moindre désordre, sans qu'une ombre de rixe ne vint à se produire, sans qu'un mouchoir ne fût enlevé. Les mesures sages et pratiques qui furent alors prises par M. Nicolas Métaxas, colonel du génie, préposé par le Prince Héritier à la police des Jeux, et qui furent si bien exécutés par les officiers, sous-officiers et soldats placés sous ses ordres, ces mesures, disons-nous, ainsi que l'intelligente activité de la police administrative, contribuèrent, pour une grande part, à obtenir cet heureux résultat. Mais les mêmes soins auraient-ils pu obtenir les mêmes effets et aurait-on pu assister, pendant dix jours, au spectacle d'un ordre parfait sans que le moindre incident le vint troubler un instant, si l'immense rassem-

STADE PANATHÉNAÏQUE

Ι ἱππικοὶ καὶ γυμναστικοὶ ἀγῶνες ἦσαν ἐκ παλαιοτάτων χρόνων τὸ ἀγλάϊσμα τῆς μεγίστης καὶ λαμπροτάτης τῶν ἀττικῶν ἑορτῶν, τῶν Παναθηναίων. Καίτοι δ' εἰς τὸν Θησέα ἀνῆγον οἱ Ἀθηναῖοι τὴν σύστασιν τῆς ἑορτῆς, συνδέοντες ταύτην πρὸς τὸν συνοικισμὸν τῆς πόλεως καὶ πολιτικὴν ἔννοιαν ἀποδίδοντες εἰς αὐτήν, ὅμως ἄλλοι μῦθοι εὑρετὴν ἀγωνισμάτων τινῶν κατ' ἐξοχὴν Παναθηναϊκῶν ἔλεγον τὸν ἀρχαιότερον βασιλέα Ἐρεχθέα. Οὗτος τῇ ὁδηγίᾳ τῆς Ἀθηνᾶς πρῶτος ζεύξας ἵππους εἰς ἅρμα, ἐμυθολογεῖτο ὅτι ἤγαγεν ἐπιμελῶς τὰ Παναθήναια καὶ ἔθεσε τὸν ἀγῶνα τῶν ἀποβατῶν, τῶν εἰσπηδώντων εἰς τὸ ἅρμα ἢ ἀπὸ τούτου τρέχοντος ἀφαλλομένων. Καὶ ἂν θεωρηθῶσιν ὡς παρεμβληθέντα ἐπὶ Πεισιστράτου ἔπη τινὰ τῆς Ἰλιάδος, ἐξ ὧν μανθάνομεν ὅτι οἱ Ἀθηναῖοι πρὸς ἐξιλασμὸν ἔθυον ταύρους καὶ κριοὺς εἰς τὴν Ἀθηνᾶν ἐν τῷ ἐπὶ τῆς Ἀκροπόλεως ναῷ αὐτῆς, πάντως ὅμως αἱ εἰς τιμὴν τῆς πολιούχου θεᾶς ἀγόμεναι ἑορταὶ καὶ αἱ συναφεῖς ταύταις θυσίαι καὶ ἀγῶνες δὲν εἶχον ἐν ἀρχῇ πολιτικὴν ἔννοιαν, οὐδὲ συνεδέοντο πρὸς τὴν ἀκμὴν καὶ τὴν δύναμιν τῆς πόλεως· ἀλλὰ δι' αὐτῶν ὁ γεωργικὸς λαὸς τῆς Ἀττικῆς ἐπεζήτει μετὰ τὸ ἀλώνισμα τὴν εὐμενῆ προστασίαν τῆς θεᾶς, ἥτις ἐτιμᾶτο καὶ ὡς ἔφορος τῆς γεωργίας καὶ ἀπέδιδεν αὐτῇ χαριστήρια ἐπὶ τῇ συγκομιδῇ τῶν καρπῶν.

Ὅθεν ἀπὸ τῶν μυθικῶν χρόνων, ὅτε οἱ πρῶτοι βασιλεῖς ἦρχον τῆς χώρας, οἱ Ἀθηναῖοι κατὰ τὰς δημοτελεῖς ἑορτὰς ἠγωνίζοντο γυμνικοὺς καὶ ἱππικοὺς ἀγῶνας, ὧν ἀφελεῖς ἀπεικονίσεις βλέπομεν εἰς τὰς ἀτέχνους ἀρχαϊκωτάτας γραφὰς ἀττικῶν ἀγγείων τῆς ἑβδόμης π. Χ.

DÈS les temps les plus reculés, les jeux hippiques et gymnastiques étaient, pour ainsi dire, le couronnement des Panathénées, la plus belle des fêtes de l'Attique. C'est à Thésée que les Athéniens faisaient remonter cette fête, à laquelle ils attribuaient une portée politique et rattachaient le *synécisme* de la ville. Selon d'autres mythes, au contraire, cette fête remonterait à Érechtée, un des plus anciens rois de l'Attique, qui aurait institué des jeux que l'on peut considérer comme exclusivement panathénaïques. C'est lui qui le premier, d'après les instructions d'Athéna, aurait attelé des chevaux à un char et fondé le concours des *apobates*, c'est-à-dire de ceux qui, pendant la course, s'élançaient sur les chars ou en descendaient ; on racontait aussi qu'il avait pris soin de faire célébrer des fêtes Panathénées. En effet, même si l'on considère comme intercalés, sous Pisistrate, les vers de l'Iliade qui nous apprennent que les Athéniens sacrifiaient des taureaux et des béliers à Athéna, dans son temple de l'Acropole, afin d'apaiser cette divinité, ces fêtes célébrées en l'honneur de la divinité tutélaire de la cité, ainsi que les sacrifices et les jeux qui s'y rattachaient, étaient, à l'origine, dépourvus de tout caractère politique et n'avaient aucun rapport avec la prospérité et la gloire de la ville. La population agricole de l'Attique ne voyait dans cette fête qu'un moyen de s'attirer la faveur de la déesse à l'occasion de la moisson et d'offrir à Athéna, que l'on honorait aussi comme présidant à l'agriculture, ses actions de grâces pour la récolte annuelle. C'est pourquoi, à une époque préhistorique, alors que l'Attique obéissait à ses premiers rois, les Athéniens célébraient leurs fêtes publiques par des jeux et des courses hippiques dont nous pouvons voir une naïve repré-

ἑκατονταετηρίδος, τῶν λεγομένων ἀγγείων τοῦ Διπύλου. Ποῦ ὅμως ἐγίνοντο οἱ ἀγῶνες οὗτοι, ποῦ ἔκειτο ὁ ἱππόδρομος, ὅστις καὶ εἰς τοὺς γυμνικοὺς ἀγῶνας ἐχρησίμευε μέχρι τῶν μέσων τοῦ τετάρτου αἰῶνος δὲν εἶναι ἀκριβῶς γνωστόν. Καὶ εἰκάζουσι μέν τινες ὅτι προσφυέστατος εἰς ἱπποδρομίας εἶναι ὁ παρὰ τὸ Νέον Φάληρον σφηνοειδὴς ἐπίπεδος χῶρος, οὗ αἱ τρεῖς πλευραὶ ἐκ κλιτύων τῶν λόφων τῆς Μουνιχίας σχηματιζόμεναι εἶναι ἐπιτηδειόταται πρὸς ὑποδοχὴν μυριάδων θεατῶν. Καὶ εἰς τὸν χῶρον τοῦτον, διπλάσιον περίπου τοῦ Παναθηναϊκοῦ σταδίου ἔχοντα μῆκος καὶ πλάτος, θέτουσι τὸν ἱππόδρομον. Ἀλλ' εἴδησίς τις παρὰ μεταγενεστέροις γραμματικοῖς ὁδηγεῖ ἡμᾶς ἀλλαχοῦ ν' ἀναζητήσωμεν τοῦ ἱπποδρόμου τὴν θέσιν.

Ὁ Στέφανος ὁ Βυζάντιος μαρτυρεῖ ὅτι ἐν Ἐχελιδῶν δήμῳ τῆς Ἀττικῆς μεταξὺ τοῦ Πειραιῶς καὶ τοῦ τετρακώμου Ἡρακλείου, ἐτίθεσαν τοὺς γυμνικοὺς ἀγῶνας τοῖς Παναθηναίοις. Ἐν τῷ αὐτῷ δὲ τόπῳ καὶ ὁ γράψας τὸ Μέγα Ἐτυμολογικὸν λέγει ὅτι ἐγίνοντο αἱ ἱπποδρομίαι καὶ ὅτι εἶχε μῆκος σταδίων ὀκτώ, ἤτοι χιλίων τριακοσίων δέκα μέτρων περίπου. Τοῦ δήμου δὲ τούτου τὴν θέσιν ἀσφαλῶς δυνάμεθα νὰ ὁρίσωμεν ἔκ τινος ἀναγλύφου, ἐν ᾧ ἀπεικονίζεται καὶ ὁ ἐπώνυμος ἥρως αὐτοῦ Ἔχελος, κατ' εὐτυχῆ σύμπτωσιν πρὸ τριετίας εὑρεθέντος ἐν τῇ θέσει τῇ καλουμένῃ σήμερον Μοσχᾶτο, κατὰ τὸ μέσον περίπου τῆς ἀπ' Ἀθηνῶν εἰς Πειραιᾶ σιδηροδρομικῆς γραμμῆς. Παρὰ τὴν θέσιν λοιπὸν ταύτην ἦτο ὁ ἱππόδρομος.

Καὶ δὲν ἀπεκαλύφθη μὲν ἐκεῖ που πλησίον οἰκοδομήματός τινος ἴχνος, ἀλλὰ φανερὸν εἶναι ὅτι αἵ τε ἱπποδρομίαι καὶ οἱ γυμνικοὶ ἀγῶνες δὲν ἐγίνοντο ἐνταῦθα ἐν ἰδίῳ θεάτρῳ ὡς ἐν Ὀλυμπίᾳ. Ὁ χῶρος μόνον ἦτο ἐξωμαλισμένος, οἱ δὲ θεαταὶ ἐθεώρουν ὡς ἕκαστος ἐδύνατο κάλλιστα, ἱστάμενοι ὄρθιοι, πλὴν ἴσως τῶν ἀθλοθετῶν καὶ τῶν ἄλλων ἀρχόντων, δι' οὓς κατεσκευάζοντο πιθανῶς ξύλινα θεωρητήρια. Ὅθεν καὶ ἡ τάξις δυσκόλως ἐτηρεῖτο, συνήθως δ' οἱ θεαταὶ κατελάμβανον τὴν κόνιστραν, ἐμποδίζοντες τοὺς ἀγῶνας καὶ παρίστατο ἀνάγκη διὰ τῆς βίας νὰ τοὺς ἐκδιώκωσιν ἐκεῖθεν. Τοῦτο συνάγεται ἐκ τῶν ὁδηγιῶν τοῦ Ξενοφῶντος πρὸς τοὺς ἱππάρχους, συμβουλεύοντος ὅταν ἐν τῷ ἱπποδρόμῳ εἶναι ἐπιδείξεις, ἤτοι στρατιωτικὴ ἐπιθεώρησις, νὰ τάττωσιν οὕτω τοὺς ἱππεῖς, ὥστε τὸ μέτωπον τῆς τάξεως νὰ καταλαμβάνῃ ὅλον τὸ πλάτος τοῦ ἱπποδρομίου, ὅπως ἐξελαύνωνται οἱ ἐκ τοῦ μέσου ἄνθρωποι. Τοιαύτη δὲ παράταξις δὲν θὰ ἦτο ἀναγκαία, ἂν ὑπῆρχον καθωρισμέναι ἐν τῷ ἱπποδρόμῳ τῶν θεατῶν αἱ θέσεις.

Ἁπλούστατος ἄρα καὶ ἀπερικόσμητος ἦτο ὁ ἱππόδρο-

sentation sur des vases d'art archaïque, remontant au septième siècle av. J.-C., et surnommés vases du Dipyle. Mais où avaient lieu ces jeux ? où était situé l'hippodrome qui servit aussi aux luttes gymniques jusque vers le milieu du quatrième siècle ? C'est ce que nous ne saurions déterminer d'une manière précise. Quelques-uns pensent que le lieu le plus favorable aux courses hippiques était l'emplacement, formant un plan triangulaire, situé près du nouveau Phalère, à l'endroit où les trois versants de Munychie forment une enceinte pouvant contenir plusieurs milliers de spectateurs, et c'est dans cet endroit, dont les proportions, en longueur et en largeur sont presque le double de celles du Stade Panathénaïque, qu'ils prétendent que l'on doit placer l'hippodrome. Mais le témoignage de lexicographes byzantins nous porte à chercher ailleurs le véritable emplacement de l'hippodrome.

Étienne de Byzance nous apprend que les Jeux Panathénaïques avaient lieu à Échélides, dème d'Attique, situé entre le Pirée et Héraclée tétracomos *(aux quatre bourgades)*. C'est là que l'auteur du grand dictionnaire étymologique place l'endroit où avaient lieu les courses, et dont l'enceinte avait une longueur de huit stades, c'est-à-dire d'environ mille trois cent dix mètres. Nous pouvons déterminer l'emplacement de ce dème d'une manière certaine, grâce à l'heureuse découverte d'un bas-relief représentant le héros éponyme de cette localité, Échélos, qui a été trouvé, il y a trois ans, à l'endroit qui porte aujourd'hui le nom de Moskhato, et qui se trouve situé à peu près à mi-distance de la voie ferrée qui relie Athènes au Pirée. C'est donc à cet endroit que se trouvait l'hippodrome.

Nulle trace de construction n'a été découverte en ce lieu ; mais il est certain que les courses, aussi bien que les jeux gymniques, n'y avaient point lieu, comme à Olympie, dans une enceinte déterminée et que, à l'exception peut-être des magistrats, auxquels était réservée une estrade de bois, les autres spectateurs se tenaient debout sur un terrain aplani à cet effet, et qu'ainsi placés, ils tâchaient de voir de leur mieux le spectacle qui se déroulait sous leurs yeux. Le maintien de l'ordre était donc difficile ; le plus souvent les spectateurs envahissaient l'arène, d'où il

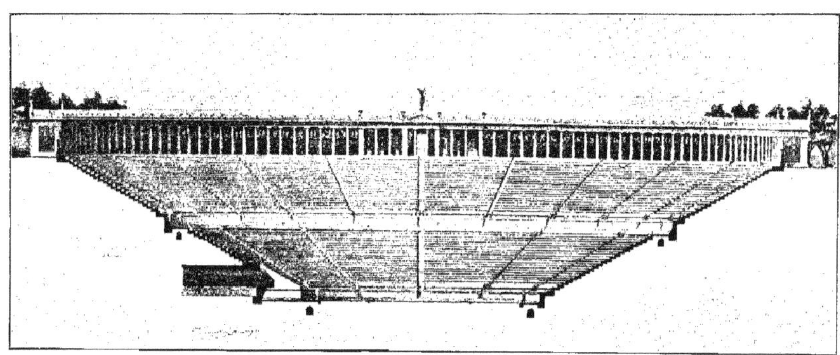

μος κατὰ τοὺς ἐνδόξους τῆς πόλεως χρόνους, ὅτε μεγα-
λοπρεπέστατα ἑωρτάζοντο τὰ Παναθήναια καὶ ἐπεδεί-
κνυτο ἐν αὐτοῖς εἰς τοὺς πολυπληθεῖς ἐκ τῶν συμμαχί-
δων πόλεων προσερχομένους θεωροὺς ὁ πλοῦτος καὶ τὸ
μέγεθος τῶν Ἀθηνῶν. Ἐν ᾧ δὲ διὰ τοὺς μουσικοὺς
ἀγῶνας ἐκτίσθη ὑπερμεσοῦντος τοῦ πέμπτου αἰῶνος ὑπὸ
τοῦ Περικλέους τὸ πολυτελὲς Ὠδεῖον, ἐν ᾧ πολλαχοῦ
τῆς Ἑλλάδος ἀνηγείροντο στάδια καὶ ἱππόδρομοι πρὸς
ὑποδοχὴν τῶν ἀθλητῶν, οἱ ἱππικοὶ καὶ οἱ γυμνικοὶ ἀγῶ-
νες καὶ κατὰ τοὺς χρόνους ἐκείνους ἐγίνοντο ἐν Ἀθήναις
καθ' ὃν τρόπον καὶ ἐπὶ τῶν πρώτων τῆς Ἀττικῆς βασι-
λεύων, ἐν τόπῳ γυμνῷ καὶ ἀπερίττως. Ἀλλὰ μετὰ
πάροδον ἑνὸς καὶ πλέον αἰῶνος ἀπὸ τῆς οἰκοδομήσεως
τοῦ Ὠδείου ἐμερίμνησε περὶ κατασκευῆς σταδίου διὰ
τοὺς γυμνικοὺς ἀγῶνας ἐπιφανὴς καὶ χρηστότατος πο-
λιτευτής, ὁ ῥήτωρ Λυκοῦργος.

Ὁ ἀνὴρ οὗτος, ὅστις μετὰ τοῦ Δημοσθένους συμ-
πράττων συνετέλεσεν εἰς τὴν ἀνόρθωσιν τῶν Ἀθηνῶν
μετὰ τὴν ἐν Χαιρωνείᾳ καταστροφήν, ἐπεμελήθη μετ'
ἴσου ζήλου τῶν ἔργων τῆς εἰρήνης καὶ τοῦ πολέμου,
ἐνισχύων τὴν δύναμιν τῆς πόλεως καὶ τὸ φρόνημα τῶν
πολιτῶν ἀναρριπίζων. Ἐκλεχθεὶς ἐπὶ τετραετίαν ταμίας
τῶν στρατιωτικῶν, τὴν μεγίστην δηλαδὴ ἀρχὴν τῶν ἐν
τῇ πόλει ἄρξας, καὶ ἐπὶ ἄλλα ὀκτὼ ἔτη δι' οἰκείων καὶ
φίλων, οὓς ἐπὶ τὴν αὐτὴν ἀρχὴν κατέστησε, διοικήσας
τὰ κοινά, ηὔξησε μὲν τὰς δημοσίας προσόδους, ἐναυπή-
γησε δ' ἰσχυρὸν στόλον καὶ ἔργα τῶν πρὸς τὸν πόλεμον
ἀξιολογώτατα κατεσκεύασεν, ἀποπερατώσας πάντα ὅσα
ἡμίεργα παρέλαβεν, οἷον τὰ μακρὰ τείχη καὶ τὴν ἐν
Πειραιεῖ σκευοθήκην καὶ τοὺς νεωσοίκους· ἐκαλλώπισε
δὲ καὶ τὴν πόλιν διὰ μνημείων μαρτυρούντων ὅτι ἐπα-
νῆλθε μὲν ὁ παλαιὸς ὄλβος, ἐφιλοτιμοῦντο δ' οἱ Ἀθη-
ναῖοι νὰ μὴ ὑστερήσωσι τῆς προτέρας εὐκλείας. Καὶ δὴ

fallait les déloger pour ne pas entraver les jeux.
C'est ce que nous apprennent les instructions de
Xénophon aux hipparques, dans lesquelles il leur
recommande de placer de front, dans les parades
et les revues militaires, les cavaliers préposés au
maintien de l'ordre, de manière à ce qu'ils puis-
sent occuper et parcourir toute la largeur de
l'hippodrome, afin de repousser la foule, dispo-
sition superflue dans le cas où les spectateurs au-
raient occupé une place déterminée. L'hippo-
drome, dépourvu d'ornements, était donc des plus
rudimentaires à cette glorieuse époque, pendant
laquelle les Panathénées se célébraien dans toute
leur magnificence et où Athènes étalait aux yeux
des théores envoyés par les villes alliées tout
l'éclat de sa grandeur et de sa richesse. Et tandis
que, dans la seconde moitié du cinquième siècle,
Périclès faisait construire pour les concours mu-
sicaux un superbe odéon, tandis que de toutes
parts, en Grèce, on élevait des stades et des hip-
podromes, les jeux gymniques et hippiques se
célébraient encore à Athènes sans aucun faste,
comme à l'époque des premiers rois d'Attique,
dans un lieu dépourvu de constructions. Mais un
siècle environ après la construction de l'Odéon,
Lycurgue, illustre orateur et probe citoyen,
songea enfin à combler cette lacune, en con-
sacrant un stade à la célébration des jeux gy-
mniques.

Cet homme, qui, après le désastre de Chéronée,
travailla conjointement avec Démosthène au relè-
vement d'Athènes, déploya dans l'œuvre de la
paix le même zèle dont il avait fait preuve dans

ἐποίησε τὸ ἐν Λυκείῳ γυμνάσιον, καὶ τὴν παλαίστραν ᾠκοδόμησε καὶ τὸ Διονυσιακὸν θέατρον κατεσκεύασε λίθινον. Εἰς τὰ ἔργα δὲ ταῦτα συγκαταριθμεῖται καὶ τὸ Παναθηναϊκὸν στάδιον.

Κατὰ τὴν ἀριστερὰν ὄχθην τοῦ Ἰλισσοῦ, ἐν θέσει τοῦ δήμου Ἀγρυλῆς καλουμένη Ἄγρα, ὑπῆρχε χαράδρα, ὁριζομένη ἑκατέρωθεν ὑπὸ δύο λόφων, ἐχόντων διεύθυνσιν ἀπὸ νότου πρὸς βορρᾶν, πρὸς τὴν κοίτην δηλαδὴ τοῦ ποταμοῦ. Τούτων ὁ δυτικὸς φαίνεται ὅτι εἶναι ὁ Ἀρδηττός, ἐν ᾧ καὶ οἱ ἡλιασταὶ ὤμνυον τὸν ὅρκον αὐτῶν. Τὸ χωρίον ἦτο ἐπιτηδειότατον ὅπως διασκευασθῇ εἰς στάδιον, δυνάμενον νὰ περιλαμβάνῃ μυριάδας θεατῶν. Καὶ δὲν ἀνῆκε μὲν εἰς τὸν δῆμον, ἀλλ' ὁ ἰδιοκτήτης αὐτοῦ Δεινίας, ἀνὴρ φιλόπατρις καὶ φίλος τοῦ Λυκούργου, ἀποφασισθείσης τῆς κατασκευῆς τοῦ σταδίου, τὸ παρεχώρησεν εἰς τὴν πόλιν, δηλώσας ὅτι ἀπεφάσισε τὴν δωρεὰν χαριζόμενος τῷ Λυκούργῳ. Εἰς ἐπιμελητὰς δ' ὑπὸ τοῦ δήμου χειροτονηθέντας, εἰς τοὺς «ἐπὶ τὸ στάδιον ᾑρημένους» ἀνετέθη ἡ μέριμνα τῆς κατασκευῆς. Τὸ ἔργον, ὅπερ συνετελέσθη ἐπιστατοῦντος τοῦ Λυκούργου, συνίστατο κυρίως εἰς τὴν ἐπίχωσιν τοῦ πρὸς νότον χάσματος, δι' ἧς ἐσχηματίσθη τὸ μηνοειδὲς πέρας τοῦ σταδίου, εἰς τὴν ἐξομάλισιν τοῦ ἐν τῷ μέσῳ πρὸς τοὺς ἀγῶνας ὡρισμένου χώρου καὶ εἰς τὴν σύμμετρον διατομὴν καὶ ἐπίχωσιν τῶν λόφων. Ἀπῃτήθη δ' ὡς εἰκὸς πρὸς ταῦτα καὶ χρόνος πολὺς καὶ δαπάνη ὄχι μικρά. Ἡ προσφορὰ φιλοπόλιδος Πλαταιέως, τοῦ Εὐδήμου, παρέχει ἡμῖν ἔννοιάν τινα τῆς γενομένης ἐργασίας πρὸς ἐκχωμάτωσιν, ἐν ᾧ ταὐτοχρόνως καταδεικνύει μεθ' ὁπόσης φιλοτιμίας συνεισέφερον τότε οἱ πολῖται ἐξ ἰδίων εἰς τὴν ἐκτέλεσιν δημοσίων ἔργων. Ὁ Εὔδημος οὗτος, ὅστις ὡς πάντες οἱ ἐν Ἀττικῇ οἰκοῦντες Πλαταιεῖς, ἐθεωρεῖτο Ἀθηναῖος πολίτης, ἐπαινεῖται κατὰ ψήφισμα γραφὲν τὸ τρίτον ἔτος τῆς ἑκατοστῆς δωδεκάτης Ὀλυμπιάδος (329 π. Χ.), διότι κατὰ τὸ ἔτος ἐκεῖνο ἐπέδωκεν εἰς τὴν ποίησιν τοῦ Σταδίου καὶ τοῦ θεάτρου τοῦ Παναθηναϊκοῦ, ἤτοι τοῦ πρὸς καθίδρυσιν τῶν θεατῶν χώρου, χίλια ζεύγη βοῶν.

Πλὴν τῆς ἐξομαλίσεως καὶ τῆς εἰς θέατρον μετασκευῆς τῶν λόφων καὶ τῆς χαράδρας, ὁ Λυκοῦργος περιέθηκεν εἰς τὸ στάδιον κρηπῖδα, καθορίσας διὰ λιθί-

celle de la guerre, et, après avoir fait fortifier la ville, il sut ranimer le moral de ses concitoyens. Élu questeur militaire pour une période de quatre ans, c'est-à-dire ayant obtenu la plus haute charge de l'État, et ayant, pendant les huit années suivantes, gouverné la république au moyen des parents ou des amis auxquels il faisait confier cette charge, il augmenta les revenus du Trésor public, créa une puissante flotte, éleva de nombreux ouvrages militaires et termina ceux qu'il n'avait trouvés qu'à moitié exécutés, tels que les longs murs, et au Pirée, l'arsenal et les néosèques (abris pour les vaisseaux mis à sec). Il embellit aussi la ville par des monuments qui témoignent qu'Athènes avait reconquis son antique opulence, et que ses citoyens mettaient toute leur ambition à ne pas dégénérer de la gloire de l'époque précédente. C'est ainsi qu'il fit élever un gymnase dans le Lycée, qu'il érigea la Palestre, qu'il fit reconstruire en marbre le théâtre de Dionysos. Enfin parmi les nombreux monuments dont il embellit la ville, on compte aussi le Stade Panathénaïque.

Sur la rive gauche de l'Ilissus, à un endroit qui relevait du dème d'Agrylis et qui portait le nom d'Agra, était un ravin dominé de chaque côté par une colline et dont la direction était du Sud au Nord, c'est-à-dire perpendiculaire au lit du cours d'eau. De ces deux collines, celle de l'Ouest parait être la colline que l'on désignait sous le nom d'Ardettos, sur laquelle les héliastes venaient prêter serment. L'emplacement était des mieux choisis pour la création d'un stade pouvant contenir plusieurs milliers de spectateurs. Il n'appartenait point à l'État, mais son propriétaire, Dinias, bon patriote et ami de Lycurgue, en fit don, dans ce but, à la cité, en considération, dit-il, de Lycurgue. La construction du Stade fut confiée par le peuple à des surveillants, auxquels on donna le nom de préposés au Stade. La partie des travaux exécutés sous la surveillance de Lycurgue consista surtout à fermer par un remblai semi-circulaire l'ouverture méridionale, à égaliser la surface qui devait servir d'arène et à tailler ou à remblayer symétriquement les flancs intérieurs des deux collines. Comme on le conçoit aisément, ce travail exigea un temps et une dépense considérables. L'offrande d'un généreux citoyen, Eu-

νου θριγκοῦ τὸν εἰς τοὺς ἀγῶνας ὡρισμένον τόπον. Ἔθηκε δὲ καὶ τὰς ἀφέσεις, τὰς λιθίνας πλάκας δι' ὧν ὡρίζετο ἡ ἀρχὴ καὶ τὸ τέρμα τοῦ ἁπλοῦ δρόμου. Ὑπὸ δὲ τὸν περὶ τὴν κρηπῖδα στενώτερον τότε διάδρομον ὀχετός, οὗ λείψανά τινα διεσώθησαν, ἀπωχέτευεν ἐκ τοῦ σταδίου τὰ ὄμβρια ὕδατα. Λίθινοι δὲ θρόνοι καὶ ἐδώλια δὲν ἐκόσμουν πιθανῶς κατὰ τοὺς χρόνους ἐκείνους τὸ στάδιον, ἀλλ' οἱ θεαταὶ ἐκάθηντο κατὰ γῆς ὡς ἐν τῷ Ὀλυμπιακῷ σταδίῳ, καὶ ὡς ἐν αὐτῷ τῷ Παναθηναϊκῷ κατὰ τοὺς ἡμετέρους χρόνους, ὅτε ἐν ἔτει 1875 ἐγένοντο ἐν αὐτῷ Ὀλυμπιακοὶ ἀγῶνες. Μόνοι δ' οἱ ἱερεῖς, οἱ ἄρχοντες, οἱ στρατηγοί, οἱ τῶν ξένων πόλεων πρέσβεις καὶ θεωροί, οἱ τετιμημένοι διὰ προεδρίας καὶ οἱ ὀρφανοὶ τῶν ἐν πολέμῳ πεσόντων κατελάμβανον τὸ πρῶτον ξύλον, ὡς ἐλέγοντο τὰ δι' αὐτοὺς ὡρισμένα ξύλινα ἐδώλια.

Τοιοῦτο ἦτο τὸ Παναθηναϊκὸν στάδιον μέχρι τῶν μέσων περίπου τῆς δευτέρας μ. Χ. ἑκατονταετηρίδος. Τετρακόσια ἔτη πρότερον ἐγένετό τις ἐπισκευὴ αὐτοῦ ὑπὸ Ἡρακλείτου υἱοῦ τοῦ Ἀσκληπιάδου, Ἀθμονέως· ἀλλ' εἰς τί συνίστατο αὕτη ἀγνοοῦμεν. Ἐπιγραφὴ τοῦ τρίτου πιθανῶς αἰῶνος π. Χ., ἐξ ἧς μανθάνομεν τοῦτο, ἀναφέρει ἁπλῶς ὅτι «τὸ στάδιον κατεσκεύασεν ἐπαξίως.» Κατὰ δὲ τὴν δευτέραν μ. Χ. ἑκατονταετηρίδα ἀνεκαινίσθη τὸ στάδιον καὶ μεγαλοπρεπέστατα ἐκοσμήθη ὑπὸ τοῦ Ἡρώδου τοῦ Ἀττικοῦ. Ὁ Ἀθηναῖος σοφιστής, ὅστις δαψιλῶς ἐδαπάνα τὸν μέγαν πλοῦτον αὐτοῦ λαμπρύνων διὰ περιφανῶν μνημείων καὶ ἱδρυμάτων κοινωφελῶν οὐ μόνον πολλὰς ἑλληνίδας πόλεις ἀλλὰ καὶ ἰταλικὰς καὶ ἀσιατικάς, ἀνεδείχθη καὶ τῆς ἰδίας πόλεως εὐεργέτης, πλὴν ἄλλων ἥττονος λόγου ἀξίων δωρεῶν κατασκευάσας ἐν αὐτῇ δύο κτίσματα, ὧν ὅ-

démos de Platée, peut nous donner une idée du travail que dut nécessiter le déblaiement, et nous montrer aussi avec quel dévouement les citoyens contribuaient de leur bourse à l'érection des monuments publics. En effet, Eudémos, qui, comme tous les Platéens domiciliés dans l'Attique, avait droit de cité à Athènes, est loué, dans un décret porté la troisième année de la cent douzième Olympiade (329 av. J.-C.), pour avoir, cette année-là, concouru à la construction du Stade et du théâtre Panathénaïques, en donnant mille paires de bœufs.

Non seulement Lycurgue transforma en stade le ravin et les collines et en égalisa le sol, mais il entoura l'arène d'un parapet en pierre, la séparant ainsi de l'endroit qu'occupaient les spectateurs. Il plaça aussi les *aphésis* ou plaques de pierre destinées à marquer le point de départ et le but de la course simple. A l'extérieur et tout le long du parapet, régnait un corridor, plus étroit que celui d'aujourd'hui, au-dessous duquel était un conduit par lequel se déchargeaient les eaux du Stade, et dont subsistent encore quelques traces. L'enceinte était, à cette époque, dépourvue de sièges ou de bancs de marbre, mais les spectateurs s'assoyaient à même sur le sol, comme au stade d'Olympie, et comme en 1875 lorsqu'on y célébra les Jeux Olympiques. Seuls les prêtres, les archontes, les stratèges, les ambassadeurs et les théores des villes étrangères ainsi que ceux qui jouissaient du droit de proédrie, ou les orphelins dont les pères étaient morts en combattant, occupaient, selon l'expression antique, le *premier bois*, c'est-à-dire les sièges de bois qui leur étaient réservés. Tel fut l'état du Stade jusque vers le milieu du second siècle ap. J.-C. Quatre cents ans auparavant, Héraclète, fils de l'Asclépiade d'Athmonon, fit réparer le Stade, mais nous ignorons en quoi consista cette réparation. L'inscription qui nous apprend ce fait, et qui remonte probablement au troisième siècle av. J.-C., dit seulement qu'Héraclète répara le Stade d'une manière convenable. Au second siècle ap. J.-C., le Stade fut entièrement renouvelé et somptueusement embelli par Hérode Atticus. Le sophiste Athénien qui consacrait son immense fortune à décorer de splendides édifices et de monuments d'utilité publique, non seule-

μοια οὐδαμοῦ ἄλλοθι τοῦ ὑπὸ τοὺς Ῥωμαίους κόσμου
ὑπῆρχον, κατὰ τὴν παρατήρησιν ἀρχαίου συγγραφέως,
τὸ Παναθηναικὸν στάδιον καὶ τὸ ἐπὶ Ῥηγίλλῃ Θέατρον.

Ἐπὶ τῆς βασιλείας τοῦ Ἀδριανοῦ—τὸ ἔτος δὲν εἶναι
ἐξηκριβωμένον—ὁ Ἡρώδης εἶχε χειροτονηθῆ ἀθλοθέ-
της τῶν Παναθηναίων. Οἱ χρόνοι, καθ' οὓς ἡ πόλις ἀφει-
δῶς ἐδαπάνα πρὸς πανηγυρισμὸν τῶν πατρίων ἑορτῶν,
εἶχον παρέλθη. Οἱ δ' ἀθλοθέται, οἵτινες πρότερον ἔργον
εἶχον τὴν διοίκησιν τῆς πομπῆς τῶν Παναθηναίων καὶ
τῶν ἀγώνων, τῆς πόλεως καταβαλλούσης τὴν δαπάνην,
ἐκλεγόμενοι τότε ἐκ τῶν πλουσιωτάτων ἐφιλοτιμοῦντο
ὅπως ἐκ τῶν ἰδίων συμπληρῶσι τὴν ἀνεπαρκῆ τοῦ δη-
μοσίου καταβολήν. Γενόμενος δ' ἀθλοθέτης ὁ Ἡρώδης
καὶ κατὰ τἆλλα καλῶς ἐπεμελήθη τῆς πομπῆς καὶ τῶν
ἀγώνων, καὶ πρὸς τούτοις παρέσχεν εἰς τοὺς συμπολί-
τας του θέαμα καινοφανὲς καὶ περίεργον. Ἡ ναῦς, εἰς
τῆς ὁποίας τὸν ἱστὸν διετείνετο ὥσπερ ἱστίον ὁ προσαγό-
μενος τῇ πολιούχῳ θεᾷ πέπλος, δὲν ἐσύρετο ὡς συνή-
θως ὑπὸ ὑποζυγίων, ἀλλὰ δι' ἐσωτερικοῦ τινος μηχανι-
σμοῦ κινουμένη ἐφαίνετο ὡς πλέουσα ἐν τῇ πομπικῇ
ὁδῷ. Καὶ τὸ πάντων μέγιστον, κατὰ τὴν πεντετηρικὴν
ἐκείνην περίοδον, ἐν ᾗ τοσαῦτα ἐπετέλεσε, φαίνεται ὅτι
ἀνεκαίνισε καὶ τὸ στάδιον. Διότι εὐχαριστῶν ἐπὶ τῇ
προσγενομένῃ αὐτῷ τιμῇ λέγεται ὅτι εἶπε : «Καὶ ὑμᾶς,
ὦ Ἀθηναῖοι, καὶ τῶν ξένων τοὺς μέλλοντας νὰ ἔλθωσι
καὶ τῶν ἀθλητῶν τοὺς ἀγωνισθησομένους θὰ ὑποδεχθῶ
ἐν σταδίῳ μαρμαρίνῳ».

Καὶ τὴν ὑπόσχεσίν του ταύτην πιστῶς ἐξεπλήρωσεν.
Ἐντὸς τεσσάρων ἐτῶν, ἐκ Παναθηναίων εἰς Παναθή-
ναια, ἀπεπεράτωσε τὴν μεταποίησιν καὶ τὴν διακόσμη-
σιν τοῦ σταδίου, κατασκευάσας ἔργον κινοῦν τὸν θαυμα-
σμὸν τῶν ὁρώντων· «ἔργον ξυνθεὶς ὑπὲρ πάντα τὰ θαύ-
ματα, οὐδὲν γὰρ θέατρον αὐτῷ ἁμιλλᾶται,» λέγει ὁ βιο-
γράφος του Φιλόστρατος. «Τὸ δὲ ἀκοῦσαι οὐχ ὁμοίως
ἐπαγωγόν, θαῦμα δ' ἰδοῦσι,» ἀναφωνεῖ ὁ Παυσανίας·
καὶ προστίθησιν ὑπερβολικώτερον ὅτι εἰς τὴν οἰκοδομὴν
αὐτοῦ «τὸ πολὺ τῆς λιθοτομίας τῆς Πεντέλῃσιν ἀνη-
λώθη.»

Εὐνόητος εἶναι ὁ θαυμασμός, ὃν διεγείρει εἰς ἡμᾶς
τοὺς νεωτέρους ἡ θέα τοῦ ἀνακαινιζομένου σταδίου· ὁ μὲν
ἀπαυγάζων μαρμάρινος κόσμος αὐτοῦ θαμβώνει τὰ ὄμ-
ματα ἡμῶν, ὅτε δὲ κατὰ τοὺς διεθνεῖς Ὀλυμπιακοὺς ἀγῶ-
νας τὸ ἀπέραντον θέατρον αὐτοῦ ἐπληροῦτο παντοδαπῶν
θεατῶν ὁρώντων, εὐφημούντων, μετ' ἀγωνίας παρα-
κολουθούντων τῶν ἀγωνισμάτων τὰς περιπετείας, τὸ
θεσπέσιον θέαμα κατέπληξε καὶ συνεκλόνει βαθύτατα
τὴν ψυχήν, ὡς ζωντανὴ ἀναπαράστασις σκηνῶν τοῦ ἀρ-
χαίου βίου, μεταρσιοῦσα τὴν φαντασίαν εἰς εὐκλεεῖς

ment plusieurs villes de la Grèce, mais encore
des cités de l'Italie et de l'Asie, se montra aussi
le bienfaiteur de sa propre ville. Sans parler
d'autres témoignages moins importants de sa
munificence, qu'il nous suffise de citer deux mo-
numents qu'il y fit construire, et qui au dire d'un
écrivain ancien, n'avaient point leurs pareils dans
toute l'étendue de l'Empire romain: le Stade Pa-
nathénaïque et l'Odéon de Régilla.

Sous le règne d'Hadrien, on ne saurait déter-
miner au juste en quelle année, Hérode avait été
proclamé athlothète des Panathénées. Ce n'étaient
plus les temps où Athènes allouait à la célébra-
tion de ses fêtes nationales des sommes considé-
rables. Les athlothètes, dont les attributions
étaient autrefois de diriger le cortège des Pana-
thénées et de régler les concours, étaient, à l'épo-
que d'Hérode, choisis parmi les plus riches ci-
toyens, qui rivalisaient entre eux pour suppléer,
par leurs largesses, à la modicité de la somme
que l'État votait pour cette fête. Élu athlothète,
Hérode dirigea avec beaucoup de succès la pro-
cession et les concours ; bien plus, il offrit aux
regards de ses concitoyens un spectacle inconnu
jusqu'alors. Le vaisseau roulant, au mât duquel
était fixé, en guise de voile, le péplos sacré
destiné à la déesse tutélaire, au lieu d'être tiré,
comme d'habitude, par des bêtes de somme,
était mû par un mécanisme placé à l'intérieur, et
semblait ainsi voguer. Bien plus ce fut, paraît-il,
dans cette période de quatre ans, pendant laquelle
il fit exécuter tant de travaux, qu'il transforma
aussi le Stade ; car en remerciant ses concitoyens
de l'honneur qu'ils lui avaient décerné, il leur
dit : « C'est dans un stade de marbre que je me
dispose à vous recevoir, vous Athéniens, les ath-
lètes ainsi que les étrangers qui viendront dans
notre ville.

Dans le délai de quatre ans, c'est-à-dire entre
la célébration de deux grandes Panathénées, il
accomplit ponctuellement cette promesse : il ter-
mina la transformation et la décoration du Stade,
et acheva ainsi une œuvre qui excita l'admiration
des spectateurs. Car, comme le dit le rhéteur
Philostrate, biographe d'Hérode : aucun autre
théâtre ne pouvait être comparé au Stade. »
D'autre part, Pausanias nous assure: « que le
spectacle en était au-dessus de toute description»,

ἡμέρας τοῦ παρελθόντος. Ἀλλ' ὁ θαυμασμὸς τῶν ἰδόν-
των ἀλώβητον τὸν Παρθενῶνα καὶ τὰ Προπύλαια φαί-
νεται περίεργος καὶ ἀνεξήγητος. Μὴ λησμονῶμεν ὅμως
ὅτι οἱ τοσοῦτον θαυμάζοντες τὸ Παναθηναϊκὸν στάδιον
ἔγραφον κατὰ τὸν δεύτερον καὶ τρίτον μ. Χ. αἰῶνα, ὅτε
ἡ αἴσθησις τοῦ καλοῦ εἶχέ πως ἀμβλυνθῇ καὶ τὸ μέγε-
θος τῆς ἐπιβολῆς ἐξέπληττε μᾶλλον τῆς συμμέτρου τε-
λειότητος. Ἐθαύμαζον τὸ κολοσσιαῖον κτίριον, δι' οὗ τὴν
κατασκευὴν ἐφαντάζοντο ὅτι ἐξηντλήθησαν τὰ λατομεῖα
τοῦ Πεντελικοῦ· ἐθαύμαζον τὸ στάδιον, οὗ ὅμοιον δὲν
εὑρίσκετο ἐν τῇ οἰκουμένῃ, διότι ἂν ὑπελείπετο κατὰ τὸ
μέγεθος τοῦ ἐν Ῥώμῃ Μεγάλου Ἱπποδρόμου καὶ τοῦ
Φλαβίου ἀμφιθεάτρου, ὑπερτέρει ὅμως αὐτῶν κατὰ τὸν
πλοῦτον τῆς διακοσμήσεως.

Καὶ ἦτο ἀληθῶς κολοσσιαῖον κτίσμα τὸ Παναθηναϊ-
κὸν Στάδιον, ὡς ὑπὸ τοῦ Ἡρώδου μετεποιήθη. Εἰς τὰ
μαρμάρινα βάθρα του ἠδύναντο ἀνέτως νὰ καθιδρυθῶσι
πεντήκοντα χιλιάδες θεατῶν. Στοαὶ περιέστεφον αὐτό,
ναοὶ δὲ καὶ ἄλλα ἱδρύματα συνεπλήρουν καὶ ἐποίκιλλον
τὸ ἀρχιτεκτονικὸν σύστημα. Τὸ κυρίως ὅμως διακρῖνον
τὸ Στάδιον τοῦ Ἡρώδου ἀπὸ τοῦ Λυκουργείου δὲν ἦτο
μόνη ἡ δαψιλὴς τοῦ μαρμάρου χρῆσις καὶ ἡ ἄλλη πλου-
σία διακόσμησις, ἀλλ' ὁ σκοπὸς δι' ὃν τοῦ λοιποῦ προωρ-
ρίζετο, καταστήσας ἀναγκαίας καὶ μεταβολάς τινας τοῦ
πρώτου διαγράμματος αὐτοῦ.

Οἱ εὐγενεῖς γυμνικοὶ ἀγῶνες, οἵτινες ἐσκόπουν νὰ
ἐμβάλλωσιν εἰς τοὺς νέους προθυμίαν περὶ τὰ γυμνά-
σια, δι' ὧν ὑγιεῖς καὶ ἄλκιμοι διεπλάσσοντο πολῖται καὶ
τῆς πατρίδος αὐτῶν ἀγαθοὶ φύλακες, οἱ ἀγῶνες οὗτοι
εἶχον ἐκπέσῃ, μάλιστα μετὰ τὴν κατάλυσιν τῆς ἐλευ-
θερίας τῶν Ἑλλήνων. Εἰς τοὺς ἀγῶνας ὡς ἐπὶ τὸ πλεῖ-
στον προσήρχοντο, ἀδιαφοροῦντες πρὸς τὴν παρακο-
λουθοῦσαν τὸν στέφανον δόξαν μᾶλλον δὲ τ' ἀπὸ τῆς
νίκης ὑλικὰ ὠφελήματα ἐπιδιώκοντες, χυδαῖοι ἀθληταί,
εὐτελεῖς τὸ φρόνημα καὶ παντὸς γενναίου αἰσθήματος
ἄμοιροι, ὡς ἐπιτήδευμα δ' ἀσκοῦντες τὴν γυμναστικήν.
Ἀπὸ τοῦ βαρέως δὲ καὶ σκληροῦ ἀγωνίσματος τῆς
πυγμῆς, εἰς ὃ ἡσμένιζον οὗτοι, δὲν ἦτο μεγάλη ἡ μετά-
πτωσις εἰς τοὺς βαρβάρους ἀγῶνας τῶν μονομάχων καὶ
εἰς αὐτὰς τὰς θηριομαχίας, εἰς τὰ συνήθη καὶ προσφιλῆ
τοῦ ῥωμαϊκοῦ ὄχλου θεάματα. Εἰσαχθέντα ταῦτα τὸ
πρῶτον εἰς Κόρινθον, ῥωμαϊκὴν οὖσαν ἀποικίαν, δὲν
ἐβράδυναν νὰ μετενεχθῶσι καὶ εἰς Ἀθήνας, καὶ καθὰ
μετὰ πικρίας παρατηρεῖ ἀρχαῖός τις συγγραφεύς, ἐθεῶντο
οἱ Ἀθηναῖοι τὴν καλὴν ταύτην θέαν ἐν τῷ θεάτρῳ ὑπ'
αὐτὴν τὴν ἀκρόπολιν, συνέβη δὲ πολλάκις ἀνθρώπινον
αἷμα νὰ μιάνῃ αὐτοὺς τοὺς θρόνους, ἐφ' ὧν ἐκάθηντο
ὁ ἱεροφάντης καὶ οἱ ἄλλοι ἱερεῖς. Πρὸς προφύλαξιν δὲ

et, dans son admiration, allant jusqu'à l'hyper-
bole, il ajoute que ce travail avait presque épuisé
les carrières du Pentélique.

L'admiration qu'excite en nous le Stade restauré
est facile à comprendre : son brillant revêtement
de marbre éblouit notre regard, et quand, pendant
la célébration des Jeux Olympiques internationaux,
son enceinte immense était remplie de spectateurs
accourus de tout pays et dont les clameurs et les
acclamations s'élevaient jusqu'aux nues, une poi-
gnante émotion s'emparait des esprits, que ce
spectacle reportait à l'époque glorieuse de l'anti-
quité. Mais ce qui nous paraît inexplicable c'est
l'admiration de ceux auxquels il était encore
donné de contempler, dans leur splendide inté-
grité, le temple du Parthénon et les Propylées.
Mais nous ne devons pas oublier que ces admi-
rateurs vivaient au second siècle ap. J.-C., époque
pendant laquelle le sens de l'esthétique avait été,
pour ainsi dire, émoussé, et, pendant laquelle, la
grandeur des proportions faisait plus d'impres-
sion que la beauté harmonieuse de l'ensemble.
On admirait alors les dimensions gigantesques
de ce monument, dont la construction avait,
croyait-on, épuisé les carrières du Pentélique, on
admirait le Stade sans pareil dans l'univers, car,
si par les dimensions, il était un peu inférieur au
Circus Maximus et au Colisée de Rome, il l'em-
portait sur ces derniers monuments par la riches-
se de la décoration.

C'était, en effet, une construction gigantesque
que ce Stade Panathénaïque tel qu'il fut trans-
formé par Hérode. Sur ses gradins de marbre,
pouvaient aisément trouver place cinquante mille
spectateurs. Il était entouré de portiques, de
temples ; et d'autres monuments en complétaient
et en variaient l'harmonieux ensemble. Ce n'était
pourtant point seulement par la richesse de la
décoration ni par la profusion du marbre que
le Stade d'Hérode différait de celui de Lycurgue,
c'était surtout par son changement de destina-
tion, qui nécessita certaines modifications dans
son plan primitif.

Les nobles jeux gymniques, dont le but était
d'exciter dans l'âme des jeunes gens une vive ému-
lation pour les exercices du corps, et de former
de la sorte, pour la défense de la patrie, de sains
et vigoureux citoyens, ces jeux, disons-nous,

τῶν θεατῶν καὶ τὸ Διονυ-
σιακὸν θέατρον καταλλήλως
διεσκευάσθη, περιφραχθείσης
τῆς ὀρχήστρας αὐτοῦ δι' ὑ-
ψηλῶν μαρμαρίνων πλακῶν,
ἐφ' ὧν ἦσαν πιθανῶς ἐμπε-
πηγμέναι κιγκλίδες.

Ὅμοιαι προφυλάξεις ἦσαν
ἀναγκαῖαι καὶ ἐν τῷ Πανα-
θηναϊκῷ Σταδίῳ, καὶ διὰ
τούτων κατέστη προσφυέστε-
ρον πρὸς τοιαῦτα βδελυρὰ
θεάματα καὶ ἀσφαλέστερον.
Ὅθεν πλὴν τῶν ἀγώνων τῶν
μονομάχων καὶ θηριομαχίαι
ἐγίνοντο, μεμαρτυρημένον δ'
εἶναι ὅτι κυνηγέσιον χιλίων θηρίων ἐπετέλεσεν ἐν αὐτῷ
ὁ αὐτοκράτωρ Ἀδριανός. Αἱ ἕνεκα δὲ τῆς μεταβολῆς
τοῦ Σταδίου ἐπενεχθεῖσαι ὑπὸ τοῦ Ἡρώδου μεταβολαὶ
τοῦ πρώτου διαγράμματος αὐτοῦ συνίσταντο κυρίως εἰς
τὴν κατασκευὴν ὑψηλῆς κρηπῖδος, ἐφ' ἧς ἔβαινεν ἡ
πρώτη σειρὰ τῶν ἐδωλίων καὶ εἰς τὴν περίφραξιν τοῦ
πρὸς τοὺς ἀγῶνας ὡρισμένου τόπου διὰ θριγκώματος.

Ἐν τῇ κατασκευῇ τοῦ Λυκούργου ἡ κατωτάτη τῶν
ἐδωλίων σειρὰ ἀπεῖχεν ἔλασσον ἢ νῦν τῆς κρηπῖδος τοῦ
σταδίου. Ὁ διάδρομος, ὑφ' ὅν ὁ ὀχετάς, δὲν ἦτο βεβαίως
πλατύτερος τοῦ ἐν τῷ θεάτρῳ τῆς Ἐπιδαύρου ἢ τοῦ ἐν
τῷ Διονυσιακῷ κατὰ τὸν μεσαῖον θρόνον, δηλονότι θὰ
εἶχε πλάτος μικρὸν μεῖζον τῶν δύο μέτρων. Ἡ ἀπόστα-
σις ὅμως τῶν ἐδωλίων ἀπὸ τῆς κρηπῖδος τοῦ Σταδίου
πιθανῶς καὶ ἐν τῇ Λυκουργείῳ κατασκευῇ δὲν ἦτο παν-
ταχοῦ ἡ αὐτή· διότι διὰ λόγους ὀπτικῆς, ὅπως καλῶς
βλέπωσι πάντες οἱ θεαταί, ἡ κρηπὶς τοῦ θεάτρου καὶ αἱ
ὑπερκείμεναι σειραὶ τῶν ἐδωλίων δὲν βαίνουσι παραλ-
λήλως πρὸς τὸν ἄξονα τοῦ δρόμου, ἀλλ' ἔχουσι σχῆμα
ἐλλειψοειδές, ἀποτελούμενον ἐκ καμπυλότητος τῶν
γραμμῶν κατὰ τὸ κέντρον· ἡ ἀκτὶς τῆς καμπυλότητος
εἶναι δύο χιλιοστῶν τοῦ μέτρου. Οὕτω δ' ἡ ἀπόστασις
τῆς κρηπῖδος τοῦ θεάτρου ἀπὸ τῆς τοῦ σταδίου καὶ κατ'
ἀκολουθίαν τὸ πλάτος τοῦ διαδρόμου, ἐν ᾧ κατὰ τὸ περὶ
τὴν σφενδόνην ἡμικυκλικὸν τμῆμα καὶ κατὰ τἄκρα
τῶν σκελῶν εἶναι 2,82 μ. κατὰ τὸ μέσον ἑκατέρου σκέ-
λους αὐξάνει εἰς 5 μ., ὥστε ἡ ἐπὶ πλέον διαφορὰ τοῦ
πλάτους ὑπολογίζεται εἰς 1,18 μ.

Πρὸ ἱδρύσιν τῆς πρώτης τῶν ἐδωλίων σειρᾶς ἐφ' ὑψη-
λῆς κρηπῖδος, ὅπως καὶ ἀσφαλεστέρα εἶναι ἡ θέα καὶ
μὴ παρεμποδίζηται ἐκ τοῦ προστεθέντος εἰς τὸ στάδιον
θριγκώματος, ἀπεκόπησαν αἱ κατώταται σειραὶ τῶν

étaient bien déchus, surtout depuis que la Grèce
avait perdu sa liberté politique. Ceux qui se ren-
daient alors à ces jeux, indifférents à la gloire
qui résultait de la victoire. dans laquelle ils
recherchaient surtout un intérêt matériel, n'étai-
ent que de misérables athlètes dépourvus et in-
capables de tout sentiment élevé, et qui se li-
vraient à la gymnastique comme à un vulgaire
métier. Du lourd et cruel pugilat, préféré par
ces athlètes, aux luttes barbares des gladiateurs
et même aux combats des bêtes féroces qui fai-
saient les délices de la populace romaine, la dis-
tance n'était pas grande. En effet, ce genre de
luttes ne tarda pas à s'introduire en Grèce,
d'abord à Corinthe, colonie romaine, et ensuite
à Athènes ; et, comme le fait remarquer avec
amertume un écrivain de cette époque, les Athé-
niens assistaient à ce beau spectacle dans le thé-
âtre situé au pied de l'Acropole, parfois même
les trônes ou siégeaient le hiérophante et les
prêtres furent souillés de sang humain, Dans le
but de mettre les spectateurs à l'abri de tout
danger, le théâtre de Dionysos reçut des modi-
fications : le lieu destiné à l'orchestre fut fermé
par de grandes plaques de marbre, dans les-
quelles étaient probablement fixées des grilles.

De semblables mesures de précaution devaient
être également prises pour que le Stade Pana-
thénaïque fût ainsi approprié à ces détestables
spectacles. C'est ainsi que, outre des combats de
gladiateurs, des chasses de bêtes féroces eurent
aussi lieu dans le Stade, et l'histoire nous apprend
que, sous Hadrien, on y chassa mille bêtes fé-
roces données par cet em-
pereur. Les principales mo-
difications apportées au
plan primitif, et nécessitées
par la nouvelle destination
du Stade construit par Hé-
rode, consistèrent à don-
ner plus d'élévation au sou-
bassement qui portait la
première rangée de sièges,
et à entourer d'une bar-
rière l'endroit réservé aux
lutteurs.

Dans le plan de Lycur-
gue, la rangée inférieure

ἐδωλίων τοῦ Λυκουργείου θεάτρου. Ἡ οὕτω κατασκευασθεῖσα μαρμαρίνη κρηπὶς ἔχει ὕψος πανταχοῦ 1,66 μ., κοσμεῖται δὲ καὶ μὲ βάσιν καὶ γεῖσον.

Τὸ θέατρον, ὡς γενικῶς καλεῖται ὁ διὰ τοὺς θεατὰς ὡρισμένος τόπος, διαιρεῖται καθ' ὕψος εἰς δύο μεγάλα τμήματα, ζώνας ἢ διαζώματα καλούμενα, χωριζόμενα δ' ἀπ' ἀλλήλων διὰ διαδρόμου, διαζώματος ἐπίσης καλουμένου, πλάτους 3,04 μ. Ἑκάτερον τῶν διαζωμάτων εἶχεν 23 σειρὰς μαρμαρίνων ἐδωλίων, ἑδραζομένων ἐπὶ θεμελίων κτιστῶν ἐκ λίθων κοινῶν καὶ ἀσβέστου. Ἡ πρώτη καὶ ἡ ἐσχάτη σειρὰ τοῦ κάτω διαζώματος ἀπετελεῖτο ἐκ θρόνων, ἤτοι ἑδρῶν μετ' ἀνακλίσεως, ὁμοίως δὲ καὶ ἡ πρώτη σειρὰ τοῦ ἄνω διαζώματος, ἥτις ἦτο ἱδρυμένη ἐπὶ κρηπῖδος ὕψους 2,03 μ. Τῶν θρόνων τούτων λείψανά τινα εὑρέθησαν κατὰ χώραν ἐν τῷ ἀριστερᾷ τῷ εἰσιόντι σκέλει. Κατεῖχε δ' ἑκάστη σειρὰ θρόνων τὸν χῶρον δύο σειρῶν κοινῶν ἐδωλίων. Τὰ δὲ κοινὰ ἐδώλια, ὧν τὸ ἀκρότατον πρὸς τῇ κλίμακι ἐν ἑκάστῃ σειρᾷ ἐκοσμεῖτο δι' ἀναγλύφου εἰκόνος γλαυκός, ὕψος μὲν εἶχον 0,36, πλάτος δὲ 0,75, ὥστε ἦσαν κατὰ 4 ὑφεκατόμετρα ὑψηλότερα τῶν τοῦ Διονυσιακοῦ θεάτρου. Τὸ δὲ μῆκος ἑκάστου ἐδωλίου ἀγνοοῦμεν· ἂν δὲν ὑπερέβαινε τὰ 33 ὑφεκατόμετρα ὡς ἐν τῷ

Διονυσιακῷ θεάτρῳ, ὅπου ὁ τόπος ἑκάστου θεατοῦ ὁρίζεται διὰ γραμμῆς κεχαραγμένης ἐν τῷ λίθῳ, τὸ στάδιον ἠδύνατο νὰ περιλάβῃ 69,000 ἀνθρώπων περίπου· ἂν ὅμως εἰς ἥμισυ μέτρον ὑπολογίσωμεν τὸν ἀναγκαιοῦντα τόπον, ὅπως ἀνέτως τις κάθηται, ἡ χωρητικότης του περιορίζεται εἰς 47 χιλιάδας περίπου θεατῶν. Ἡ δ' ἀνωτάτη τῶν ἐδωλίων σειρὰ ἔχει πλάτος 1,07 μ. οὕτως ὥστε ὄπισθεν τῶν τελευταίων θεατῶν ἀπέμενε στενὸς διάδρομος, περὶ ὃν ὑψοῦτο τὸ περιβάλλον ὅλον τὸ στάδιον τειχίον τοῦ περιβόλου.

Κατὰ μῆκος δὲ διαιρεῖται ἑκάτερον διάζωμα εἰς 30 κερκίδας, ὧν μόναι αἱ ἐν τῷ ἀπέναντι τῆς σφενδόνης ἡμικυκλίῳ (ἓξ ἐν ὅλῳ) ἔχουσι τὸ σύνηθες εἰς τἀρχαῖα

des bancs était plus rapprochée que maintenant du bord du soubassement. Le corridor sous lequel était placé le conduit des eaux n'avait assurément pas plus de largeur que celui du théâtre d'Épidaure ou que celui du théâtre de Dionysos à l'endroit où était situé le trône central, il avait c'est-à-dire un peu plus de deux mètres de largeur. La distance qui séparait la première rangée de bancs du bord du soubassement n'était pas partout égale, il en était probablement de même pour le Stade de Lycurgue; car d'après une loi d'optique, afin que les spectateurs pussent bien voir, le soubassement et les rangées de bancs qu'il supportait n'étaient point parallèles à l'axe de l'arène, mais ils avaient et ont encore une forme elliptique, provenant de la courbe des lignes vers le centre. Le rayon de cette courbe est de deux millimètres. C'est ainsi que la distance du soubassement au parapet, et par conséquent la largeur du corridor, qui dans la partie semi-circulaire ainsi qu'aux deux extrémités est de 2 mètres 82, atteint jusqu'à 5 mètres vers le milieu des deux bras, de sorte que la différence de largeur est de 1 mètre 18. Pour donner plus d'élévation au soubassement, et pour que la barrière destinée à protéger les spectateurs ne leur masquât pas la vue des jeux, on abattit les rangées inférieures de bancs du théâtre de Lycurgue. Ce soubassement, construit en marbre et orné d'une base et d'une corniche, a une hauteur constante de 1 mètre 66.

Le théâtre, ainsi qu'on appelait habituellement le lieu réservé aux spectateurs, se divise en deux parties nommées zones ou *diazomata*, séparées l'une de l'autre par une allée de 3 mètres 04 de large à laquelle on donnait aussi le nom de *diazoma*. Chacun de ces deux diazomata contenait

Θέατρα σφηνοειδὲς σχῆμα, αἱ δὲ λοιπαὶ εἶναι σχεδὸν τετράγωνοι. Χωρίζονται δ' ἀλλήλων αἱ κερκίδες διὰ τῶν ἀπὸ τῶν ἐδωλίων καθόδων, τριάκοντα καὶ μιᾶς ἐν ὅλῳ κλιμάκων, ὧν ἑκάστη ἔχει πλάτος ἑνὸς μέτρου. Ἄγουσι δ' οἱ ἀναβαθμοὶ εὐθὺ ἀπὸ τοῦ πρὸ τῆς κονίστρας διαδρόμου μέχρις αὐτοῦ τοῦ τειχίου τοῦ περιβόλου, προέχοντος μικρὸν ἐν τῷ διαδρόμῳ τοῦ κατωτάτου ἀναβαθμοῦ.

Τό τε κρηπίδωμα καὶ αἱ κατώταται σειραὶ τῶν ἐδωλίων τοῦ πρὸς ἀριστερὰν τῷ εἰσερχομένῳ σκέλους τοῦ σταδίου δὲν εἶναι συνεχεῖς, διότι διακόπτονται κατὰ τὸ πέρας τοῦ σκέλους, πρὸ τῆς γραμμῆς τῆς προεκτάσεως τῆς διαμέτρου τῆς σφενδόνης. Ἀντιστοιχοῦσα πρὸς τὴν κρυπτὴν εἴσοδον τοῦ ἐν Ὀλυμπίᾳ σταδίου καὶ τοῦ ἐν Ἐπιδαύρῳ, ὑπάρχει ἐκεῖ ὑπόγειος δίοδος καμαρωτή, ἐσκαμμένη ἐν τῷ βράχῳ, πλάτους 3,96 μ. (μὴ ὑπολογιζομένων τῶν τειχωμάτων) καὶ ὕψους 3,67 μ. Ἡ δίοδος αὕτη εἰσχωρεῖ ὑπὸ τὸν λόφον εἰς ἱκανὸν βάθος, καμπτομένη δ' εἰς ἀγκῶνα περατοῦται εἰς τὴν ὄπισθεν τοῦ λόφου μικρὰν κοιλάδα. Τὰ τειχώματα ἦσαν διὰ πειραϊκοῦ λίθου ἐκτισμένα. Εἰς τὸ στόμιον δ' αὐτῆς φέρει δρόμος, 7 μ. μήκους καὶ 4,75 μ. πλάτους, καθοριζόμενος ἑκατέρωθεν ἐκ τοῦ κρηπιδώματος κατ' ὀρθὴν γωνίαν καμπτομένου καὶ ἐρύματος ἐπ' αὐτοῦ, ὅπερ κατὰ μὲν τὸν διάδρομον ἀποτελεῖται ἐκ δύο δόμων, πρὸς τῷ στομίῳ δ' ἐκ πέντε. Ὁ ὑπερκείμενος δόμος εἶναι πεποιημένος ἐκ λίθων σφηνοειδῶν, ὧν ἕκαστος ἔχει ἐν τῇ ἀνωτάτῃ ἀμελῶς λελαξευμένῃ ἐπιφανείᾳ τοῦ τόρμους, χρησιμεύοντας, ὡς ἐκ τοῦ σχήματός των φαίνεται, πρὸς εὐκολωτέραν μεταφοράν, ἂν μὴ καὶ πρὸς σύνδεσμον ἐπικειμένης πλίνθου. Τοῦ ἐρύματος τούτου, ὅπερ προεφύλασσεν ἀπὸ καταπτώσεως τοὺς εἰς τἀκρότατα ἐδώλια καθημένους, περιεσώθησαν λίθοι τινές, περιληφθέντες κατὰ τὴν ἀνακαίνισιν εἰς τὸ κατασκευασθὲν ὅμοιον ἔρυμα.

Τὸ πλάτος τοῦ στομίου τῆς κρυπτῆς εἰσόδου καταλαμβάνουσι δύο βαθμίδες, διότι τὸ ἔδαφος ταύτης εἶναι ὑψηλότερον τοῦ ἐδάφους τοῦ σταδίου. Δύο δὲ τόρμοι, παρατηρούμενοι ἐν τῇ δεξιᾷ ἄκρᾳ τῆς ἀνωτάτης ἐπιφανείας τῆς ὑπερκειμένης βαθμίδος, δεικνύουσιν ὅτι ὑπῆρχεν ἐκεῖ πύλη. Ἐκ τούτου δὲ καὶ ἐξ ἄλλων τινῶν τεκμηρίων συνάγεται, ὅτι τὸ στόμιον τῆς κρυπτῆς εἰσόδου ἐκοσμεῖτο διὰ πυλῶνος. Εἰσήρχοντο δὲ δι' αὐτῆς εἰς τὸ στάδιον οἱ ἀγωνοδίκαι καὶ οἱ ἀγωνισταί, ὡς συνάγομεν ἐκ τῶν ἐν Ὀλυμπίᾳ γινομένων, διότι τοῦτον τὸν σκοπὸν εἶχε, κατὰ τὴν ῥητὴν τοῦ Παυσανίου μαρτυρίαν, καὶ ἡ τοῦ Ὀλυμπιακοῦ σταδίου κρυπτὴ εἴσοδος. Ἐχρησίμευε δ' ἴσως κατὰ τὰ κυνηγέσια καὶ εἰς

23 rangées de gradins en marbre élevés sur une fondation de pierre et de chaux. La première et la dernière rangée du diazoma inférieur se composaient de sièges d'honneur ou trônes avec dossier ; il en était de même pour la première rangée du diazoma supérieur, qui était portée par un soubassement de 2 mètres 03. Quelques débris de ces trônes ont été trouvés sur place dans le long bras qui se trouve à la gauche du spectateur, quand il entre dans le Stade. L'emplacement qu'occupaient ces trônes avait une profondeur égale à celle de deux gradins ordinaires. Ces derniers étaient ornés, à chacune des extrémités qui donnaient sur les escaliers, d'une tête de chouette taillée en relief, ils avaient 0 mèt. 36 de haut et 0 mèt. 75 de profondeur. Ils avaient donc une hauteur d'environ 4 centimètres de plus que ceux du Théâtre de Dionysos. Nous ignorons quelle était la largeur de chacune des places ; si elle ne dépassait pas 33 centimètres, comme au théâtre de Dionysos où chacune des places est déterminée par une ligne gravée dans la pierre, le Stade pouvait contenir environ 69,000 spectateurs ; mais si nous portons cette dimension à cinquante centimètres, le nombre de ces derniers se trouve réduit à environ 47,000. La dernière rangée de gradins du diazoma supérieur avait une profondeur de 1 mètre 07, afin de ménager, derrière cette rangée, un étroit corridor destiné à la séparer du mur qui fermait l'enceinte entière du Stade. Dans le sens de la longueur, chacun des deux diazomata se divise en 30 coins ou *kerkides*, dont six seulement, ceux qui se trouvent au fond de la sphendoné, sont cunéiformes comme dans les anciens théâtres, tandis que les autres sont de forme presque carrée. Ces kerkides sont séparées les unes des autres par trente et un escaliers, dont chacun a un mètre de large. Les escaliers, dont la première marche fait un peu saillie sur le corridor de l'allée, conduisent en droite ligne jusqu'au mur d'enceinte.

La ligne du soubassement ainsi que celle des premiers sièges se trouvent interrompues au bras N. E., à l'endroit où ce bras touche à l'hémicycle, c'est-à-dire à la partie qui correspond à l'entrée secrète. De même que dans les stades d'Olympie et d'Épidaure était ménagée une entrée couverte, de même aussi on voit dans le Stade

τὴν εἰσαγωγὴν τῶν θηρίων εἰς τὸ στάδιον. Ἐποιήθη δὲ πιθανῶς ἐπὶ τοῦ Ἡρώδου, κατὰ μίμησιν τῶν ἐν τοῖς ῥωμαϊκοῖς θεάτροις πυλώνων, ἤτοι τῶν ὑπὸ τὰς σειρὰς τῶν ἐδωλίων εἰσόδων, αἵτινες ἦσαν ἐπίσης καμαρωταὶ καὶ διὰ τὴν τοιαύτην κατασκευὴν αὐτῶν καὶ ψαλίδες ἢ ἁψῖδες ἴσως ἐκαλοῦντο. Καὶ αὐτὴ δ' ἡ διὰ καμάρας στέγασις τῆς ὑπαίθρου πρὶν εἰσόδου τοῦ Ὀλυμπιακοῦ σταδίου εἶναι ἔργον τῶν ῥωμαϊκῶν χρόνων, κατὰ τὴν πιθανωτάτην γνώμην.

Ἡ δὲ κονίστρα, ἐν ᾗ ἐγίνοντο οἱ ἀγῶνες, τὸ κυρίως στάδιον, ὑπὸ τοῦ θεάτρου κατὰ τὰς τρεῖς πλευράς του περικλειόμενον, καταλαμβάνει ὅλον τὸν μεταξὺ τοῦ διαδρόμου ἐπίπεδον χῶρον, κρασπεδούμενον διὰ μαρμαρίνου θριγκώματος, σχηματίζοντος δύο μακρὰ εὐθύγραμμα σκέλη, τὰ ὁποῖα συνάπτονται μηνοειδῶς κατὰ τὰ πρὸς νότον ἄκρα των. Τοῦ θριγκώματος τούτου περιεσώθησαν τεμάχια οὐκ ὀλίγα καὶ ὅλη ἡ ἐκ πειραϊκοῦ λίθου βάσις αὐτοῦ κατὰ τὴν σφενδόνην. Ἀποτελεῖται δ' ἐκ δύο δόμων μαρμαρίνων πλακῶν, ὧν ὁ μὲν κατώτατος ἔχει πάχος 0,33 μ. καὶ ὕψος ὑπὲρ τὸ ἔδαφος τοῦ διαδρόμου 0,50 μ., ὁ δ' ὑπερκείμενος ἔχει τὸ αὐτὸ πάχος καὶ ὕψος 1,14 μ. Τὸ ὕψος ὅμως τοῦ περιφράγματος τούτου ἦτο τὸ πάλαι μεῖζον, διότι αἱ ὄρθιαι πλάκες τοῦ ὑπερκειμένου δόμου ἔχουσιν ἐν τῇ ἄνω ἀπεστρογγυλωμένῃ ἐπιφανείᾳ τῶν τέρμους, χρησιμεύοντας βεβαίως εἰς προσαρμογὴν μεταλλίνων κιγκλίδων. Ἀπέναντι δὲ τῆς κρυπτῆς εἰσόδου ὑπῆρχεν ἴσως ἐν τῷ θριγκώματι πυλίς, ἑνὸς καὶ ἡμίσεος περίπου μέτρου πλάτους, διότι οὐ μόνον ὁ ὑπερκείμενος δόμος τῶν ὀρθίων πλακῶν δὲν σώζεται ἐν τῇ θέσει ἐκείνῃ, ἀλλ' οὐδ' ἴχνη συνδέσμων ἐν τῷ κατωτάτῳ διακρίνονται.

Ἡ οὕτως ὁριζομένη κονίστρα ἔχει πλάτος 33,52 μ. τὸ ἔδαφος αὐτῆς κεῖται 0,30 μ. ὑψηλότερον τοῦ τοῦ διαδρόμου· διαιρεῖται δὲ κατὰ μῆκος εἰς τὴν σφενδόνην καὶ τὸ στάδιον. Τῆς σφενδόνης τὰ ὅρια εἶναι καταφανῆ. Ἐκεῖ ὅπου ἡ γραμμὴ τοῦ θριγκώματος ἄρχεται καμπυλουμένη, ἐν τῷ πέρατι δηλαδὴ τοῦ ἀριστεροῦ (τοῦ νοτιοανατολικοῦ) σκέλους, εὑρέθη κατὰ χώραν στρογγύλη στήλη κολοβή. Ἀπὸ ταύτης κατ' εὐθεῖαν γραμμὴν προχωροῦσι θεμέλια, ἑνοῦντα τἄκρα ἀμφοτέρων τῶν σκελῶν τοῦ θριγκώματος, καὶ χωρίζοντα τοῦ σταδίου τὴν σφενδόνην, ἥτις ἐνταῦθα ἔχει ἡμικυκλιοειδὲς σχῆμα (μὲ ἀκτῖνα 16,76 μ.) ἐν ᾧ ἐν τῷ Ὀλυμπιακῷ σταδίῳ καὶ ἐν τῷ τῆς Ἐπιδαύρου ὁ ἀντίστοιχος χῶρος εἶναι τετράπλευρος. Τὰ θεμέλια ταῦτα δεικνύουσι τὴν θέσιν τῆς γραμμῆς ἢ τῆς ἀφέσεως τοῦ σταδίου. Ἐπ' αὐτοῦ δ' ἑδράζονται καὶ οἱ εὑρεθέντες κατὰ χώραν δύο ἀμφικέφαλοι Ἑρμαῖ, πεντελησίου λίθου, τῆς τετρα-

Panathénaïque un souterrain voûté, creusé dans le roc et ayant une largeur de 3 mét. 96, non compris le revêtement en maçonnerie, et une hauteur de 3 mèt. 67. Ce souterrain s'enfonce assez profondément dans la colline et faisant ensuite un coude, il débouche dans le vallon qui se trouve derrière. Le revêtement de ce souterrain était en pierre du Pirée. Un chemin de 7 mètres de long et de 4 mètres 75 de large conduit à l'entrée du souterrain. Ce chemin est limité des deux côtés par le soubassement qui se trouve coupé à angle droit ; un mur faisant barrière règne à retour d'angle. Ce mur se compose d'un nombre inégal de rangées de pierre, qui de deux s'élèvent graduellement à cinq. Les pierres de la dernière rangée sont cunéiformes, la surface supérieure en est grossièrement travaillée ; les trous que l'on y voit semblent par leur forme avoir servi à les transporter, à moins que ce ne fussent des trous de scellement. Cette barrière servait de garde-fou aux spectateurs placés à l'extrémité de ces gradins. Quelques-unes des pierres qui la composaient ont été retrouvées et encastrées dans la nouvelle barrière.

Toute la largeur de l'entrée du passage souterrain se trouve élevée de deux marches au-dessus du sol du Stade. A droite, au-dessus de la marche supérieure, deux trous indiquent qu'à cet endroit était autrefois une porte, ce qui, joint à d'autres indices, semble prouver que cette entrée était dans l'antiquité décorée d'un portail. C'est par là que les arbitres des Jeux et les athlètes entraient dans le Stade, déduction fondée sur un passage de Pausanias, qui nous apprend que telle était la destination de l'entrée couverte du Stade d'Olympie. C'est peut-être par là qu'on amenait aussi les bêtes féroces. C'est probablement Hérode Atticus qui fit pratiquer ce passage souterrain, à l'imitation des pylônes qui existaient dans les Théâtres romains également voûtés, et auxquels, par suite de leur construction on donna le nom d'absides. Ce ne fut d'ailleurs, d'après l'opinion la plus probable, qu'à l'époque romaine que l'entrée du Stade d'Olympie, autrefois hypèthre, fut surmontée d'une voûte.

La lice, ou stade proprement dit, occupe l'emplacement aplani qui se trouve circonscrit de trois côtés par le parapet de marbre qui le sépare du

γώνου ἐργασίας· τὴν δ' αὐτὴν δὲ βεβαίως βάσιν εἶχον
καὶ οἱ ἄλλοι δύο Ἑρμαῖ, ὧν ὁ εἷς εὑρέθη παρὰ τὴν γραμ-
μὴν κατὰ τὰς ἀνασκαφὰς τοῦ 1870 (ἐν τῷ ἀρχαιολο-
γικῷ μουσείῳ νῦν ἀποκείμενος), τοῦ δ' ἑτέρου μόνον ἡ
πωγωνοφόρος κεφαλὴ περιεσώθη.

Τῶν δύο ἐκείνων Ἑρμῶν ὁ εἷς εἶναι ἀκέραιος, εἰς δύο
τεθραυσμένος τεμάχια κατὰ τὸ μέσον που τῆς στήλης,
ἀποκεκρουσμένον δ' ἔχει τὸ ἄκρον τῆς ῥινὸς τῆς πωγω-
νοφόρου κεφαλῆς. Τοῦ δὲ ἑτέρου εἰς δύο ἐπίσης τεθραυ-
σμένου τεμάχια δὲν εὑρέθη τὸ κάτω· τούτου ἡ ἀγένειος
μάλιστα κεφαλὴ ἔχει ὑποστῇ μεγάλην βλάβην, ἀπο-
κεκρουσμένη τοὺς ὀφθαλμοὺς τὴν ῥῖνα τὰ χείλη τὴν
σιαγόνα καὶ τὸν ἕνα βόστρυχον. Ὁ ἀκέραιος ἔχει ὕψος
ἐν ὅλῳ 2,58 μ. (αἱ κεφαλαὶ 0,43, ἡ στήλη 1,85 καὶ
ἡ βάσις 0,30)· ἐκ τοῦ αὐτοῦ δὲ λίθου εἶναι λελαξευμένη
καὶ ἡ ἁπλῆ τετράγωνος βάσις τῆς στήλης, ἔχουσα ἐπὶ
τῆς ἑτέρας τῶν πλαγίων πλευρῶν κεχαραγμένα τὰ
γράμματα Α καὶ Β. Οὐδετέρα τῶν στηλῶν ἔχει τοὺς
θέσιν βραχιόνων ἐπέχοντας προκρόσσους, τὰς κυβοειδεῖς
ἐκείνας ἐξοχάς, τὰς χρησιμευούσας πρὸς ἀνάρτησιν στε-
φάνων καὶ ταινιῶν· ἡ δὲ τῷ 1870 εὑρεθεῖσα εἰς τὴν θέ-
σιν τούτων ἔχει ὀπὴν τετράγωνον διήκουσαν ἀπὸ ἄκρου
εἰς ἄκρον, πρὸς ἐμβολὴν βεβαίως προκρόσσων ἐξ ἄλ-
λου λίθου ἢ ξύλου. Ἀλλ' ἀντὶ τῶν προκρόσσων οἱ δύο
ἐσχάτως εὑρεθέντες Ἑρμαῖ ἔχουσιν εἰς τὰς πλαγίας
πλευρὰς (ὧν ἑκάστη ἔχει πλάτος 0,55 μ.) σχισμὴν τε-
τράγωνον μήκους 1,18 μ. καὶ πλάτους 0,18 μ., ἀπὸ
τοῦ μέσου περίπου τῆς στήλης ἀρχομένην, διατέμνου-
σαν δ' ὅλον τὸ πάχος τῆς στήλης καὶ τῆς βάσεως ἐφ' ἧς
αὕτη ἵσταται· ὁμοίαν δὲ σχισμὴν ἔχει καὶ ἡ τῷ 1870
εὑρεθεῖσα στήλη, ἧς ἐλλείπει τὸ κάτω μέρος, τεθραυ-
σμένης οὔσης εἰς τὸ μέρος, ὅπου ἄρχεται ἡ σχισμή. Ἡ
περιεργοτάτη αὕτη κατασκευὴ τῶν Ἑρμῶν δύναται,

théâtre, et qui forme deux bras longs réunis au
Nord par un hémicycle. Il reste de cette barrière
plusieurs débris et toute la base qui, construite en
pierre du Pirée, régnait autour de la sphendoné.
La partie de la barrière qui surmontait cette base
se composait d'une double couche de plaques de
marbre : la couche inférieure avait une épaisseur
de 0 mèt. 33 et une élévation de 0 mèt. 50 au-
dessus du sol du corridor, la couche supérieure
avait la même épaisseur et une hauteur de 1 mèt.
14. L'élévation de cette barrière était autrefois
plus considérable, car les surfaces arrondies des
plaques de marbre de l'étage supérieur portent
des trous de scellement, dans lesquels étaient
sans doute fixées des grilles de fer. En face de
l'entrée couverte, était peut-être un portail d'en-
viron un mètre cinquante de largeur, comme
semble l'indiquer non seulement l'absence de
plaques de marbre de l'étage supérieur, mais en-
core l'absence de tenons à la partie inférieure.

L'arène, ainsi délimitée, a 33 mèt. 53 de large,
le sol s'en élève de 0 mèt. 30 au-dessus de celui
du corridor et se divise, dans le sens de la lon-
gueur en deux parties : la sphendoné et le stade
proprement dit. On reconnaît à première vue les
limites de la sphendoné. A l'endroit où la ligne
du parapet commence à s'infléchir, c'est-a-dire
vers l'extrémité du bras S. E. a été trouvée sur
place une colonne cylindrique mutilée. Des fon-
dations, partant de ce point, relient les deux bras
et séparent ainsi le stade de la sphendoné de
forme circulaire et d'un rayon de 16 mèt. 46 ; à
Olympie et à Épidaure, l'espace correspondant
est de forme quadran-
gulaire. Ces fondations
indiquent la ligne de
l'aphésis. On y a placé
les deux Hermès à
double face trouvés en
ce lieu. Ces deux sta-
tues en marbre penté-
lique sont taillées en
colonnes carrées ; sur
cette même base repo-
saient assurément aus-
si les deux autres Her-
mès, dont l'un a été
trouvé près de cette

νομίζομεν, νὰ ἐξηγηθῇ ἐκ τοῦ τόπου ἐν ᾧ ἦσαν ἱδρυμέ-
νοι. Ἱστάμενοι καὶ οἱ τέσσαρες, ὡς ἐκ τῆς θέσεως ἐν ᾗ
εὑρέθησαν συνάγεται, ἐπ' αὐτῆς τῆς γραμμῆς τῆς ἀφέ-
σεως, θὰ ἐμπόδιζον τὴν κατάπτωσιν τῆς ὕσπληγος,
δι' ἧς ἐδίδετο τὸ σημεῖον τῆς ἐνάρξεως τοῦ ἀγωνίσμα-
τος τοῦ δρόμου. Πρὸς ἀποφυγὴν τούτου καὶ ἵνα ἐπ' εὐ-
θείας γραμμῆς καταπίπτῃ ἡ ὕσπληξ, διετείνετο πιθανῶς
αὕτη ἀπὸ τοῦ ἑνὸς ἄκρου τῆς ἀφέσεως μέχρι τοῦ ἄλλου
διὰ μέσου τῶν ἐν τοῖς Ἑρμαῖς σχισμῶν.

Τῶν ἐφ' ἑκάστης στήλης δύο συμφυῶν κεφαλῶν ἡ
μία εἶναι ἀγένειος, ἡ δ' ἄλλη πωγωνοφόρος. Ἡ τέχνη
πασῶν τῶν εὑρεθεισῶν εἶναι ἡ αὐτή, οὐδὲ παρουσιάζου-
σιν ἐν τοῖς καθ' ἕκαστον διαφορὰς ἀξίας λόγου. Ἡ ἐργα-
σία δὲν εἶναι ἐπιμελημένη, τὰ ἴχνη δὲ τοῦ γλυφάνου
καὶ ἐν αὐτῷ τῷ προσώπῳ δὲν ἔχουσιν ἀποξεσθῇ. Κατά-
δηλον δ' εἶναι ὅτι ἐποιήθησαν κατὰ τοὺς χρόνους τῆς
μεταποιήσεως τοῦ σταδίου ὑπὸ τοῦ Ἡρώδου, ὅτε λίαν
ἀρεσταὶ ἦσαν αἱ ἀρχαΐζουσαι μιμήσεις ἔργων τῆς πα-
λαιοτέρας τέχνης. Τοιαῦτα δ' ἀπεικάσματα εἶναι αἱ
κεφαλαὶ τῶν Ἑρμῶν, πιστῶς μὲν ἴσως μιμούμενα τὰ
ἀρχαιότερα πρότυπα, ἀλλ' ἄψυχα καθόλου καὶ ψυχρά,
διότι παντελῶς ἐξηρτημένος ἐκ τῶν ἔργων ἄτινα ἐμι-
μεῖτο δὲν κατώρθωσεν ὁ τεχνίτης νὰ ἐμφυσήσῃ ζωὴν εἰς
τὰ πλάσματά του. Ἡ ἀδεξιότης δ' αὐτοῦ καταφαίνεται
ἀκριβῶς ἐκεῖ ὅπου δεικνύει αὐτοτέλειαν, ἐν τῇ ἀτέχνῳ
συμφύσει τῶν δύο κεφαλῶν· διότι πρότυπον δὲν εἶχεν
ἀμφικέφαλον Ἑρμῆν, ἀλλὰ δύο κεφαλὰς ὑπὸ διαφόρων
τεχνιτῶν ποιηθείσας.

Τούτων ἡ πωγωνοφόρος εἶναι τῆς ἀρχαϊκῆς τέχνης.
Ἡ κόμη εἶναι ἀναδεδεμένη ταινίᾳ, τριπλῆ δὲ σειρὰ
κοχλιοειδῶν βοστρύχων περιστέφει τὸ μέτωπον. Τὸν αὐ-
τὸν τύπον ἀνευρίσκομεν καὶ εἰς δύο κεφαλὰς ἐν Δήλῳ
εὑρεθείσας, αἵτινες ὡς ἐκ πολλῶν τεκμηρίων συνάγει
ὁ Ὁμόλλ ἐν τῷ Δελτίῳ τῆς ἑλληνικῆς ἀλληλογραφίας
εἶναι τοῦ Διονύσου·
ὁμοίως εἰς τὴν ἐσχά-
τως ἐν τῷ Γυμνα-
σίῳ τῆς Ἐρετρίας
εὑρεθεῖσαν κεφαλὴν
καὶ εἰς κεφαλάς τι-
νας ἐν Ἀθήναις εὑ-
ρεθείσας καὶ εἰς τὸ
Ἐθνικὸν μουσεῖον
ἀποκειμένας, καθὼς
καὶ εἰς τὴν κεφαλὴν
τοῦ ἐν τῇ Ἐπαύλει
Ἀλβάνῃ ἀρχαϊκοῦ
κολοσσιαίου ἀγάλ-

ligne lors des fouilles de 1870 (il se trouve au-
jourd'hui au Musée archéologique); il ne nous
reste de l'autre que la tête barbue.

De ces deux hermès, que l'on voit aujourd'hui
au Stade, l'un est presque intact, fendu en deux
morceaux vers le milieu de la colonne, il n'a de
mutilé que l'extrémité du nez de la tête barbue;
l'autre, également fendu en deux, est dépourvu
de sa partie inférieure qu'on n'a pu retrouver.
La tête imberbe de ce dernier a subi de nom-
breuses mutilations : il lui manque les yeux, le
nez, les lèvres, la mâchoire inférieure et une tresse
de la chevelure. L'hermès qui est intact a une
hauteur totale de 2 mèt. 58 (les têtes 0 mèt. 43,
la stèle 1 mèt. 85 et la base 0 mèt. 30). La base
dépourvue d'ornements sur laquelle repose la stèle
est également en marbre pentélique ; sur un de
ses côtés sont gravées les deux lettres A. B. Les
deux stèles sont privées de procrossos, c'est-à-
dire de ces saillies cubiques taillées à la place des
bras et auxquelles on suspendait des couronnes
et des rubans. L'hermès trouvé en 1870 a, à l'en-
droit où devaient s'emboiter ces saillies, un trou
carré qui le traverse de part en part, dans lequel
on devait, sans doute, faire passer des procrossos
en pierre ou en bois. Au lieu de ces saillies, les
deux hermès dernièrement retrouvés portent
sur leurs faces latérales, qui sont de 0 mèt. 55
de large, une ouverture quadrangulaire de 1 mèt.
18 de longueur et de 0 mèt. 18 de largeur. Cette
ouverture, qui commence presque vers le milieu
de la hauteur de la stèle, qu'elle traverse, ainsi
que la base, dans toute leur épaisseur, s'étend
jusqu'à son extrémité inférieure. L'hermès trouvé
en 1870, et au-
quel il manque la
partie inférieure,
porte une pareille
ouverture que l'on
voit à l'endroit où
il se trouve fendu
en deux. La cu-
rieuse structure
de ces hermès peut
s'expliquer par la
place qu'ils occu-
paient. Posés tous
les quatre sur la

ματος τοῦ Διονύσου. Πιθανῶς δὲ πάντα ταῦτα εἶναι
ἀπεικάσματα τοῦ αὐτοῦ ἔργου, ποιηθέντος κατὰ τὰς
ἀρχὰς τοῦ Ε΄ αἰῶνος. Ἡ δὲ νεανικὴ κεφαλὴ εἶναι τοῦ
Ἀπόλλωνος. Ἡ πλουσία κόμη τοῦ θεοῦ, ἀναρρί-
πτουσα ὑπὲρ τὸ μέτωπον, περικεχυμένη εἰς τὸν αὐχένα,
καταπίπτει ἔμπροσθεν εἰς δύο πλοκάμους, οἵτινες ἐν
τῇ ἀποκεκρουσμένῃ στήλῃ δὲν ἐφήπτοντο τοῦ τρα-
χήλου, χωριστὰ ὄντες ἐξειργασμένοι· τὸ ἠρέμα ὑπα-
νοιγόμενον στόμα προσδίδει σεμνόν τι καὶ αὐστηρὸν
ἦθος εἰς τὸ πρόσωπον τοῦ θεοῦ. Ἡ ὁμοιότης τῆς
κεφαλῆς ταύτης πρὸς ἄλλους δύο Ἑρμᾶς τῆς τετρα-
γώνου ἐργασίας, τὸν ἐν Petworth House καὶ τὸν
ἐν τῇ αὐλῇ τοῦ μουσείου τοῦ Καπιτωλίου, ὑποδεικνύει
ὅτι κοινὸν ἔχουσι πρότυπον, ἴσως ἔργον τι ὀνομα-
στὸν τοῦ πέμπτου αἰῶνος τελευτῶντος· δὲν φαίνεται
δ' ἀνυπόστατος ἡ γνώμη τοῦ Φουρτβαΐγγλερ ὅτι ἡ ἐν
Petworth στήλη ἐπλάσθη κατὰ μίμησιν ἀγάλμα-
τος τοῦ Ἀπόλλωνος τοῦ πρεσβυτέρου Πραξιτέλους.
Τὰ δὲ χαρακτηριστικὰ σύμβολα τῶν Ἑρμῶν ἔχουσιν
ἐν τῇ ἀλωβήτῳ στήλῃ τὸ σχῆμα, ὅπερ ὡς τὸ κανο-
νικὸν ἀναγράφει ὁ στωικὸς φιλόσοφος Κορνοῦτος· διότι
ἐν μὲν τῇ πλευρᾷ, ἐφ' ἧς ἡ τοῦ πρεσβυτέρου κεφαλὴ
εἶναι ὀρθόν, ἐν δὲ τῇ ἄλλῃ παρειμένον. Ἐν τῇ ἑτέρᾳ
στήλῃ οἱ φαλλοὶ ἦσαν περίθετοι, διακρίνονται δ' ἐν τῇ
θέσει αὐτῶν τὰ ἴχνη τῶν σιδηρῶν συνδέσμων· ἐν δὲ τῇ
κατὰ τὸ 1870 εὑρεθείσῃ στήλῃ ὁ φαλλὸς εἶνε ἐκ τοῦ
αὐτοῦ λίθου ἐξειργασμένος ἐν τῇ μιᾷ πλευρᾷ, περίθετος
δ' ἦτο ἐν τῇ ἑτέρᾳ, ὁ τοῦ πωγωνοφόρου.

Τῆς ἀφέσεως, ἐφ' ἧς ἦσαν ἱδρυμένοι οἱ τέσσαρες
εὑρεθέντες, ἂν μὴ καὶ πλείονες Ἑρμαῖ, ἀντίστοιχον ἦτο
τὸ σημεῖον τοῦ τέρματος, ὅπερ ὡς ἐν τῷ Ὀλυμπιακῷ
σταδίῳ καὶ ἐν τῷ Παναθηναϊκῷ οὐδαμῶς διέφερε τῆς
ἀφέσεως, διότι ἐν τῷ ἁπλῷ δρόμῳ ἐνταῦθα ἦτο ἡ ἄφε-
σις, τὸ δὲ τέρμα εἰς τοὺς Ἑρμᾶς τῆς σφενδόνης· ἐν ᾧ
οἱ διαυλοδρόμοι ἀφώρμων μὲν ἀπὸ τῆς ἐν τῇ σφενδόνῃ
ἀφέσεως, ἐπεράτουν δὲ τὸν δρόμον εἰς ταύτην πάλιν,
ἐπιστρέφοντες ἀπὸ τῆς παρὰ τὴν εἴσοδον τοῦ σταδίου
γραμμῆς. Μὴ ἀνευρεθείσης δὲ τῆς γραμμῆς ταύτης δὲν
εἶναι δυνατὸν νὰ ὁρισθῇ ἀκριβέστατα τὸ μῆκος τοῦ στα-
δίου. Ἀλλ' ἐπειδὴ ἀπὸ τῆς πρὸς τῇ σφενδόνῃ ἀφέσεως
μέχρι τῶν ἀναλημμάτων ὁ ἄξων τοῦ δρόμου ἔχει μῆ-
κος 189,6 μ. μέρος δὲ τοῦ χώρου τούτου κατεῖχεν ἡ
εἴσοδος καὶ τὸ θριγκωμα, ὑπολογίζεται τὸ μῆκος τοῦ
σταδίου εἰς 177,6 μ. καὶ τοῦτο διότι τὸ στάδιον ἀπε-
τελεῖτο πανταχοῦ ἐκ ποδῶν ἑξακοσίων τοῦ ἐπιχωρίου
μετρικοῦ συστήματος, ὁ δ' ἀττικὸς ποὺς κατὰ τὴν πι-
θανωτάτην γνώμην εἶχε μῆκος 0,296 μ.

Ἐν τῷ πέρατι τῶν λόφων στερεώτατα ἀναλήμματα,

ligne de l'aphésis, comme semble le démontrer
l'endroit où ils ont été trouvés, ils empêchaient
d'abaisser le cordon qui servait à donner le
signal du départ des coureurs ; pour obvier à cet
inconvénient, et pour que le cordon pût tomber
simultanément dans toute sa longueur, ou le
tendait probablement d'une extrémité de l'aphésis
à l'autre, on le faisant passer par les fentes pra-
tiquées dans les stèles des hermès.

Des deux faces opposées qui surmontent ces
stèles, l'une est imberbe et l'autre barbue. Ces
stèles, ont toutes quatre la même valeur arti-
stique, et n'offrent que d'insignifiantes différences
de détails. Le travail n'en est pas soigné, et, sur
le visage même, on a négligé d'effacer les traces
laissées par le ciseau. Il est évident qu'elles ont
été faites à l'époque de la transformation du
Stade par Hérode, époque à laquelle on se plai-
sait à l'imitation de l'art archaïque. Ces têtes
d'hermès ne sont en effet que des copies, fidèles
peut-être, de modèles plus anciens, mais elles
sont complètement dépourvues de vie, car l'artiste
absorbé tout entier par une imitation servile,
a été impuissant à donner à son œuvre la moindre
animation ; bien plus, c'est quand il veut être
original qu'il fait preuve de maladresse : il n'avait,
en effet, aucun original d'hermès à deux têtes di-
verses, il devait donc relier deux types traités
séparément.

Le type de l'hermès barbu est de l'époque ar-
chaïque, la chevelure en est reliée par un ruban,
et une triple rangée de boucles en spirales en
ombrage le front. Nous retrouvons ce même type
dans deux têtes découvertes à Délos, et qui, selon
les conclusions de M. Homolle, publiées dans le
Bulletin de correspondance hellénique, représen-
teraient Dionysos ; nous le retrouvons aussi dans
la tête dernièrement découverte au gymnase
d'Erétrie, et dans quelques têtes trouvées à Athè-
nes et qui se trouvent au Musée National ; enfin,
nous le retrouvons encore dans la tête de la
statue colossale de style archaïque qui repré-
sente également Dionysos, et que l'on voit à
la villa Albani. Probablement ce ne sont là que
des répliques d'un même type qui remonte-
rait au commencement du 5° siècle av. J.-C.
La figure juvénile est celle d'Apollon. La riche
chevelure qui frise sur le front et qui recouvre

ἐφ' ὧν ἐστηρίζοντο αἱ ἀκρόταται κερκίδες, ἐξησφάλιζον τὸ θέατρον ἀπὸ καταπτώσεως τῶν χωμάτων. Τἀναλήμματα ἦσαν ἐκτισμένα διὰ κοινῶν λίθων καὶ ἀσβέστου μετὰ πωρίνων ὀγκολίθων ἐν τῷ μεταξύ, ἐκαλύπτοντο δ' ἔξωθεν διὰ τειχῶν ἐκ πειραϊκοῦ λίθου κατὰ τὸν ἰσοδομικὸν τρόπον ᾠκοδομημένων. Πρὸ τῶν τειχῶν δὲ τῶν ἀναλημμάτων εὑρεῖαι κλίμακες, ὧν λείψανα ἀνευρέθησαν, ἀνῆγον εἰς τὸ διάζωμα· διὰ τούτων ἀνήρχοντο οἱ καθήμενοι ἐν τῇ δευτέρᾳ ζώνῃ θεαταί.

Μεγάλη στοὰ τῆς δωρίου ἐργασίας, μῆκος μὲν ἔχουσα 32 μ. πλάτος δὲ 10 μ., ἐπέστερε τὴν κορυφὴν τοῦ πρὸ τῆς σφενδόνης ἡμικυκλίου. Ταύτης εὑρέθησαν τὰ θεμέλια καὶ ἀρχιτεκτονικά τινα ἄρθρα. Ἄλλη δὲ στοὰ ἢ προπύλαια ὑπῆρχον πιθανῶς καὶ πρὸ τῆς εἰσόδου, ὡς ἐκ τινων σῳζομένων ἰχνῶν φαίνεται. Τὸ δὲ περιβάλλον τὸ θέατρον κατὰ τὸ ἀνώτατον πέρας αὐτοῦ τειχίον ἐστηρίζετο κατ' ἴσας ἀποστάσεις δι' ἀντηρίδων.

Ὁποῖος ἦτο ὁ ἄλλος διάκοσμος τοῦ σταδίου ἀγνοοῦμεν. Ὡς συμπλήρωμα ὅμως αὐτοῦ πρέπει νὰ θεωρηθῶσι δύο ἄλλα κτίσματα, ἰδρυμένα ἐπὶ τῶν κορυφῶν τῶν ἀντικειμένων λόφων τοῦ θεάτρου. Ἐπὶ τοῦ ἑνὸς τούτων, πιθανῶς τοῦ νοτιοανατολικοῦ, ἠγείρετο ναός, τῆς Τύχης τῆς πόλεως, ἧς πρώτη ἱέρεια ἐξελέχθη αὐτὴ τοῦ Ἡρώδου ἡ γυνή, Ἀππία Ἀτειλία Ῥήγιλλα. Τὸ ἐν τῷ ναῷ τούτῳ ἄγαλμα ἀνέθηκεν ὁ Ἡρώδης χρυσελεφάντινον. Ἐπὶ δὲ τῆς κορυφῆς τοῦ ἑτέρου λόφου ἔθαψαν οἱ Ἀθηναῖοι τὸν Ἡρώδην, ἐπιγράψαντες ἐπὶ τοῦ τάφου βραχὺ ἀλλ' ἐκφραστικὸν ἐπίγραμμα, τὸ ἑξῆς·

Ἀττικοῦ Ἡρώδης Μαραθώνιος, οὗ τάδε πάντα
κεῖται τῷδε τάφῳ, πάντοθεν εὐδόκιμος.

Ἔφερε δ' εἰς τὸ Στάδιον, ζευγνύουσα τὸν Ἰλισσόν, γέφυρα τριῶν τόξων, ἣν εἶδον καὶ ἀπεικόνισαν περιηγηταὶ τοῦ παρελθόντος αἰῶνος. Ἡ γέφυρα κατεστράφη τῷ 1774 χρησιμευσάντων τῶν λίθων αὐτῆς εἰς τὴν οἰκοδόμησιν τοῦ τουρκικοῦ τείχους τῆς πόλεως. Τὰ δ' ὀλίγα λείψανα αὐτῆς, ὅσα ἀπέμειναν μετὰ τὴν καταστροφὴν ἐκείνην καὶ μετὰ τὴν ἐξαγωγὴν καὶ ἄλλων λίθων πρὸ τριάκοντα πέντε ἐτῶν ὑπὸ τοῦ Γάλλου μηχανικοῦ Δανιήλ, ἐκάλυψεν ἡ τῷ 1873 κτισθεῖσα νέα γέφυρα, ἡ εὐρυνθεῖσα κατὰ τὸ ἐνεστὼς ἔτος.

Ὁ χρόνος τῆς μεταποιήσεως τοῦ σταδίου ὑπὸ τοῦ Ἡρώδου δὲν εἶναι ἐξηκριβωμένος. Δυνατὸν ὅμως εἶναι, νομίζομεν, νὰ καθορίσωμεν αὐτόν, ὁδηγούμενοι ἐκ τῆς παρὰ τῷ ἱστοριογράφῳ τοῦ Ἀδριανοῦ Σπαρτιανῷ εἰδήσεως, καθ' ἣν ὁ βασιλεὺς οὗτος ἐπετέλεσεν ἐν τῷ σταδίῳ κυνηγέσιον χιλίων θηρίων. Τοιοῦτο κυνηγέσιον δὲν ἦτο βεβαίως φρόνιμον νὰ γίνῃ ἐν σταδίῳ, μὴ ἔχοντι τὸ ὑψηλὸν θρίγκωμα, ὅπερ πρὸς προφύλαξιν τῶν θεατῶν

la nuque retombe par devant en deux tresses qui, travaillées à part, ne touchent point le cou dans la stèle mutilée. La bouche du dieu légèrement entr'ouverte donne au visage quelque chose de majestueux et de sévère tout ensemble. La ressemblance de cette tête avec celle des deux autres hermès taillés en carré qui se trouvent, l'un à Petworth House et l'autre dans le cour du Musée du Capitole, démontre que ces têtes sont des copies d'un original commun, probablement d'une œuvre remarquable de la fin du 5° siècle av. J.-C. A ce sujet, l'opinion de M. Furtwaengler est loin d'être dépourvue de fondement : d'après lui, la stèle Petworth serait l'imitation d'une statue d'Apollon, œuvre de Praxitèle l'Ancien. Nous retrouvons dans la stèle intacte la forme normale des emblèmes ordinaires des hermès telle que la décrit le philosophe stoïcien Cornoutos: car sur le côté où est représentée la figure la plus âgée, le phallus est dans l'état d'érection, tandis que sur l'autre côté, il est dans l'état de repos. A l'autre stèle, les phallus étaient rapportés ; on y distingue encore des traces de soudure. Dans la stèle trouvée en 1870, le phallus est sculpté dans la pierre même du côté de la face imberbe, sur le côté opposé il était rapporté.

A la ligne de l'aphésis, sur laquelle étaient placés ces quatre hermès, ou peut-être même un plus grand nombre, correspondait celle du but, qui ne différait en rien de la première ; car, au Stade Panathénaïque, aussi bien qu'à Olympie, la ligne du but devenait l'aphésis lorsqu'il s'agissait de la course simple, tandis que, dans la course double, on partait de la ligne qui fermait la sphendoné et, après être allé jusqu'à la ligne de l'entrée du Stade, on revenait à la première, qui servait, par conséquent, tout à fois de point de départ et de but. La ligne qui formait l'entrée du Stade n'ayant point été retrouvée, on ne saurait déterminer d'une manière précise quelle était la longueur de l'arène. Mais comme, depuis l'aphésis de la sphendoné jusqu'au mur de soutènement, l'axe du champ de course a une longueur de 189 mèt. 6 et qu'une partie de cet emplacement était occupée par les propylées et le parapet, la longueur qu'avait alors le Stade est évaluée à 177 mèt. 6. Cette évaluation est basée sur les données suivantes : Le stade athénien mesurait, comme

— 43 —

κατεσκεύασεν ὁ Ἡρώδης. Ὅθεν ἐν τῷ ὑπὸ τούτου μετασκευασθέντι σταδίῳ ἐγένετο τὸ κυνηγέσιον, καὶ δὴ κατὰ τὴν τελευταίαν εἰς Ἀθήνας ἐπιδημίαν τοῦ αὐτοκράτορος, παραμείναντος μέχρι τοῦ μηνὸς Ἀπριλίου τοῦ 130 μ. Χ. Ἡ μεταποίησις συνετελέσθη ἐντὸς τετραετίας, ἐκ Παναθηναίων εἰς Παναθήναια. Ἐπειδὴ δὲ δὲν φαίνεται πιθανὸν ὅτι συνετελέσθη κατὰ τὰ Παναθήναια τοῦ 127

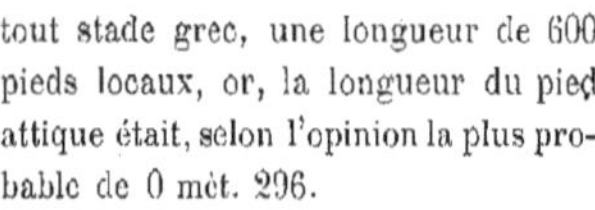

μ. Χ., διότι ἐν τοιαύτῃ περιπτώσει ἡ ἔναρξις τῆς οἰκοδομήσεως ἔπρεπε νὰ γίνῃ τῷ 123, ὅτε ὁ Ἡρώδης εἶχε ἡλικίαν 21 ἐτῶν (γεννηθεὶς τῷ 102, ἀποθανὼν τῷ 178 μ. Χ. κατὰ τοὺς τελευταίους ἀσφαλεστάτους ὑπολογισμούς), ἀνάγκη νὰ παραδεχθῶμεν ὅτι ἐπερατώθη μὲν καθ᾽ ὁλοκληρίαν τὸ ἔργον τῷ 131 μ. Χ., ἀλλὰ καὶ ἓν ἔτος πρότερον ἦτο πρόσφορον εἰς ἐπιτέλεσιν κυνηγεσίων. Φαίνεται δ᾽ ὅτι βραχὺν χρόνον μετὰ τὸν θάνατον τοῦ πατρός του συνετελέσθη ἡ κατασκευή, ὅτε δὲν εἶχον λησμονηθῆ τὰ παράπονα τῶν Ἀθηναίων περὶ σφετερισμοῦ τῶν ὑπὸ τοῦ Ἀττικοῦ κληροδοτηθέντων αὐτοῖς, καὶ διὰ τοῦτο ὑπ᾽ ἄλλον σκωπτικὸν ἐπανελαμβάνοντο τύπον, ὅτι εὐλόγως ἐπωνομάσθη τὸ στάδιον Παναθηναϊκόν, ὡς κατασκευασθὲν ἐξ ὧν ἀπεστεροῦντο οἱ Ἀθηναῖοι πάντες.

Αἱ μετὰ ταῦτα τύχαι τοῦ σταδίου κρύπτονται εἰς τὰ σκότη τὰ καλύπτοντα τὴν μεσαιωνικὴν ἱστορίαν τῶν Ἀθηνῶν. Ἡ ἐκχριστιανισθεῖσα πόλις δὲν εἶδε βεβαίως πλέον γυμνικοὺς ἀγῶνας καὶ σφαγὰς μονομάχων καὶ θηρίων σπαραγμούς. Ἐπὶ τῆς φραγκοκρατίας δ᾽ ἴσως συνεκάλουν οἱ δυνάσται τὸν λαὸν τῶν Ἀθηνῶν, ὅπως θεᾶται τὰς τζούστρας καὶ τὰ κονταροκτυπήματα αὐτῶν ἐν τῷ σταδίῳ. Τοὐλάχιστον πρὸς τοιοῦτον σκοπὸν φαίνεται ὅτι εἶχε κτισθῆ ἐντὸς τοῦ σταδίου χθαμαλὸς καὶ ἁπλοῦς ἡμικυκλοειδὲς τοῖχος, ὅστις συναπτόμενος μετὰ τῶν λειψάνων τοῦ θριγκώματος τῆς σφενδόνης ἐσχημάτιζε τέλειον σχεδὸν κύκλον. Τὰ ἐδώλια καὶ ὁ ἄλλος μαρμάρινος κόσμος δὲν εἶχον ἐξ ὁλοκλήρου ἀφαιρεθῆ.

tout stade grec, une longueur de 600 pieds locaux, or, la longueur du pied attique était, selon l'opinion la plus probable de 0 mèt. 296.

Du côté de l'entrée, les collines se terminaient par de puissants murs de soutènement destinés à empêcher tout éboulement, et sur lesquels s'appuyaient les dernières kerkides. Ces murs de soutènement, qui se composaient de chaux, de pierres calcaires et de quelques blocs de pierre poreuse, étaient extérieurement ornés d'un revêtement en pierre du Pirée d'appareil isodomique. En avant de ces murs, de larges escaliers, dont on a retrouvé quelques débris, conduisaient à l'allée qui séparait les deux diazomata ; c'est par cet escalier que les spectateurs de la partie supérieure se rendaient à leurs places.

Un grand portique d'ordre dorique, mesurant 33 mèt. de long sur 10 mèt. de large, surmontait l'hémicycle de la sphendoné ; on en a retrouvé les fondations ainsi que quelques fragments d'architecture. Un autre portique ou des propylées ornaient probablement aussi l'entrée du Stade, comme certaines traces semblent le démontrer. Le mur d'enceinte, construit à l'endroit le plus élevé, était soutenu à distances égales par des contreforts.

Nous ignorons quels étaient les autres ornements du Stade, mais nous savons que la décoration en était complétée par deux autres monuments, élevés au sommet de chacune des deux collines opposées. Sur l'une de ces collines, probablement celle du S. E., était le temple de la Fortune de la ville, dont la première prêtresse fut Appia Atilia Régilla, femme d'Hérode. La statue chryséléphantine qui était à l'intérieur de ce temple était due à la munificence d'Hérode. Sur l'autre colline, les Athéniens élevèrent le

Ὁ κατὰ τὰ μέσα τοῦ δεκάτου πέμπτου αἰῶνος γράψας τὴν ἐν χειρογράφῳ τῆς βιενναίας βιβλιοθήκης περιγραφὴν τῶν Ἀθηνῶν εἶδεν οὐ μόνον ζώνας πολλὰς ἐκ μαρμάρου πεποιημένας λευκοῦ, τὰς σειρὰς δηλαδὴ τῶν ἐδωλίων, ἀλλὰ καὶ τὴν πρὸ τῆς εἰσόδου στοάν, ἣν βορεινὴν εἴσοδον ὀνομάζει, καὶ τὴν ἐπὶ τῆς κορυφῆς τοῦ πρὸ τῆς σφενδόνης ἡμικυκλίου στοάν, τὴν νοτινὴν κατ᾽ αὐτὸν εἴσοδον. Οἱ δὲ κατὰ τὸν δέκατον ἕβδομον αἰῶνα χαράξαντες τὸ σχέδιον τῶν Ἀθηνῶν Καπουκῖνοι σημειοῦσι πολλὰς σειρὰς ἐδωλίων ἐν τῷ σταδίῳ.

Ἔκτοτε ῥαγδαία ἐπῆλθεν ἡ καταστροφή. Ἄλλα μὲν τῶν μαρμάρων ἀπεκομίσθησαν ἐκεῖθεν (θρόνοι τινὲς εὑρίσκονται μέχρι τοῦδε ἐν τῷ κήπῳ τοῦ Ζαππείου), τὰ πλεῖστα δὲ μετεβλήθησαν εἰς ἄσβεστον· ἐν αὐτῇ τῇ σφενδόνῃ εὑρέθησαν τρεῖς κάμινοι, μία δὲ παρὰ τὴν κρυπτὴν εἴσοδον. Διεσώθησαν δὲ μάρμαρά τινα ἐν τῇ σφενδόνῃ καὶ πλησίον αὐτῆς, ἐπιχωσθέντα ὑπὸ τῆς ἰλύος, ἣν ἔφερον τὰ διὰ τῆς κρυπτῆς εἰσόδου καταρρέοντα ὕδατα, καὶ προσέτι ὀλίγα λείψανα πρὸ τῶν ἀναλημμάτων καὶ ἐν τῷ θεάτρῳ. Ταῦτα ἀπεκάλυψαν ἡ ἀπὸ τοῦ Αὐγούστου τοῦ 1869 μέχρι τοῦ Φεβρουαρίου 1870 ὑπὸ τοῦ κ. Ἐ. Τσίλλερ δαπάνῃ τοῦ βασιλέως Γεωργίου γενομένη ἀνασκαφὴ καὶ ἡ κατὰ τὸ παρελθὸν ἔτος κατὰ τὰς ἐν τῷ σταδίῳ οἰκοδομικὰς ἐργασίας.

Διὰ τῶν εὑρημάτων τούτων κατέστη δυνατὴ ἡ ἀναπαράστασις τοῦ σχεδίου τοῦ ἐπὶ Ἡρώδου σταδίου καὶ ἡ συμφώνως πρὸς τοῦτο ἀνακαίνισις αὐτοῦ, ἥτις ἐλπὶς εἶναι ὅτι αἰσίως θὰ συμπληρωθῇ, παρέχοντος γενναίως τὴν δαπάνην φιλοπάτριδος ἀνδρός, ἀναδειχθέντος ἐφαμίλλου τοῦ μεγαλοδώρου Ἀθηναίου σοφιστοῦ.

Ν. Γ. ΠΟΛΙΤΗΣ

tombeau d'Hérode et y firent graver cette inscription si éloquente dans sa mâle concision: «Ci-git l'excellent Hérode de Marathon, fils d'Atticus, digne de toute louange; tout ce qui l'entoure est son œuvre». Un pont de trois arches, jeté au-dessus de l'Ilissus, conduisait au Stade. Des voyageurs le virent encore au siecle dernier et nous en ont transmis un croquis. Ce pont fut démoli en 1774, et les pierres en furent employées par les Turcs à la construction d'une muraille de la ville. Les débris qui en subsistaient après cette démolition et celle que lui fit subir, il y a trente-cinq ans, l'ingénieur Français Daniel, ont, été recouverts par le pont actuel, construit en 1873 et élargi dans le courant de l'année présente.

Nous ne connaissons pas, d'une manière précise, à quelle époque le Stade fut ainsi transformé par Hérode. Nous pouvons cependant, croyons nous, la déterminer en nous basant sur un passage de Spartianos, historien de l'empereur Hadrien. Cet écrivain nous apprend, en effet, que l'empereur Hadrien fit chasser

— 45 —

dans le Stade mille bêtes féroces. Or, une telle chasse n'aurait pu y avoir lieu d'une manière prudente si les spectateurs n'avaient pas été abrités par une haute grille, telle que celle qu'Hérode y fit placer. C'est donc dans le Stade transformé qu'eut lieu cette chasse, lors du dernier séjour qu'Hadrien fit à Athènes, séjour qui se prolongea jusqu'au mois d'avril de l'année 130 ap. J.-C. Cette transformation fut accomplie dans le délai de quatre ans, c'est-à-dire entre deux Panathénées consécutives. Nous ne pouvons supposer que les travaux de transformation aient commencé en l'année 123, car à cette époque Hérode n'avait que 21 ans, (d'après des calculs récents d'une valeur irréfragable, Hérode naquit en 102 et mourut en 178 ap. J.-C.) il nous faut donc admettre que l'œuvre ne fut complètement achevée qu'en 131 ap. J.-C., mais que, l'année précédente, les travaux du Stade étaient assez avancés pour qu'on pût y donner une chasse. La construction de ce second Stade parait avoir suivi de près la mort du père d'Hérode, car les Athéniens n'avaient pas eu le temps d'oublier leurs griefs contre la cupidité dont ce dernier avait fait preuve dans l'affaire de la succession de son père, qui leur avait laissé des legs considérables ; c'est pourquoi le peuple répétait encore, avec une fine ironie, que c'était à bon droit que le Stade s'appelait Panathénaïque, puisqu'il avait été construit avec l'argent enlevé à tous les Athéniens.

Le sort du Stade, au moyen âge, nous est caché par les ténèbres qui couvrent l'histoire d'Athènes à cette époque. Cette ville devenue chrétienne ne vit certainement plus les jeux gymniques, les massacres des gladiateurs ni les dernières convulsions des bêtes féroces. Sous la domination des Francs, les seigneurs occidentaux y convoquèrent peut-être le peuple pour qu'il y admirât leurs brillants tournois. C'est du moins dans ce but que semble avoir été construit, à l'intérieur du Stade, un mur bas et dépourvu d'ornements, qui s'adaptant aux débris du parapet de la sphendoné, formait un cercle presque parfait. Les gradins de marbre, et l'ornementation générale de même matière n'étaient pas encore complètement disparus. Un auteur qui écrivait vers le milieu du quinzième siècle et dont la description d'Athènes se trouve dans la section des manuscrits de la bibliothèque de Vienne, vit encore à cette époque, non seulement *plusieurs zones de marbre blanc*, c'est-à-dire des rangées de gradins, mais encore le portique situé à l'entrée du Stade, qu'il appelle l'entrée du Nord, ainsi que le portique qui surmontait l'hémicycle de la sphendoné, et qu'il appelle l'entrée du Sud. Les capucins qui, au dix-septième siècle, dressèrent un plan d'Athènes, y marquent plusieurs rangées de gradins.

A partir de cette époque, l'œuvre de destruction fit de rapides progrès ; une partie du marbre fut enlevée et transportée ailleurs (on en voit encore quelques traces dans le jardin du Zappéion); mais la plus grande partie en fut transformée en chaux : on a retrouvé dans la sphendoné trois fours à chaux, et un autre près de l'entrée secrète. Une partie des marbres de la sphendoné, recouverte par le limon qu'y charriaient les eaux qui débouchaient par l'entrée souterraine, est parvenue jusqu'à nous, ainsi que quelques débris des marbres trouvés dans le théâtre ou devant les murs de soutènement de l'entrée. Ces marbres ont été découverts pendant les fouilles faites, du mois d'août 1869 au mois de février 1878, par M. E. Ziller, aux frais de S. M. le Roi des Hellènes, ainsi que pendant les fouilles qui, l'année dernière, ont précédé l'œuvre de reconstruction du Stade.

Ces découvertes nous ont rendu possible la restauration du Stade d'Hérode et sa reconstruction d'après le même plan, travail qui, comme nous l'espérons, pourra être achevé dans un avenir relativement prochain, grâce à la libéralité d'un grand patriote, qui rivalise noblement en cela avec le généreux sophiste Athénien.

N. G. POLITIS

Γ' ἀποκαλυπτήρια
τοῦ ἀνδριάντος τοῦ Ἀβέρωφ.

Inauguration de la statue de M. Avéroff.

ΤΟ ἀνέκαθεν σεβαστὸν τὸ ὄνομα τοῦ ἐν Ἀλεξανδρείᾳ μεγαλοδώρου ὁμογενοῦς καὶ τετιμημένον ἐν Ἑλλάδι ὡς συνδεόμενον ἀρρήκτως μὲ πολυάριθμα ἔργα εὐποιίας. Τὴν ἡγεμονικὴν ἐλευθεριότητα τοῦ μεγατίμου ἀνδρὸς ἐμαρτύρουν τὸ κτίριον τῆς Στρατιωτικῆς Σχολῆς τῶν Εὐελπίδων, ἰδίαις αὐτοῦ δαπάναις ἀνεγερθέν, τὸ Ἐφηβεῖον καὶ τόσα ἄλλα· ἡ μεγάλη αὐτοῦ δωρεὰ πρὸς ἀνοικοδόμησιν τοῦ Παναθηναϊκοῦ Σταδίου ἐξήγειρε τὸν γενικὸν ἐνθουσιασμὸν καὶ τὸ ὄνομά του ἐγένετο παρὰ τῷ λαῷ δημοτικώτατον.

Τὴν πάνδημον ἐπιθυμίαν ὅπως ἐκδηλωθῇ διὰ μνημείου περιφανοῦς ἡ ἐθνικὴ εὐγνωμοσύνη πρὸς τὸν μέγαν χορηγὸν καὶ ἐθνικὸν εὐεργέτην διηρμήνευσε καὶ ἱκανοποίησεν ὡς ἄριστα ἡ ἐπὶ τῶν Ὀλυμπιακῶν Ἀγώνων ἐπιτροπή, ἀποφασίσασα νὰ κατασκευασθῇ ἀνδριὰς τοῦ Ἀβέρωφ διὰ πανελληνίων ἐράνων. Ὁ ἀνδριάς, ὃν ἐφιλοτέχνησε μετὰ πολλῆς ἐπιτυχίας ὁ ἐν Ἀθήναις διακεκριμένος γλύπτης κ. Γ. Βροῦτος ἐκ πεντελησίου μαρμάρου εἰς φυσικὸν μέγεθος, ἀπεικονίζει ὄρθιον τὸν χορηγὸν τοῦ Σταδίου ἐν σεμνῇ στάσει, μετὰ πολλὰς δὲ συζητήσεις ἀπεφασίσθη νὰ τοποθετηθῇ εἰς τὸ προαύλιον τοῦ Σταδίου, δεξιὰ τῆς εἰσόδου, ἐπὶ ἀπερίττου βάθρου ἀναστηλωθείς, τ' ἀποκαλυπτήρια δὲ τοῦ μνημείου ἐν πάσῃ πομπῇ γενόμενα ἀπετέλεσαν τὰ προεόρτια τῶν Ὀλυμπιακῶν Ἀγώνων.

Ἡμέρα τῶν ἀποκαλυπτηρίων ὡρίσθη ἡ 24 Μαρτίου Κυριακὴ τοῦ Πάσχα καὶ προτεραία τῆς ἐπισήμου τῶν Ἀγώνων ἐνάρξεως. Ἀπὸ πρωίας τὸ πλῆθος ἤρχισε νὰ συρρέῃ ἐκ παντοίων διευθύνσεων πρὸς τὸ μέρος τοῦ Σταδίου πεζὸν καὶ ἐποχούμενον, ὥστε πολὺ πρὸ τῆς

LE nom de M. Avéroff jouissait depuis longtemps, en Grèce, d'une légitime popularité, car il était indissolublement uni à de nombreuses œuvres qui témoignaient hautement des sentiments de patriotisme du riche donateur : les bâtiments de l'École Militaire, l'Éphébéion et tant d'autres monuments élevés à ses frais, étaient déjà un mémorial impérissable de la munificence vraiment royale de ce grand citoyen. Mais le don généreux par lequel il entreprenait à ses frais la reconstruction du Stade Panathénaïque mit le comble à sa popularité, et excita, en Grèce, un enthousiasme universel.

Le Comité des Jeux Olympiques, se faisant l'interprète des sentiments de reconnaissance de tous les Hellènes, réalisa avec le plus grand succès le vœu national, qui était d'ériger, au moyen d'une collecte panhellénique, un monument digne de l'illustre bienfaiteur. La statue M. Avéroff fut exécutée avec beaucoup d'art par M. G. Vroutos, statuaire des plus distingués d'Athènes. De grandeur naturelle, en marbre pentélique, elle représente le généreux donateur, debout, dans une noble attitude. Après de nombreuses délibérations, il fut décidé que la statue serait placée sur un simple piédestal, du côté droit de l'enceinte qui précède l'entrée du Stade L'inauguration de cette statue eut lieu avec toute la pompe possible, et fut, pour ainsi dire, le prélude des fêtes des Jeux Olympiques. Cette inauguration se fit le 24 mars, fête de Pâques, la veille du jour de l'ouverture officielle de Jeux Olympiques. La fête de Pâques revêt à Athènes, comme on le sait, un éclat particulier. Dès le matin, la foule commence à se diriger de toutes parts vers le Stade, et bien avant l'heure fixée l'affluence était déjà considérable, malgré les nuages menaçants qui

τεταγμένης ὥρας τῆς τελετῆς ἡ συμπύκνωσις ἦτο με-
γάλη, μολονότι ὁ καιρὸς ἐδείκνυε δυσμενεῖς διαθέσεις
καὶ ἡ ἡμέρα τοῦ Πάσχα εἶχεν ἀνατείλει συννεφώδης
καὶ ἀποκλίνουσα πρὸς τὴν βροχήν. Ὁ πρὸ τοῦ Σταδίου
περίβολος διὰ πυρετώδους ἐργασίας εἶχεν ἰσοπεδωθῇ
καὶ ἐξωραϊσθῇ, ἐπλατύνθη δὲ καὶ κατὰ ἓξ μέτρα ἑκα-
τέρωθεν, ἡ εἰς αὐτὸν ἄγουσα γέφυρα, προστεθεισῶν καὶ
ἑτέρων τοιούτων ξυλίνων πρὸς διευκόλυνσιν τῆς συγ-
κοινωνίας. Λόχος πεζικοῦ εἶχε παραταχθῇ ἐκεῖ τὴν
τάξιν δ' ἐτήρουν παρεκτὸς τῶν ἀστυνομικῶν ὀργάνων
καὶ οἱ ἐπὶ τούτῳ διορισθέντες κλητῆρες τοῦ Σταδίου,
φέροντες στολὴν ἰδίαν, χιτῶνα βυσσινόχρουν, μελαίνας
περισκελίδας καὶ λευκὸν κράνος. Ἐνωρὶς προσῆλθον
αἱ συντεχνίαι πᾶσαι τῆς πόλεως ἐν ὁλομελείᾳ μετὰ τῶν
λαβάρων αὐτῶν, προηγουμένης τῆς μουσικῆς· εἶτα οἱ
ἐπίσημοι προσκεκλημένοι, τὸ ὑπουργικὸν συμβούλιον,
οἱ βουλευταί, αἱ ἀρχαὶ τῆς πόλεως, οἱ εἰδικὴν ἐντολὴν
ἔχοντες διὰ τοὺς Ἀγῶνας ἐπίσημοι ξένοι, τὰ μέλη τοῦ
Συμβουλίου τῶν Ἀγώνων, τοῦ Διεθνοῦς κομιτάτου καὶ
τῶν διαφόρων ἐπιτροπῶν, οἱ ξένοι ἀθληταί, κλπ. Τὸ
θέαμα εἶνε λαμπρόν, τὸ πλῆθος δ' ὁλονὲν συμπυκνοῦ-
ται καταλαμβάνον τὸν ἐντὸς καὶ ἐκτὸς τοῦ περιβόλου
χῶρον καὶ τὰ πέριξ ὑψώματα, μολονότι δὲ ἡ βροχὴ
ἀρχίζει νὰ καταπίπτῃ καθισταμένη ῥαγδαία, οὐδεὶς ἀπο-
χωρεῖ, ἀλλὰ μένουσι πάντες εἰς τὴν θέσιν των, προσπα-
θοῦντες νὰ προφυλαχθῶσιν ὑπὸ τὰ ἀναπετασσόμενα
ἀναρίθμητα ἀλεξιβρόχια.

Μετὰ τὴν ἄφιξιν τοῦ Διαδόχου καὶ τῶν βασιλοπαίδων
Γεωργίου καὶ Νικολάου κατὰ τὴν 11 περίπου π. μ. ὁ

avaient assombri le lever du soleil. L'enceinte qui
précède l'entrée du Stade avait été aplanie et
décorée, le pont qui y conduit avait été élargi de
douze mètres, et des passerelles de bois avaient
été jetées sur l'Ilissus, afin de faciliter de la sorte
la communication d'une rive à l'autre. Aux abords
était rangée une compagnie d'infanterie. En de-
hors des agents de police, d'autres agents, choi-
sis par le Comité des Jeux Olympiques et qui
portaient le nom d'*agents du Stade*, veillaient au
maintien de l'ordre; leur uniforme se composait
d'une tunique grenat, de pantalons noirs et d'un
casque blanc. De très bonne heure, les diverses
corporations se rendent, bannière et musique en
tête, à l'endroit où doit avoir lieu la cérémonie;
viennent ensuite les invités officiels : le conseil
des ministres, les députés, les autorités munici-
pales commissaires étrangers, les membres du
Comité des Jeux, ceux du Comité international et
des diverses Commissions, les champions étran-
gers, etc. Le spectacle devient magique, la foule
augmente sans cesse et occupe l'intérieur et l'ex-
térieur de l'enceinte ainsi que les hauteurs envi-
ronnantes, et, malgré la pluie battante qui sur-
vient, personne ne se retire, mais chacun s'abrite
sous son parapluie.

Vers onze heures du matin, après l'arrivée du
Prince Héritier et des Princes Georges et Nicolas,
M. Timoléon Philémon, secrétaire général du

Comité, prononce nu-
tête et inondé par la
pluie un discours so-
lennel, dans lequel il
fait ressortir, en ter-
mes éloquents, la si-
gnification et la va-
leur du don de M.
Avéroff.

De frénétiques ap-
plaudissements cou-
vrent les dernières
paroles de l'orateur,
tandis que la musique
joue l'hymne composé
en l'honneur de M.
Avéroff. Le silence se
rétablit aussitôt a-
près, et S. A. R. le

γενικὸς γραμματεὺς τοῦ Συμβουλίου κ. Τιμολέων Φι-
λήμων ἀσκεπὴς καὶ περιλουόμενος ὑπὸ τῆς βροχῆς
ἀπαγγέλλει τὸν πανηγυρικὸν ἐξάρας δι᾽ εὐγλώττων
φράσεων τὴν σημασίαν τοῦ ἔργου.

Ἐνθουσιώδεις ζητωκραυγαὶ ἐκάλυψαν τοὺς εὐφρα-
δεῖς τοῦ ῥήτορος λόγους, ἐνῷ ἡ μουσικὴ ἀνακρούει τὸν
ἐπίτηδες ὑπὲρ τοῦ Ἀβέρωφ τονισθέντα ὕμνον. Ἀλλ᾽ ἡ
σιγὴ ἀποκαθίσταται ἀμέσως· ἡ Α. Β. Υ. ὁ Διάδοχος
Κωνσταντῖνος, ἱστάμενος μετὰ τῶν ἄλλων βασιλο-
παίδων πρὸ τοῦ ἀνδριάντος, λαμβάνει τὸν λόγον καὶ
ἀντιφωνεῖ ὡς ἑξῆς :

« Εἰς τὴν ἐγνωσμένην γενναιοδωρίαν τοῦ μεγάλου
πατριώτου Γεωργίου Ἀβέρωφ ὀφείλεται ἡ ἀνακαίνισις
τοῦ Παναθηναϊκοῦ Σταδίου, ἔργου διδόντος χαρακτῆρα
ἐθνικὸν εἰς τοὺς ἀναβιοῦντας Ὀλυμπιακοὺς Ἀγῶνας.

« Ἄξιος εὐγνωμοσύνης ἐθνικῆς, δι᾽ ὅσα ὑπὲρ τῆς πα-
τρίδος ἔπραξε, κατέστη ὁ Γεώργιος Ἀβέρωφ, διὸ βέ-
βαιος ὢν ὅτι συνεμορφούμην πρὸς τὴν ἐθνικὴν ἐπιθυμίαν,
ἀπεράτιτα μετὰ τοῦ περὶ ἐμὲ συμβουλίου τὴν ἵδρυσιν
τοῦ ἀνδριάντος τούτου διὰ χρήματος προελθόντος ἐκ
πανελληνίων ἐράνων.

« Εὔχομαι ἐπὶ μακρὸν νὰ ζήσῃ ἐπ᾽ ἀγαθῷ τῆς πα-
τρίδος ὁ μέγας πατριώτης καὶ λογίζομαι εὐτυχὴς ὅτι
ἐγώ, εἰς ἔνδειξιν τιμῆς ἀποκαλύπτω τὸν ἀνδριάντα του».

Καὶ προφέρων τὰς τελευταίας λέξεις ὁ Διάδοχος σύ-
ρει τὴν ταινίαν· ἡ καλύπτουσα τὸν ἀνδριάντα κυανό-
λευκος ἑλληνικὴ σημαία καταπίπτει καὶ προκύπτει ἡ
ἐπιβλητικὴ μορφὴ τοῦ γνησίου τέκνου τῆς Ἠπείρου.
Τὸ μαρμάρινον ὁμοίωμα μὲ τὴν δεξιὰν ὁπωσοῦν προ-
τεταμένην φαίνεται λέγον :

— Τὸ ἔργον ἐπερατώθη· πρόσελθε, λαὲ τῆς Ἑλλά-
δος, εἰς τὸ Στάδιον καὶ εἰς τὴν ἅμιλλαν τῶν εὐγενῶν
σωματικῶν ἀγώνων· θ᾽ ἀνακτήσῃς σὺν τῇ σωματικῇ

Prince Héritier, debout entre ses deux frères au
pied de la statue, répond dans les termes suivants :

« C'est grâce à un nouvel acte de munificence
» de M. Avéroff qu'est due la restauration du
» Stade Panathénaïque, et que, par là, le réta-
» blissement des Jeux Olympiques revêt un ca-
» ractère national.

» Par ses nombreuses libéralités, M. Avéroff a
» bien mérité de la patrie, c'est pourquoi Nous
» avons cru Nous faire l'interprète d'un vœu
» national en proposant au comité des Jeux Olym-
» piques de lui ériger une statue, au moyen d'une
» collecte panhellénique.

» Je souhaite, pour le bien du pays, de lon-
» gues années à ce généreux patriote, et je suis
» heureux de lui exprimer, comme témoignage
» d'honneur, le bonheur que j'éprouve de pré-
» sider à l'inauguration de sa statue».

En achevant ces paroles, le Prince Héritier tire
le cordon, le drapeau grec qui couvrait la statue
tombe aussitôt, et la figure imposante du noble
enfant de l'Épire apparaît aux yeux de tous.
Cette statue de marbre pentélique semble, par
le geste du bras droit étendu, dire à la foule :

« L'œuvre est achevée, accourez au Stade,
» peuple Grec, et, par l'émulation des nobles jeux
» gymniques, vous retrouverez, avec la vigueur
» corporelle, la force morale de l'antique et glo-
» rieuse Hellade ».

L'assemblée frémit d'enthousiasme. La pluie
tombe à verse, mais personne n'y fait attention,
et l'émotion de la foule se traduit par les cris
mille fois répétés de Vive le Prince Héritier !

— 49 —

ρώμη καὶ τὸ ἠθικὸν σθένος τῆς ἐνδόξου ἀρχαίας Ἑλ-
λάδος.

Φρικίασις ἱερὰ συνέχει τὰ πλήθη. Ἡ βροχὴ πίπτει
κρουνηδόν, ἀλλ᾽ οὐδεὶς τὴν συλλογίζεται. Τέλος ἡ συγ-
κίνησις ἐκσπᾷ εἰς μίαν μυριόστομον ζητωκραυγὴν ὑπὲρ
τοῦ Διαδόχου, ὑπὲρ τοῦ Ἀβέρωφ, ὑπὲρ τοῦ Ἔθνους. Οἱ
ὀφθαλμοὶ ὑγραίνονται, οἱ πῖλοι ἀνασείονται καὶ ἰσχυρὰ
πνοὴ ἐνθουσιασμοῦ συγκλονίζει ὅλας ἐκείνας τὰς χιλιά-
δας τῶν θεατῶν.

Προσέρχεται κατόπιν ὁ κ. Π. Βαλαωρίτης πρόεδρος
τῆς Φιλαρμονικῆς Ἑταιρίας Ἀθηνῶν, ἧς εὐεργέτης
τυγχάνει ὁ Ἀβέρωφ καὶ καταθέτει παρὰ τὸ βάθρον τοῦ
ἀνδριάντος δάφνινον στέφανον φέροντα τὴν ἐπιγραφὴν
«Τῷ μεγάλῳ τοῦ Ἔθνους εὐεργέτῃ» προσφωνῶν ἅμα
δι᾽ ὀλίγων.

Ἀλλὰ τὸ ἐνδιαφέρον καὶ τὴν συγκίνησιν τῶν παρε-
στώτων εἰς ὕψιστον βαθμὸν ἐπιτείνει ἡ πρᾶξις τῶν ἀγα-
πητῶν Οὔγγρων ἀθλητῶν. Ὁ προϊστάμενος αὐτῶν κ.
Κεμένυ προχωρεῖ πρὸς τὸν ἀνδριάντα κρατῶν τὸν ἐπὶ
τούτῳ κομισθέντα μέγαν ἐκ δάφνης στέφανον μετὰ κυα-
νολεύκων ταινιῶν καὶ καταθέτει αὐτὸν ἐκ μέρους τῶν
Οὔγγρων ἀθλητῶν.

Ὁ Διάδοχος καὶ οἱ βασιλόπαιδες ἀφοῦ συνεχάρησαν
τὸν κ. Κεμένυ καὶ τοὺς ὁμοεθνεῖς του ἀθλητὰς ἀπέρ-
χονται ὑπὸ τὰς ἠχηρὰς ζητωκραυγὰς καὶ τὸ πλῆθος
διαλύεται, ἐνῷ ἡ βροχὴ ἐξακολουθεῖ νὰ καταπίπτῃ
ῥαγδαία.

Καὶ ἔληξεν οὕτως ἡ σεμνὴ τελετή, ἣν ἀνήγγειλε
πρὸς τὸν Ἀβέρωφ ὁ Διάδοχος διὰ τηλεγραφήματός του.

Πρώτη ἡμέρα τῶν Ἀγώνων. 25 Μαρτίου.

Αἰθριωτέρα ἀνέτειλεν ἡ ἐπομένη ἡμέρα, καθ᾽ ἣν
ἐπρόκειτο νὰ γείνῃ ἡ ἐπίσημος τῶν Ἀγώνων ἔναρξις.
Ἦτο ἡ 25 Μαρτίου, ἡ ἡμέρα τῆς ἐθνικῆς ἑορτῆς, ἥτις
ἀφ᾽ ὅτου ἴσως ἐθεσπίσθη δὲν ἔτυχε νὰ πανηγυρισθῇ
μετὰ μεγαλειτέρας πομπῆς. Ἡ κίνησις ἦτο ἀπερίγρα-
πτος ἀπὸ τὰς πρωϊνὰς ἤδη ὥρας εἰς τὰς ὁδοὺς Σταδίου
καὶ Ἑρμοῦ καὶ εἰς τὴν πλατεῖαν τοῦ Συντάγματος,
πάσας ἑορτασίμως διακεκοσμημένας, κατὰ πᾶσαν δὲ
στιγμὴν ἀντήχουν οἱ φαιδροὶ παιᾶνες τῶν διαφόρων
φιλαρμονικῶν, Ζακύνθου, Λευκάδος, Λαυρίου, Πα-
τρῶν κλπ., αἵτινες κατέφθανον χάριν τῶν Ἀγώνων καὶ
παρετάσσοντο εἰς τὴν πλατεῖαν τοῦ Συντάγματος. Ἡ
μετάβασις τῆς Βασιλικῆς οἰκογενείας μετὰ τῶν παρε-
πιδημούντων ξένων καὶ τῆς ἀκολουθίας αὐτῶν εἰς τὸν
Μητροπολιτικὸν ναὸν διὰ τὴν δοξολογίαν καὶ ἡ ἐπάνο-
δος ἐγένοντο θριαμβευτικῶς ἐν τῷ μέσῳ ἐνθουσιωδεστά-
των ζητωκραυγῶν.

Vive M. Avéroff ! Vive la Nation ! Les yeux s'hu-
mectent de larmes, les chapeaux s'agitent de
toutes parts, et un courant d'enthousiasme indes-
criptible parcourt tous les rangs de ces milliers
de spectateurs.

S'avance ensuite M. Valaoritis, président de la
Société Philharmonique d'Athènes, de laquelle M.
Avéroff est l'un des premiers bienfaiteurs, et,
après une courte allocution, il dépose au pied du
monument une couronne de laurier qui porte
l'inscription suivante : « Au grand bienfaiteur
de la Nation ». L'intérêt et l'émotion de la foule
redoublent ensuite, lorsque le président des ath-
lètes Hongrois, M. Kémény, s'avance et dépose
au pied du monument une immense couronne de
laurier, ornée de rubans aux couleurs nationales.

Sur les rubans de la couronne, était imprimée,
en grec et en hongrois, l'inscription suivante :
« Au bienfaiteur des Jeux Olympiques, les Ma-
gyars ».

Cette délicate attention des Hongrois électrise
la foule, qui les acclame et s'écrie : « Vive la
Hongrie ! » Les Magyars émus répondent à cette
manifestation d'enthousiasme par leur vivat na-
tional.

Le Prince Héritier et ses deux frères, après
avoir exprimé leurs remerciements à M. Kémény
et à ses concitoyens, se retirent au milieu des
acclamations de la foule, qui se disperse peu à
peu, tandis que la pluie continue à tomber à verse.

C'est ainsi que se termina l'inauguration de la
statue de M. Avéroff. Le Prince Héritier en fit
part aussitôt au généreux donateur.

Première Journée des Jeux. 25 Mars.

Le lendemain, jour fixé pour l'inauguration
des Jeux Olympiques, le temps parut moins in-
quiétant. C'était le 25 Mars, jour où la Grèce
célèbre sa fête nationale, qui jamais, peut-être,
depuis son institution, n'avait revêtu un tel éclat.
Dès le matin, le mouvement et l'animation qui
régnaient dans les rues d'Hermès, du Stade et
sur la place de la Constitution, offraient un spec-
tacle indescriptible. A tout instant, retentissaient
les airs joyeux des musiques envoyées par les
Sociétés Philharmoniques de Zante, de Leucade,
de Laurium, de Patras, etc., qui venaient prendre
part aux fêtes des Jeux Olympiques et qui se ren-

Τὸ πλῆθος ἐν τούτοις κατέχει ζωηρὰ προσδοκία διὰ τὸ ἀναμενόμενον θέαμα τῆς ἐνάρξεως τῶν Διεθνῶν Ὀλυμπιακῶν Ἀγώνων ἐν τῷ Σταδίῳ. Πάντες ἀπὸ πρωίας σπεύδουσι νὰ προμηθευθῶσιν εἰσιτήρια. Τὸ ἐν τῇ μεγάλῃ οἰκίᾳ Μελᾶ γραφεῖον τοῦ Συμβουλίου τῶν Ὀλυμπιακῶν Ἀγώνων κατὰ γράμμα πολιορκεῖται· περὶ τοὺς καθ' ὁδὸν δὲ πωλητὰς τῶν εἰσιτηρίων σχηματίζονται πυκνοὶ καὶ θορυβώδεις ὅμιλοι· ὅλοι διαγκωνίζονται συνθλιβόμενοι καὶ ζητοῦσι νὰ εὕρωσιν ὅσον τὸ δυνατὸν καλλιτέρας θέσεως εἰσιτήρια, ἐνῷ τὰ ἀστυνομικὰ ὄργανα ἐπιβλέπουσι νὰ μὴ ὑπερτιμῶνται ταῦτα ἐκ κερδοσκοπίας.

Ἀμέσως μετὰ τὴν μεσημβρίαν ἀρχίζει ἡ ἀτελεύτητος εἰς τὸ Στάδιον συρροή. Ἀπὸ πάντων τῶν σημείων τῆς πόλεως ἐκκινοῦσιν ὁμάδες πυκναὶ πολιτῶν πάσης τάξεως, πάσης ἡλικίας, παντὸς φύλου. Αἱ ἅμαξαι διασχίζουσι καλπάζουσαι τὰς ὁδούς, ἐνῷ αἱ σιδηροδρομικαὶ ἁμαξοστοιχίαι ἀκαταπαύστως μεταφέρουσιν ἀπὸ τοῦ Πειραιῶς καὶ τῶν περιχώρων φορτία ἀναριθμήτων ἐπιβατῶν. Ὁ συνωστισμὸς εἰς τὸν περὶ τὸ Ζάππειον χῶρον εἶνε ἀπερίγραπτος. Μία συμπαγὴς μάζα, ἥτις ὁλονὲν αὐξάνει καὶ πυκνοῦται μαυρίζει ἀπὸ τῆς γεφύρας τοῦ Σταδίου κατὰ πάσας τὰς διευθύνσεις, μόλις δὲ διακρίνονται ἐν τῷ μέσῳ τῆς βοῆς αἱ ὀξεῖαι φωναὶ τῶν πωλητῶν τῶν ἀναψυκτικῶν. Ἡ τάξις ὅμως διατηρεῖται ἄριστα· ἀστυφύλακες καὶ ἔφιπποι χωροφύλακες φρουροῦσι τὴν εἴσοδον τῆς λεωφόρου Ἡρώδου τοῦ Ἀττικοῦ, ὄπισθεν τοῦ Ἀνακτορικοῦ κήπου καὶ τὴν λεωφόρον Ὄλγας παρὰ τὸ Ἄντρον τῶν Νυμφῶν ἀπαγορεύουσαι τὴν δίοδον εἰς τὰς ἁμάξας. Μόνον εἰς τὰς ἁμάξας τῶν ἀρχῶν καὶ τῶν ἐπισήμως προσκεκλημένων ἐπιτρέπεται ἡ διάβασις καὶ ἡ στάθμευσις πρὸ τῆς γεφύρας. Ἐν τοσούτῳ τὰ κύματα τοῦ πλήθους ἐξωθοῦνται πρὸς τὰς εἰσόδους. Πρὸς ἀποφυγὴν τοῦ μεγάλου συνωστισμοῦ ὡρίσθη ὅπως οἱ ἔχοντες εἰσιτήρια διὰ τὰς κερκίδας τοῦ ἄνω διαζώματος εἰσέρχωνται διὰ τῶν προσωρινῶς στη-

daient toutes, en ce moment, à la place de la Constitution. Vers 11 heures, la famille royale et les princes étrangers présents à Athènes se rendent à l'église métropolitaine, où l'on chante un Te Deum. Sur tout son parcours, le cortège royal est vivement acclamé.

Mais ce qui excite par dessus tout l'intérêt de la foule, c'est l'attente de l'ouverture des Jeux Olympiques internationaux, dont l'inauguration doit avoir lieu l'après-midi, au Stade Panathénaïque. Dès le matin, tous s'empressent de se procurer des billets d'entrée. La grande maison Mélas, où se trouvent les bureaux du comité des Jeux Olympiques, est littéralement assiégée par une foule immense. Dans les rues, des groupes nombreux et bruyants se forment autour des revendeurs de billets. Tous se pressent, se heurtent pour obtenir les meilleures places, et la police est obligée d'intervenir pour empêcher toute tentative de spéculation.

A partir de midi, la foule commence à affluer vers le Stade. De tous les points de la ville, se mettent en marche de nombreux groupes composés de personnes de tout âge et de toute condition. Les voitures lancées à toute vitesse traversent les rues, tandis que des trains continuels transportent, du Pirée à Athènes, une foule in-

θεατῶν ξυλίνων γεφυρῶν ἑκατέρωθεν τῆς μεγάλης λιθί-
νης. Εἰς τὸ μέσον τῆς τελευταίας ταύτης ἐτέθη φραγμὸς
ἐκ δοκῶν, ζώνη δὲ στρατιωτῶν φρουροῦσα ἐπιτρέπει τὴν
εἴσοδον εἰς τοὺς ἐπιδεικνύοντας τὸ εἰσιτήριον. Εἰς τὰς
ἑκατέρωθεν τῆς προσόψεως εἰσόδους ἐπιδεικνύεται πάλιν
τὸ εἰσιτήριον εἰς τοὺς θυρωροὺς καὶ τοὺς ἰδιαιτέρους τοῦ
Σταδίου φύλακας, μεθ' ὃ εἰσέρχονται οἱ θεαταὶ καὶ
καταλαμβάνουσι τῇ ὑποδείξει τῶν ἐπὶ τούτῳ ὑπαλλή-
λων θέσιν ἕκαστος εἰς τὴν σημειουμένην ἐπὶ τοῦ εἰσι-
τηρίου του κερκίδα. Οἱ ἔχοντες εἰσιτήριον διὰ τὰς κερ-
κίδας τοῦ ἀνωτέρου διαζώματος ἀνέρχονται εἰς αὐτὰς
διὰ τῶν ἑκατέρωθεν τῆς προσόψεως κλιμάκων. Ἡ ἀνω-
τάτη ἀστυνομικὴ ἐποπτεία τοῦ Σταδίου ἀνετέθη εἰς τὸν
συνταγματάρχην τοῦ μηχανικοῦ κ. Νικ. Μεταξᾶν,
ἔχοντα ὑπὸ τὰς διαταγάς του διαφόρους ἀξιωματικοὺς
κατωτέρους, ἐκτελοῦντας χρέη κοσμητόρων παρ' ἑκά-
στην κερκίδα. Τὴν τάξιν φρουροῦσι στρατιῶται ἔνοπλοι
κατ' ἀποστάσεις τεταγμένοι ἐπὶ τῶν ἀγουσῶν εἰς τὰς
κερκίδας κλιμάκων.

Τὸ πλῆθος εἰσέρχεται ἀθρόον καὶ πολὺ πρὸ τῆς τε-
ταγμένης διὰ τὴν ἔναρξιν 3 ½ μ. μ. ὥρας τὸ μεγα-
λείτερον μέρος τοῦ ἀχανοῦς Σταδίου ἔχει καταληφθῆ
ὑπὸ τῶν θεατῶν. Μία κερκὶς παρὰ τὴν σφενδόνην εἶνε
προωρισμένη διὰ τοὺς βουλευτάς. Ἑτέρα εἶνε προωρι-
σμένη διὰ τοὺς ἀξιωματικούς· ἄλλη διὰ τοὺς προσκε-
κλημένους ἐπισήμους ξένους. Ἡ ὑπ' ἀριθ. 10 τοῦ
δεξιοῦ σκέλους ὡρίσθη διὰ τοὺς ἀντιπροσώπους τοῦ τύ-
που. Τὸ θέαμα εἶνε ἐξαίσιον· αἱ ποικίλαι ἀμφιέσεις τῶν
κυριῶν, οἱ πέτασοι καὶ τὰ σειόμενα ῥιπίδια ἐν τῷ μέσῳ
τῆς ἀμαυρᾶς μάζης τῶν μυριάδων θεατῶν, αἱ στίλ-
βουσαι στολαὶ καὶ τὰ λοφία τῶν ἀξιωματικῶν, αἱ κυ-
ματίζουσαι σημαῖαι, ἡ πυκνὴ ζώνη τῶν ἄνευ εἰσιτηρίου
θεατῶν, οἵτινες κατέχουσι τὴν στεφάνην τοῦ ἐπὶ τῆς
κορυφῆς λιθίνου τείχους, ἀποτελοῦσι σύνολον περίερ-
γον καὶ ἐπιβλητικόν. Γραφικὸν θέαμα ἰδίως ἀποτε-
λεῖ ὁ ὑπεράνω τοῦ δεξιοῦ σκέλους λοφίσκος κατει-
λημμένος μέχρι σπιθαμῆς ὑπὸ ἀναριθμήτων θεατῶν,
οἵτινες ἀποτελοῦσι, φαινόμενοι ἐκ τοῦ ἐσωτερικοῦ τοῦ
Σταδίου, ἀλλόκοτον σύμπλεγμα κεφαλῶν. Ἡ διακόσμη-
σις τοῦ Σταδίου εἶνε ἐξαίρετος. Παρὰ τὴν πρόσοψίν εἰ-
σιν ἐστημένοι πανύψηλοι ἱστοὶ μετὰ λαβάρων καὶ θυ-
ρεῶν, ἑκατέρωθεν δὲ δύο ὁμοιώματα ἀρχαίων τριπόδων.
Ὁλόγυρα παρὰ τὸν λίθινον περίβολον κοντοὶ μετὰ θυ-
ρεῶν· παρὰ τὴν σφενδόνην ἐστήθησαν οἱ ἀνευρεθέντες
κατὰ τὴν ἀνασκαφὴν τοῦ ἀρχαίου στίβου δύο λίθινοι
Ἑρμαῖ. Ἐπὶ τῶν βάθρων τῶν κερκίδων εἰσὶ τοποθετη-
μένα μικρὰ μαξιλάρια, ἐφ' ὧν κάθηνται οἱ θεαταί. Ἐπὶ
τῆς κονίστρας καὶ τοῦ στίβου περιέρχονται τὰ μέλη

nombrable de voyageurs. Un immense rassem-
blement occupe tous les alentours du Zappéion.
Une masse noire, qui grandit toujours, couvre
tous les chemins qui aboutissent au pont du
Stade, et, au milieu du murmure confus de la
foule, on distingue à peine les cris perçants des
vendeurs de rafraîchissements. Au milieu de
cette cohue, l'ordre le plus parfait ne cesse pour-
tant de régner. Des agents de police et des gen-
darmes à cheval sont placés sur le boulevard
d'Hérode Atticus, situé derrière le jardin royal,
et sur le boulevard Olga, près de la grotte des
Nymphes, pour empêcher la circulation des voi-
tures. Il n'est permis qu'aux carrosses des auto-
rités et à ceux des invités officiels de passer par
ces avenues ou de stationner vis-à-vis du pont.
Pendant ce temps, la foule s'accumule aux diffé-
rentes entrées. Afin d'éviter autant que possible
l'encombrement, il avait été réglé que les specta-
teurs des rangées supérieures entreraient par
des passerelles de bois, parallèles au pont de
pierre. Au milieu de ce dernier était une barrière
gardée par des soldats, qui ne laissaient passer
que les personnes munies de billets. A l'entrée
du Stade on devait de nouveau présenter son
billet à des gardes préposés, à cet effet, après
quoi, les spectateurs pouvaient pénétrer dans le
Stade et occuper leurs places respectives, qui leur
étaient indiquées par des employés spéciaux. Les
spectateurs des rangées supérieures montaient
par les escaliers pratiqués aux deux extrémités
de la façade. La police du Stade avait été confiée
à M. Métaxas, colonel du génie, ayant sous ses
ordres des officiers subalternes, préposés à cha-
cune des kerkides. De distance en distance, placés
sur les escaliers, des soldats veillaient au main-
tien de l'ordre.

La foule envahit le Stade et, bien avant l'heure
fixée pour l'inauguration des Jeux, la plupart des
places étaient déjà occupées. Une des kerkides de
la sphendoné était réservée aux députés officiels.
En ce moment le spectacle est magique : les toi-
lettes diverses des dames, leurs coiffures variées,
le mouvement de leurs éventails au milieu de la
masse noire de plusieurs milliers de spectateurs,
les brillants uniformes et les aigrettes des officiers,
les couleurs éclatantes des drapeaux flottants,
l'enceinte vivante des spectateurs qui, dépourvus

τῶν διαφόρων ἐπιτροπῶν, οἱ κοσμήτορες καὶ οἱ ἄλλοι ὑπάλληλοι. Εἶτα εἰσέρχονται κατὰ σειρὰν παιανίζουσαι καὶ τοποθετοῦνται αἱ διάφοροι μουσικαί.

Μετὰ προσδοκίαν ἐναγώνιον ἀφικνεῖται ἡ Βασιλικὴ οἰκογένεια κατὰ τὴν 3 ¹/₄ μ. μ. Πάραυτα ὁ Διάδοχος, ὁ βασιλόπαις Γεώργιος, πρόεδρος τῆς Ἐφορίας τῶν Ἀγώνων, τὸ προσελθὸν ἤδη Ὑπουργικὸν Συμβούλιον, πάντες οἱ ἐν τέλει καὶ τὰ μέλη τῶν διαφόρων ἐπιτροπῶν σπεύδουσι πρὸς τὴν εἴσοδον. Μετ' ὀλίγον ἐμφανίζεται ἡ βασιλικὴ συνοδεία βαδίζουσα διὰ μέσου τῆς

κονίστρας. Προηγεῖται ἡ Α. Μ. ὁ Βασιλεὺς φέρων στολὴν στρατηγοῦ τοῦ πεζικοῦ, καὶ ἡ Α. Μ. ἡ Βασίλισσα φέρουσα λευκὴν ἐσθῆτα. Ἕπονται ἡ βασιλόπαις Μαρία μετὰ τοῦ μνηστῆρός της μεγάλου δουκὸς Γεωργίου Μιχαήλοβιτζ, ἡ πριγκίπισσα Σοφία, καὶ τὰ λοιπὰ μέλη τῆς Βασιλικῆς οἰκογενείας, ἡ ἀκολουθία αὐτῶν, οἱ ὑπουργοί, οἱ ἐν τέλει καὶ αἱ ἐπιτροπαί. Αἱ μουσικαὶ ἀνακρούουσι τὸν βασιλικὸν ὕμνον, οἱ δὲ θεαταὶ ἐγειρόμενοι ὄρθιοι χαιρετίζουσι δι' ἐπευφημιῶν τοὺς Βασιλεῖς. Ἡ στιγμὴ εἶνε συγκινητικὴ καὶ τὸ θέαμα ἀποτελεῖ εἰκόνα ὑπερόχου μεγαλείου.

Οἱ Βασιλεῖς κάθηνται ἐπὶ τῶν βασιλικῶν μαρμαρίνων θώκων ἐπεστρωμένων διὰ πορφύρας καὶ χαιρετί-

de billets, occupaient le sommet des collines qui environnent le Stade, tout cela forme un ensemble tout à la fois curieux et imposant. Le monticule qui domine le bras droit du Stade offre surtout un spectacle pittoresque : vu de l'intérieur du Stade, il semble composé d'une pyramide de têtes. La décoration du Stade est réellement splendide. A l'entrée, sont placés des mâts élevés, surmontés d'étendards et ornés d'écussons ; de chaque coté de la façade sont des trépieds imités de l'art an-

tique ; tout autour de l'enceinte du Stade sont des hampes ornées d'écussons ; de chaque coté de la sphendoné sont placés les hermès découverts pendant les fouilles. Les gradins sont recouverts de petits coussins, sur lesquels s'assoient les spectateurs. Dans l'arène et le champ de course, se promènent les membres des diverses commissions, les doyens et autres fonctionnaires. Les musiques font ensuite leur entrée en jouant divers morceaux.

A trois heures et quart la famille royale fait son entrée. A ce moment, le Prince Héritier, le Prince Georges, le président de la commission

ζουσι τοὺς παρεστῶτας. Δεξιόθεν κάθηνται οἱ ὑπουργοί, τὰ μέλη τῆς Ἱερᾶς Συνόδου καὶ ὁ ἐν Ἀθήναις ξένος κλῆρος, ἐν ᾧ καὶ ὁ παρεπιδημῶν ἔξοχος Γάλλος ἱεροκῆρυξ Πὲρ-Διδόν. Ἀριστερόθεν τὸ διπλωματικὸν σῶμα, ἡ βασιλικὴ ἀκολουθία, οἱ ξένοι ἀντιπρόσωποι κλπ. Εἶτα ὁ Διάδοχος προχωρεῖ εὐσεβάστως πρὸ τοῦ Ἄνακτος ἔχων παρ' αὐτῷ τὰ μέλη πασῶν τῶν ἐπὶ τῶν Ἀγώνων ἐπιτροπῶν καὶ ἀποτείνει τὴν ἑξῆς προσφώνησιν, ἐνῷ οἱ θεαταὶ πάντες ἀνίστανται ὄρθιοι :

« Βασιλεῦ !

« Ἡ ἐκπλήρωσις τῆς ἀποφάσεως τοῦ ἐν Παρισίοις συνελθόντος διεθνοῦς συνεδρίου τῶν Ὀλυμπιακῶν Ἀγώνων ὅπως οὗτοι τελεσθῶσι τὸ πρῶτον ἐν Ἀθήναις, ἐπεβάλλετο εἰς χώραν ἐν ᾗ οὗτοι ἐγεννήθησαν καὶ ἐν ᾗ τοσούτῳ ἤκμασαν.

« Πρὸς ἐκτέλεσιν τῆς ἀποφάσεως ταύτης ἐγένετο, ἐν χρόνῳ σχετικῶς βραχεῖ ὅ,τι ἦτο δυνατόν, πέπεισμαι δὲ ὅτι αἱ ἀτέλειαι τοῦ ἐγχειρήματος θὰ κριθῶσιν ἐν δικαίᾳ ἐπιεικείᾳ καὶ διὰ τὸ φύσει δυσχερὲς αὐτοῦ καὶ διὰ τὴν ἔλλειψιν τῶν ἐκ κεκτημένης πείρας διδαγμάτων.

« Διὰ κοινῶν εὐγενῶν ἀγώνων συνδέεται σήμερον, Βασιλεῦ, ἡ Ἑλλὰς στενότερον μετὰ τοῦ λοιποῦ πεπολιτισμένου κόσμου ἐν αὐτῷ τούτῳ τῷ τόπῳ, ὅστις τόσας ἀνακαλεῖ ἀναμνήσεις, ἐν τῷ Σταδίῳ τῷ Παναθηναϊκῷ, τὸ ὁποῖον ἀνακαινίζει ὁ γενναιόφρων πατριώτης Γεώργιος Ἀβέρωφ.

« Εἴθε, Βασιλεῦ, ἡ ἀναβίωσις τῶν Ὀλυμπιακῶν Ἀγώνων νὰ κρατύνῃ τοὺς δεσμοὺς τῆς ἀμοιβαίας ἀγάπης τοῦ Ἑλληνικοῦ καὶ τῶν ἄλλων λαῶν, ὧν τοὺς διὰ τοὺς Ὀλυμπιακοὺς Ἀγῶνας ἀντιπροσώπους εὐτυχεῖς λογιζόμεθα φιλοξενοῦντες ἐνταῦθα. Εἴθε νὰ ἐπιρρώσῃ τὰς σωματικὰς ἀσκήσεις καὶ τὸ ἠθικὸν φρόνημα καὶ νὰ συντελέσῃ εἰς τὴν διάπλασιν νέας ἑλληνικῆς γενεᾶς ἀξίας τῶν προγόνων της.

« Ἐπὶ ταύτῃ τῇ προσδοκίᾳ παρακαλῶ, Βασιλεῦ, νὰ εὐδοκήσῃς νὰ κηρύξῃς τὴν ἐπ' αἰσίοις ἔναρξιν τῶν πρώτων Διεθνῶν Ὀλυμπιακῶν Ἀγώνων ».

Ὁ Βασιλεὺς τότε μὲ φωνὴν ἠχηρὰν ἀπήντησε :

« Κηρύττω τὴν ἔναρξιν τῶν πρώτων ἐν Ἀθήναις Διεθνῶν Ὀλυμπιακῶν Ἀγώνων.

« Ζήτω τὸ Ἔθνος ! Ζήτω ὁ Ἑλληνικὸς Λαός ! »

Καὶ ἤγειρε τὴν δεξιάν. Παράυτα βροντώδεις ἐξερράγησαν καθ' ὅλον τὸν ἀπέραντον χῶρον ἐπευφημίαι ἀπαντῶσαι εἰς τὴν βασιλικὴν ἐπιφώνησιν.

Τῆς σιγῆς ἀποκατασταθείσης, αἱ μουσικαὶ πᾶσαι συγκεντροῦνται εἰς τὸ μέσον τῆς κονίστρας, ἑνοῦται δὲ μετ' αὐτῶν καὶ πολυμελὴς θίασος ἐξ ἐγχόρδων ὀργάνων καὶ ὅμιλος πολυάριθμος ἀοιδῶν. Τὴν διεύθυνσιν πάσης

des Jeux, le Conseil des Ministres, les autorités et les membres des diverses commissions vont à sa rencontre, à l'entrée du Stade. Quelques instants après, la famille royale s'avance au milieu de l'arène. En tête sont le Roi, en tenue de général d'infanterie, et la Reine vêtue de blanc, viennent ensuite la Princesse Marie et son fiancé, le Grand-duc Georges Michaïlovitch, la Princesse Sophie et les autres membres de la famille royale suivie du personnel de la Cour, du conseil des ministres, des autorités civiles et militaires, et des commissions des Jeux. Les musiques entonnent l'hymne royal, les spectateurs debout se découvrent et acclament les souverains. Ce moment est saisissant, et le spectacle, indescriptible.

Les Souverains prennent place sur les sièges de marbre, recouverts de velours rouge, qui leur sont réservés. A droite s'assoient les ministres, les membres du Saint-Synode, et quelques ecclésiastiques étrangers parmi lesquels figure le célèbre Père Didon ; à gauche, le corps diplomatique, la Cour, les représentants des comités étrangers, etc. En ce moment, le Prince Royal, suivi des membres de chacune des commissions, s'avance vers le Roi, et lui adresse l'allocution suivante que tous les spectateurs écoutent debout:

Sire,

« L'exécution de la résolution du Congrès in-
» ternational de Paris, portant que les Jeux
» Olympiques seraient célébrés pour la première
» fois à Athènes, s'imposait à notre pays qui vit
» naître et prospérer ces Jeux.

» Dans le temps relativement court dont nous
» disposions, nous avons fait tous nos efforts pour
» donner à cette solennité le plus d'éclat possible.
» Aussi suis-je convaincu que l'on appréciera
» avec une bienveillante indulgence les lacunes
» qui ont dû se produire dans l'organisation, vu
» les difficultés qu'elle comportait et le manque
» d'enseignements que l'expérience seule peut
» donner.

» Par les nobles luttes qui vont avoir lieu dans
» le Stade Panathénaïque, restauré par le géné-
» reux patriote Georges Avéroff, la Grèce établit
» de nouveaux liens avec le reste du monde
» civilisé.

» Dieu veuille, ô Roi, que la renaissance des
» Jeux Olympiques resserre les liens d'amitié

ταύτης τῆς μουσικῆς συναθροίσεως ἀναλαμβάνει ὁ δια-
κεκριμένος Ἕλλην μουσουργὸς κ. Σπυρίδων Σαμάρας,
εἰς ὃν τὸ Συμβούλιον τῶν Ὀλυμπιακῶν Ἀγώνων ἀνέ-
θηκε τὴν μελοποίησιν τοῦ Ὕμνου τῶν Ἀγώνων, ὃν τῇ
παραγγελίᾳ αὐτοῦ ἀνέθηκεν ὁ ἐμπνευσμένος ποιητὴς κ.
Κωττῆς Παλαμᾶς. Τὸ ποίημα ἔχει ὡς ἑξῆς :

Ἀρχαῖον πνεῦμα ἀθάνατον, ἁγνὲ πατέρα
Τοῦ ὡραίου, τοῦ μεγάλου καὶ τ' ἀληθινοῦ,
Κατέβα, φανερώσου, κι' ἄστραψ' ἐδῶ πέρα
Στὴ δόξα τῆς δικῆς σου γῆς καὶ τ' οὐρανοῦ.

Στὸ δρόμο καὶ στὸ πάλαιμα καὶ στὸ λιθάρι,
Στῶν εὐγενῶν ἀγώνων λάμψε τὴν ὁρμή
Καὶ μὲ τ' ἀμάραντο στεφάνωσε κλωνάρι
Καὶ σιδερένιο πλάσε κι' ἄξιο τὸ κορμί.

Κάμποι βουνὰ καὶ πέλαγα φέγγουν μαζί σου
Σὰν ἕνας λευκοπόρφυρος μέγας ναός
Καὶ τρέχει στὸν ναὸν ἐδῶ προσκυνητής σου,
Ἀρχαῖον πνεῦμ' ἀθάνατον, κάθε λαός.

Ἀπὸ τὰ τόσα στόματα τῶν ἀοιδῶν καὶ ἀπὸ τὰς
ἑκατοστύας ἐκείνας τῶν ὀργάνων διαχέεται κῦμα βα-
ρύηχον ἁρμονίας καὶ δονεῖται ὁ ἀήρ. Ὁ ὕμνος ἐκεῖνος
ὁ ψαλλόμενος ἐν ὑπαίθρῳ ὑπὸ τὸ ἀγλαὸν φέγγος τοῦ
ἡλίου καὶ ἐπὶ παρουσίᾳ μυριάδων θεατῶν κατεχομένων
ὑπὸ εὐλαβοῦς συγκινήσεως ἔχει τι τὸ ἐξόχως ἀρχαιο-
πρεπές. Ἡ μουσικὴ σύνθεσις τοῦ κ. Σαμάρα κρίνεται
γενικῶς ὡς ἐπιτυχεστάτη. Τὸ μέλος ἤπιον καὶ ἤρεμον
ἐν ἀρχῇ ἐμψυχοῦται βαθμηδὸν καὶ ἀνέρχεται εἰς τόνους
ζωηροτέρους, ἀπολήγει δὲ εἰς ἠχηροτάτην ἔντασιν, εἰς
συναυλίαν φωνῶν καὶ ἤχων θριαμβευτικὴν καὶ μεγα-
λοπρεπῆ, ἐμποιοῦσαν ζωηροτάτην αἴσθησιν. Οἱ ἀναρίθ-
μητοι ἀκροαταὶ ἐνθουσιῶντες καλύπτουσι διὰ παταγω-
δῶν χειροκροτημάτων τὸ τέλος τοῦ ὕμνου, πάντες δέ,
πρωτοστατοῦντος τοῦ Βασιλέως, ζητοῦσι τὴν ἐπανά-
ληψιν αὐτοῦ, ἥτις καὶ ἐκτελεῖται ὑπὸ τὰς αὐτὰς ἐνθου-
σιώδεις ἐνδείξεις τῆς ἐπιδοκιμασίας.

Ἤδη ἡ ἱερὰ στιγμὴ ἐπέστη. Οἱ ἀγῶνες πρόκειται
ν' ἀρχίσωσιν. Ἤδη οἱ εἰς αὐτοὺς ἐγγραφέντες ἀγωνι-
σταὶ τῶν διαφόρων ἐθνικοτήτων εἶχον παραταχθῆ εἰς
διπλοῦν στοῖχον ἐν τῷ στίβῳ κατὰ τὴν ἄρξιν τῆς Β.
Οἰκογενείας, προσελκύοντες διὰ τῆς ἁρμονικῆς τοῦ σώ-
ματος διαπλάσεως τὴν κοινὴν περιέργειαν. Ἀκούεται
ἦχος σάλπιγγος· ὁ πρῶτος ἀγὼν θὰ λάβῃ χώραν. Αἱ
μουσικαὶ παραμερίζουσιν ἐκ τῆς κονίστρας καὶ τοποθε-
τοῦνται εἰς διαφόρους κερκίδας, ὁπόθεν κατὰ διαλείμ-
ματα ἀνακρούουσιν ἐμβατήρια.

Ἀπὸ τοῦ ἐν τῇ σήραγγι ἀποδυτηρίου ἐξέρχονται οἱ
ἀγωνισταὶ οἵτινες θὰ συμμετάσχωσι τοῦ πρώτου ἀγω-

» réciproque du peuple hellénique et des autres
» peuples, dont nous sommes heureux d'accueillir
» ici les représentants, pour la célébration des
» Jeux Olympiques. Dieu fasse qu'elle ranime
» les exercices corporels et le sentiment national,
» et qu'elle contribue à la formation d'une nou-
» velle génération grecque, digne de celle de ses
» aïeux.

» Dans cette espérance, je prie Votre Majesté
» de daigner proclamer l'ouverture des Jeux
» Olympiques, qui va se faire sous de si heureux
» auspices ».

S. M. le Roi se lève alors, et, d'une voix sonore,
prononce les paroles suivantes :

« Je proclame l'ouverture des premiers Jeux
» Olympiques internationaux à Athènes ».

Des milliers d'acclamations répondent de tous
côtés à ces paroles du Roi.

νίσματος. Φέρουσι πάντες περιβολὴν ἐλαφρὰν καὶ εὔ-
ζωνον, χιτῶνα ἐκ φλανέλλας, βραχείας περισκελίδας
καὶ ἐλαφρὰ ὑποδήματα, ἐπὶ τοῦ στήθους δ᾽ ἕκαστος
τὸν ἀριθμόν του κατὰ τὴν τάξιν τῆς ἐγγραφῆς. Εἶνε
εἴκοσι καὶ εἷς τὸν ἀριθμὸν καὶ ἐπειδὴ δὲν δύνανται νὰ
τρέξωσιν ὅλοι ὁμοῦ, διαιροῦνται εἰς τρεῖς τάξεις. Αἱ
Ὀλυμπιακαὶ ἀρχαί εἰσι κατηρτισμέναι ὡς ἑξῆς :

Πρόεδρος : Ἡ Α. Β. Υ. ὁ Διάδοχος Κωνσταντῖνος.

Ἔφοροι : Ἡ Α. Β. Υ. ὁ πρίγκηψ Γεώργιος, πρόε-
δρος, Ι. Φωκιανός, ὁ μετ᾽ ὀλίγον ἀποβιώσας πολύ-
κλαυστος καθηγητὴς τῆς γυμναστικῆς, ἀντιπρόεδρος,
Ν. Πολίτης, καθηγητὴς τοῦ Πανεπιστημίου, Ι. Γενή-
σαρλης, λοχαγὸς τοῦ πυροβολικοῦ, Γ. Στρέϊτ, ὑφηγη-
τής, πρόεδρος τῆς λέσχης τῶν φοιτητῶν, μέλη.

Ἀγωνοδίκαι. Ἡ Α. Β. Υ. ὁ πρίγκηψ Γεώργιος,
διαιτητής, Μ. Φ. Κεμένυ, προϊστάμενος τῆς ὁμάδος
τῶν Οὔγγρων ἀθλητῶν, Δόκτωρ Γκέμπαρ, Γερμανός,
Μ. Φάβενς, Γάλλος, Ρ. Φίννις, Ἄγγλος καὶ Κωνσταν-
τῖνος Μάνος.

Ἀλυτάρχης : Κωνσταντῖνος Μάνος.

Ἀφέτης : Σ. Ἀρβανίτης.

Ἐπίσημος χρονομέτρης : Κάρολος Πέρρυ.

Α΄ Ἀγώνισμα.

Δρόμος 100 μέτρων.

Πρώτη τάξις. Ἡ περιέργεια τοῦ κοινοῦ εἶνε εἰς τὴν
μεγίστην αὐτῆς ἔντασιν. Οἱ ἀγωνισταὶ παρετάχθησαν
εἰς τὸν στίβον. Τὸ σύνθημα δίδεται διὰ πιστολισμοῦ
καὶ ἐν τῷ ἅμα ἐκκινοῦσιν ὅλοι. Εἰς τὸ τέρμα, ὅπου
εὑρίσκεται σχοινίον τεταμένον κρατούμενον ὑπὸ τῶν
Ἐφόρων φθάνει πρῶτος ὁ Ἀμερικανὸς Λαΐν, διανύσας
τὴν ἀπόστασιν εἰς δευτερόλεπτα 12 $^1/_3$, δεύτερος δὲ ὁ
Οὔγγρος Σόκολυ διανύσας αὐτὴν εἰς δευτερόλεπτα 12 $^3/_4$.

Δευτέρα τάξις. Εἰς ταύτην ἀνήκει καὶ ὁ Ἕλλην
Λ. Χαλκοκονδύλης, μέλος τοῦ Ἀθλητικοῦ Ὁμίλου
Ἀθηνῶν. Ἐνθαρρυντικαὶ κραυγαὶ ἐξέρχονται ἀπὸ ὅλα
τὰ χείλη πρὸς τὸν νεαρώτατον Ἕλληνα δρομέα. Ἀλλὰ

Dès que le silence se rétablit, toutes les mu-
siques se réunissent au centre de l'arène et se
complètent par l'adjonction de nombreux instru-
ments à cordes et par une foule de chanteurs. M.
Spyridion Samaras, maëstro Hellène, prend la
direction de cet immense orchestre. Le comité des
Jeux Olympiques avait chargé le compositeur
Samaras de mettre en musique la cantate des
Jeux Olympiques que le poète Costis Palamas
avait, sur la demande du même comité, composé
à cette occasion.

Voici les paroles de cette cantate:

« Immortel Génie de l'antiquité, Père du vrai
» du beau et du bien, descends, apparais et illu-
» mine-nous de tes rayons, sur cette terre et
» sous ce ciel témoins de ta gloire.

» Brille dans l'élan de ces nobles Jeux : dans
» la course, la lutte et le disque, agite des cou-
» ronnes immarcessibles et ranime, à ta lumière
» des poitrines d'acier ! A ta lumière, les plaines,
» les montagnes et les mers s'illuminent et for-
» ment comme un immense temple aux clartés
» vermeilles, dans lequel accourent tous les peu-
» ples, tes adorateurs, ô toi, immortel Génie de
» l'antiquité ! »

Ces paroles, qui sortent de la poitrine d'un si
grand nombre de chanteurs, accompagnées de
plusieurs centaines d'instruments, remplisssent
les airs d'un immense flot d'harmonie. Cet hymne
chanté en plein air et en plein soleil, au milieu
de plusieurs milliers de spectateurs profondément
émus, a quelque chose d'antique et d'imposant.
La composition de Samaras obtient un plein suc-
cès. La mélodie douce et lente au début, s'anime
peu à peu, prend graduellement une allure plus
vive, et se termine par un crescendo triomphal,
composé de toutes les voix et de tous les instru-

καταφθάνει πρῶτος εἰς τὸ τέρμα ὁ Ἀμερικανὸς Κοῦρτις, εἰς 12″ ¹/₅. Ὁ Χαλκοκονδύλης ἔρχεται δεύτερος.

Τρίτη τάξις. Ἀμερικανὸς καὶ πάλιν πρωτεύει ἐξ αὐτῆς, ὁ Βοῦρκε, διανύσας τὴν ἀπόστασιν εἰς 12″. Δεύτερος ὁ Γερμανὸς Χόφμαν.

Τοὺς νικητὰς ἐξ ἑκάστης τάξεως χειροκροτεῖ ἐνθουσιωδῶς ὁ λαός. Τὸ ἀγώνισμα ἦτο δοκιμαστικόν. Οἱ ἐξ ἑκάστης τάξεως πρῶτοι καὶ δεύτεροι ἐλθόντες θὰ συναγωνισθῶσιν εἰς τὸ τελικὸν ἀγώνισμα τὴν προσεχῆ Παρασκευήν, ἡμέραν πέμπτην τῶν ἀγώνων.

Β΄ Ἀγώνισμα.

Ἅλμα τριπλοῦν.

Μετὰ βραχὺ διάλειμμα λαμβάνει χώραν τὸ ἀγώνισμα τοῦτο, οἰκεῖον εἰς τὰ ἤθη τοῦ ἑλληνικοῦ λαοῦ καὶ διὰ τοῦτο κεντῶν περισσότερον τὸ ἐνδιαφέρόν του· μετέχουσι δὲ αὐτοῦ ἀγωνισταὶ δέκα, ἐξ ὧν δύο Ἕλληνες ἔφηβοι, ὁ Περσάκης ἐξ Ἀθηνῶν καὶ ὁ Ζουμῆς ἐκ Χαλκίδος, ὧν τὸ ἁρμονικῶς εὔπλαστον σῶμα κινεῖ τὴν συμπάθειαν καὶ τὸν θαυμασμὸν τῶν θεατῶν.

Πηδῶσιν ἀλληλοδιαδόχως πάντες· ἀλλ’ ἀμέσως καταφαίνεται ἡ ὑπεροχὴ τοῦ Ἀμερικανοῦ Κόνολυ. Δεινὸς ἅλτης ἀναδείκνυται καὶ ὁ νεαρὸς Γάλλος μὲν τὴν ἐθνικότητα, ἀλλ’ ἐν Ἀθήναις ἀνατραφεὶς Τουφφερί· ἀλλὰ καὶ ὁ Περσάκης δεικνύει πολλὴν χάριν καὶ εὐκινησίαν εἰς τὸ πήδημα. Μετὰ πολλὴν ἅμιλλαν πρωτεύει ὁ Κόνολυ πηδήσας μέτρα 13.71, δεύτερος ἦλθεν ὁ Τουφφερὶ μὲ μέτρα 12.70. Ὁ Περσάκης ἦλθε τρίτος μὲ μέτρα 12.52.

Τὸ ἀγώνισμα εἶνε τελικόν. Ἐπὶ μαύρου πίνακος σημιοῦται τὸ ἀποτέλεσμα τοῦ ἅλματος τοῦ νικητοῦ Κόνολυ, ὅστις εἶνε μέλος τῆς Ἀθλητικῆς Λέσχης τῆς πόλεως Σώφολκ, εἰς τὸν ὑψηλὸν δὲ παρὰ τὴν εἴσοδον ἱστὸν ὑπὸ τῶν ἐπίτηδες τεταγμένων ναυτῶν τοῦ Β. Ναυτικοῦ ἀναπετάννυται ἡ διάστερος σημαία τῆς Ἀμερικανικῆς Συμπολιτείας. Ὅλον τὸ πλῆθος μετὰ παραφορᾶς χειροκροτεῖ καὶ ἐπευφημεῖ. Ἀλλ’ ἰδιαιτέραν ἀγαλλίασιν αἰσθάνονται οἱ συμπολῖταί του Ἀμερικανοί, οἵτινες ἐπευφημοῦσι κατὰ τὸν ἰδιάζοντα αὐτῶν τρόπον.

Γ΄. Ἀγώνισμα.

Δρόμος 800 μέτρων.

Δοκιμαστικὸς εἶνε καὶ αὐτὸς ὁ δρόμος. Μετέχουσιν αὐτοῦ ἐν ὅλῳ 14, ἐξ ὧν τρεῖς Ἕλληνες, διῃρημένοι εἰς δύο τάξεις.

Πρώτη τάξις. Οἱ ἀγωνισταί, ἐξ ὧν οὐδεὶς Ἕλην, διατρέχουσι δὶς τὸν στίβον. Πρῶτος φθάνει ὁ ἐξ Αὐστραλίας Φλάκ, ὅστις φαίνεται πεπειραμένος δρομεύς,

ments, ce qui produit un effet des plus grandioses.

Cet hymne est frénétiquement applaudi par l’assistance. Tous les spectateurs, le roi lui-même, demandent que l’exécution en soit répétée ; à la fin de cette seconde exécution, les applaudissements redoublent.

Mais le moment solennel est enfin venu : les Jeux vont commencer. Déjà, lors de l’entrée de la famille royale, les athlètes des différentes nations s’étaient placés dans le champ de course sur une double ligne, et la régularité harmonieuse de leurs formes avait attiré la curiosité du public. Le son du clairon se fait entendre : le premier concours va avoir lieu. Les diverses musiques abandonnent l’arène, et vont prendre place sur différents points des gradins, d’où, pendant les entr’actes, elles font entendre quelques marches.

Du vestiaire, situé sous le tunnel, sortent les concurrents qui vont prendre part à la première course. Ils sont tous légèrement vêtus : une chemise de flanelle, des caleçons courts, et des souliers de toile. Ils portent sur la poitrine un numéro, correspondant au numéro d’ordre de leur inscription. Le nombre des champions s’élève à vingt et un, et, comme ils ne peuvent pas courir tous ensemble, on les divise en trois groupes.

Voici la liste des autorités des Jeux Olympiques.
Président : S. A. R. le Prince Héritier.

Éphores (inspecteurs) : S. A. R. le Prince Georges ; vice-président, Phokianos, maître de gymnastique, mort quelques mois après ; membres : N. Politis, professeur à l’Université ; Yénisarlis, capitaine d’artillerie ; G. Streit, professeur agrégé à l’Université, président du Club des étudiants.

Hellanodices (jury) : S. A. R. le Prince Georges, président arbitre ; MM. M. F. Kémény, président du groupe des Athlètes Hongrois ; Dr Gebhart, Allemand ; M. Fabeus, Français, R. Finis, Anglais ; Constantin Manos.

Alytarque (directeur des Jeux) : C. Manos.
Starter : S. Arvanitis.
Chronométreur officiel : Charles Perry.

Ier **Concours.**

Course de 100 mètres.

Première série. La curiosité du public est à son comble. Les concurrents prennent place ; un

διανύσας τὸν δρόμον εἰς 2', 11'', δεύτερος δὲ ὁ Οὐγ-
γρος Δάνι.

Δευτέρα τάξις. Πρωτεύει ὁ Γάλλος Λερμυζιώ, νεα-
ρὸς Παρισινός, ἐκτάκτου εὐκινησίας, διανύσας τὴν ἀπό-
στασιν εἰς 2', 16'' $^3/_5$. Δεύτερος ἦλθεν ὁ ἐξ Ἀθηνῶν
νεαρώτατος Δ. Γολέμης.

Δ'. Ἀγώνισμα.

Δίσκος.

Τὸ τελευταῖον, ἀλλὰ καὶ τὸ ὡραιότερον καὶ πλέον
ἐνδιαφέρον ἀγώνισμα τῆς πρώτης ἡμέρας. Ὁ ἥλιος ἀρ-
χίζει ν' ἀποκλίνῃ πρὸς τὴν δύσιν καὶ τὸ παράκαιρον τοῦ
Μαρτίου ψῦχος καθίσταται ἐπαισθητόν. Ἡ ἅμιλλα
προμηνύεται ἐκτάκτως ζωηρά, διότι οἱ Ἕλληνες ἀγω-
νισταί, ἰδίως ὁ Βερσῆς καὶ ὁ Παρασκευόπουλος φημί-
ζονται ὡς ἄριστοι δισκοβόλοι.

Μετέχουσιν αὐτοῦ ἀθληταὶ ἐν ὅλῳ 11, ἤτοι εἷς Γάλ-
λος, εἷς Σουηδός, εἷς Ἀμερικανός, εἷς Ἄγγλος, τρεῖς

coup de pistolet donne le signal du départ, et tous
les champions s'élancent à la fois. M. Lane, Amé-
ricain, arrive premier, il a franchi le champ de
course en 12" $^4/_5$; Szokoly, Hongrois est le second,
durée de la course : 12" $^3/_4$.

Deuxième série. Parmi les membres de cette
série figure un concurrent Hellène, Chalcocon-
dylis, membre du Club athlétique d'Athènes. De
nombreux encouragements s'élèvent de toutes
parts à l'adresse du jeune concurrent Grec ; mais
c'est l'Américain Curtis qui arrive le premier au
terme, en 12" $^1/_5$; Chalcocondylis est le second.

Troisième série. C'est un Américain qui est de
nouveau vainqueur ; durée de la course : 12".
M. Hoffman, Allemand, est le second.

Les vainqueurs de chacune des séries reçoivent
des applaudissements frénétiques. Cette course
était simplement éliminatoire ; la course défintive
doit être courue le vendredi suivant par les deux
premiers arrivés de chacune des trois séries.

IIᵉ Concours.

Triple saut.

Quelques instants après, a lieu le concours du
triple saut. Ce jeu, assez répandu en Grèce, excite
la curiosité du public. Dix concurrents y prennent
part, parmi lesquels deux adolescents Hellènes :
MM. Persakis d'Athènes et Zoumis de Chalcis.

Ils sautent tous l'un après l'autre, mais on
s'aperçoit immédiatement de la supériorité de
l'Américain Connoly. Un jeune Français, élevé à
Athènes, M. Tufféri, se fait remarquer par sa
souplesse; M. Persakis déploie aussi dans ce genre
d'exercice, beaucoup de grâce et de légéreté.
Enfin M. Connoly l'emporte par un saut de 13
mètres 71 ; le second est M. Tufféri, avec un saut
de 12 mètres 70; M. Persakis arrive troisième,
avec un saut de 12 mètres 52. Le concours est
définitif. Sur un tableau noir, est inscrite la lon-
gueur du saut de l'olympionique Connoly, membre
de « l'Athletic Club » de la ville de Suffolk, et le
pavillon étoilé des États-Unis est immédiatement
hissé au mât placé à l'entrée du Stade, par des
matelots de la marine royale préposés à cet effet.
Les spectateurs applaudissent avec enthousi-
asme, et unissent leurs acclamations aux vi-
vats bizarres et prolongés des compatriotes du
vainqueur.

Δανοί, εἷς Γερμανὸς καὶ τρεῖς Ἕλληνες, οἱ δύο ἀνωτέρω ῥηθέντες καὶ ὁ Παπασιδέρης. Ὑπὲρ πάντα τὰ ἄλλα τὸ ἀγώνισμα τοῦτο ἔχει διεθνῆ χαρακτῆρα, ἕνεκα τῆς ποικιλίας τῶν ἐθνικοτήτων τῶν ἀγωνιστῶν.

Ἵστανται πάντες φέροντες μανδύαν ἢ ἐπανωφόριον ἐπὶ τῆς ἐλαφρᾶς ἀθλητικῆς περιβολῆς των, διότι τὸ ψῦχος αὐξάνει, καὶ καλούμενος ἕκαστος ἐκ περιτροπῆς ῥίπτει τὸν δίσκον. Ἀλλ' ἐκ τοῦ ἀδεξίου τρόπου μεθ' οὗ τὸν ῥίπτουσιν οἱ πλεῖστοι φαίνεται ὅτι εἶνε ἐντελῶς ἀγύμναστοι. Ἀπεναντίας ἡ δεξιότης καὶ ἡ ἀπαραμείωτος χάρις τῶν Ἑλλήνων δισκοβόλων ἐμποιεῖ ἀμέσως ζωηροτάτην ἐντύπωσιν εἰς τοὺς θεατὰς καὶ προκαλεῖ τὸν εἰλικρινῆ θαυμασμὸν τῶν ξένων. Ὁ Βερσῆς ἰδίως μὲ τὸ ἀπεριγράπτως εὔπλαστον κάλλος τοῦ ἐφηβικοῦ του σώματος φαίνεται ἄγαλμα ἐξόχου τέχνης ζωογονηθέν.

Ἀποσυρθέντων κατὰ σειρὰν τῶν πλείστων, μένουσι διαγωνιζόμενοι οἱ δύο Ἕλληνες Βερσῆς καὶ Παρασκευόπουλος καὶ ὁ Ἀμερικανὸς Γκάρεττ. Ἀλλ' ὁ Βερσῆς, μεθ' ὅλην τὴν δικαίαν ἄλλως τε φήμην του, φαίνεται ὑστερῶν, οὕτω δὲ ὁ ἀγὼν καταντᾷ εἰς μονομαχίαν μεταξὺ τοῦ Παρασκευοπούλου καὶ τοῦ Γκάρεττ. Ὁ Ἕλλην ἀθλητής, εἰς τὴν τελευταίαν βολὴν ῥίπτει τὸν δίσκον εἰς ἀπόστασιν μέτρων 28.95 ½. Παταγώδεις ἀντηχοῦσιν αἱ ἐπευφημίαι καὶ αἱ ζητωκραυγαί, ὅλοι δὲ θεωροῦσι τὸν Παρασκευόπουλον ὡς νικητήν. Ἀλλὰ βάλλει ὕστατον καὶ ὁ Γκάρεττ καὶ ἡ βολή του φθάνει εἰς ἀπόστασιν μέτρων 29.15. Νικητὴς ὁριστικὸς εἶνε ὁ Γκάρεττ, ὑπερτερήσας τὸν Παρασκευόπουλον κατὰ 19 ½ μόνον ὑπεκατόμετρα. Ὅτε ἀνηγγέλθη τὸ ἀποτέλεσμα τοῦτο εἰς τὸ ἀκροατήριον, ποιά τις κατήφεια καὶ ἀπογοήτευσις ἐξεδηλώθη ἐν αὐτῷ. Ἐν τούτοις ὅτε ἀνεπετάσθη, τὸ δεύτερον ἤδη, εἰς τὸν ἱστὸν ἡ Ἀμερικανικὴ σημαία, πάντες χειροκροτοῦσιν ἐκθύμως.

IIIᵉ Concours.

Course de 800 mètres.

Cette course est également éliminatoire. Quatorze concurrents y prennent part, dont trois Grecs. Ces quatorze concurrents sont divisés en deux séries.

Première série. Aucun Grec ne figure parmi les champions. Les concurrents font deux fois le tour de l'arène. M. Flack, Australien, arrive premier, il a parcouru la distance en 2' 10''. Le second est M. Dani, Hongrois.

Deuxième série. M. Lermuziaux, Parisien, arrive premier ; il a parcouru la distance en 2' 16'' ²/₅ ; M. Golemis d'Athènes arrive second.

IVᵉ Concours.

Disque.

Le dernier, mais le plus intéressant des sports de la première journée des Jeux est le lancement du disque. Le soleil commence à décliner, et la fraîcheur du mois de Mars, à se faire sentir. Le dernier concours excite l'intérêt général, car MM. Versis et Paraskévopoulos, tous deux Hellènes, passent pour d'excellents discoboles.

Nombre des concurrents : onze, dont un Français, un Suédois, un Américain, un Anglais, trois Danois, un Allemand et trois Grecs, les deux mentionnés plus haut et M. Papasidéris. Ce concours, plus que tous les autres, revêt un caractère international tout particulier par suite de la nationalité diverse des champions qui y prennent part.

Tous debout, ayant un pardessus ou un manteau sur les épaules, car le temps a commencé à fraichir, ils viennent à tour de rôle lancer de dis-

'Αγώνισμα Ε'.

Δρόμος 400.

Μετὰ τὴν δισκοβολίαν τὸ ἐνδιαφέρον τοῦ κοινοῦ εἶνε κάπως ἐξητμισμένον· ἄλλως τε καὶ ἡ ὥρα εἶνε προκεχωρηκυῖα. Οἱ ἀγωνισταὶ δεκαὲξ τὸν ἀριθμὸν διαιροῦνται εἰς δύο τάξεις.

Πρώτη τάξις. Πρωτεύει ὁ Ἀμερικανὸς Τζαίμσον, διανύσας τὴν ἀπόστασιν εἰς 56'' ⁴/₅. Δεύτερος ὁ Γερμανὸς Χόφμαν.

Δευτέρα τάξις. Πρωτεύει ὁ Ἀμερικανὸς Βοῦρκε διανύσας τὴν ἀπόστασιν εἰς 58 ²/₅. Δεύτερος ὁ Ἄγγλος Σμέλιν.

Καὶ διὰ τοῦ ἀγωνίσματος τούτου λήγει τὸ πρόγραμμα τῆς πρώτης ἡμέρας τῶν ἀγώνων. Ἡ βασιλικὴ οἰκογένεια ἀπέρχεται ἐνθουσιωδῶς χαιρετιζομένη ἐνῷ αἱ μουσικαὶ πᾶσαι ἀνακρούουσαι τὸν βασιλικὸν ὕμνον, τὸ πλῆθος δὲ ἐξέρχεται ἀθρόον ἐκ τοῦ Σταδίου καὶ διαχύνεται εἰς τὴν πόλιν.

Τὴν ἑσπέραν ἐπακολουθεῖ λαμπροτάτη πανήγυρις. Ἡ πόλις πλέει εἰς τὸ φῶς, χαρμόσυνος δ' ἀντηχεῖ ἐν αὐτῇ θόρυβος. Ἡ ὁδὸς Σταδίου καὶ ἡ πλατεῖα τοῦ Συντάγματος μὲ τὰ φωτεινά των τόξα ἀποτελοῦσι θέαμα ἐξαίσιον. Ἡ συρροὴ εἰς πάντα τὰ κέντρα εἶνε πρωτοφανής, οἱ ξένοι ἀγωνισταὶ ἀναγνωριζόμενοι καθίστανται ἀντικείμενα φιλόφρονος καὶ συμπαθοῦς περιεργείας. Αἱ Συντεχνίαι ἐξετέλεσαν λαμπρὰς λαμπαδηφορίας, ὡραῖον δὲ ἦτο τὸ θέαμα τῆς ἀποχωρήσεως τῶν διαφόρων μουσικῶν, ὑπὸ τοὺς φαιδροὺς ἤχους τῶν ὁποίων ἔλειξεν ἡ πρώτη πλήρης τόσων συγκινήσεων τῶν Ἀγώνων ἡμέρα.

Ἡμέρα Δευτέρα. 26 Μαρτίου.

Ἀγὼν ξιφασκίας.

Τόπος τῶν ἀγώνων τῆς ξιφασκίας ὡρίσθη τὸ κατάστημα τοῦ Ζαππείου. Ἐν τῷ μέσῳ τῆς αἰθούσης ἱδρύθη ἐπίτηδες ἰκρίον· ἐπάνω εἰς τὴν κομψὴν στρογγύλην στοὰν ἐτοποθετήθη μία τῶν Φιλαρμονικῶν. Κύκλῳ τοῦ ἰκρίου εἶνε τὰ καθίσματα τῶν θεατῶν.

Κατὰ τὴν προσδιορισθεῖσαν ὥραν, 10 τῆς πρωΐας, φθάνει ἡ Βασιλικὴ Οἰκογένεια, γενομένη δεκτὴ εἰς τὰ προπύλαια, καὶ ἐνῷ ἀνακρούεται ὁ ὕμνος, καταλαμβάνει τὰς ὡρισμένας δι' αὐτὴν θέσεις δεξιᾷ τοῦ ἰκρίου. Καὶ ὁ ἀγὼν ἄρχεται, ὑπὸ τὴν ἐπιτήρησιν τῶν ἀγωνοδικῶν, Δελαρρεμουάρ, Γάλλου παρεπιδημοῦντος ἐνταῦθα, προέδρου, Α. Σούτσου ἐπιλάρχου, ἀντιπροέδρου, καὶ Σὶρ Φιλιππόν, Γάλλου, Ε. Ἐμπειρίκου, βουλευτοῦ καὶ Ε. Ζυμβρακάκη ἀξιωματικοῦ ὡς μελῶν.

Οἱ ἀγωνισταὶ παρουσιάζονται κατὰ ζεύγη, φέροντες τὴν κεκανονισμένην προσωπίδα καὶ τὴν ἀκωκὴν τῶν ξιφῶν

que. A la manière gauche dont le lancent quelques uns, on voit tout de suite qu'ils sont complètement inexpérimentés ; au contraire, l'habileté et les mouvements gracieux des discoboles Hellènes font une profonde impression sur les spectateurs et excitent l'admiration des étrangers. M. Versis surtout a des attitudes dignes des poses harmonieuses des athlètes antiques, il est d'une beauté sculpturale, les formes du corps sont parfaites.

La plupart des concurrents abandonnent peu à peu la lutte, et trois champions restent en présence : deux Hellènes, MM. Versis et Paraskévopoulos, et un Américain, M. Garret. Mais M. Versis, malgré la juste renommée dont il jouit, n'est plus en état de continuer, et la lutte se réduit ainsi à un duel entre M. Garret et M. Paraskévopoulos. Le champion Hellène lance pour la dernière fois le disque à 28 mètres 95 ¹/₂. De nombreux applaudissements et de vives acclamations s'élèvent de tous côtés, car les spectateurs sont persuadés que la victoire reste acquise à M. Paraskévopoulos ; mais, M. Garret parvient à lancer le disque à 29 mètres 15, il est donc déclaré vainqueur définitif, l'ayant emporté de 19 centimètres ¹/₂ sur son adversaire. Un certain abattement s'empare des spectateurs lorsqu'ils apprennent ce résultat, ce qui ne les empêche pas d'applaudir avec enthousiasme quand, pour la seconde fois, on hisse le pavillon étoilé des États-Unis.

V° Concours.

Course de 400 mètres.

Après le lancement du disque, l'intérêt du public diminue sensiblement, d'ailleurs, l'heure est déjà assez avancée. Les concurrents au nombre de seize sont divisés en deux séries.

Première série : L'Américain M. Jameson arrive

ἐπεστομωμένην. Πρῶτον ζεῦγος: Π. Πιερράκος Μαυρο-
μιχάλης ἀξιωματικὸς τοῦ ἱππικοῦ, καὶ Δελαμπόρδ,
Γάλλος· νικητὴς ἀπομένει ὁ κ. Πιερράκος, δοὺς τρία
κτυπήματα καὶ λαβὼν ἕν. Δεύτερον ζεῦγος: Π. Πού-
λος καὶ Γκαλλώ, Γάλλος, ὅστις καὶ νικᾷ, δοὺς τρία
κτυπήματα καὶ λαβὼν δύο. Τρίτον ζεῦγος: Μπαλα-
κάκης καὶ Μηλιώτης, ἀξιωματικός· νικᾷ ὁ δεύτερος,
δοὺς τρία κτυπήματα καὶ λαβὼν ἕν. Τέταρτον ζεῦγος:
Βοῦρος καὶ Γκραβελότ· νικητὴς ὁ δεύτερος, δοὺς τρία
κτυπήματα καὶ λαβὼν δύο. Πέμπτον ζεῦγος: Πιερρά-
κος καὶ Πούλος· νικᾷ ὁ πρῶτος, δοὺς τρία κτυπήματα
καὶ οὐδὲν λαβών. Ἕκτον ζεῦγος: Δελαμπρὸρδ καὶ
Γκαλλώ· νικᾷ ὁ δεύτερος, δοὺς δύο κτυπήματα καὶ
λαβὼν ἕν. Ζεῦγος ἕβδομον: Μπαλακάκης καὶ Βοῦρος,
ὅστις καὶ νικᾷ, δοὺς τρία κτυπήματα καὶ λαβὼν ἕν.
Ζεῦγος ὄγδοον: Μηλιώτης καὶ Γκραβελότ· ἀγὼν κρα-
τερὸς συνάπτεται μεταξὺ τῶν δύο· ἀνακηρύσσεται νι-
κητὴς ὁ δεύτερος, ἀλλὰ τὸ ἀποτέλεσμα διαφιλονεικεῖται
καὶ ὁ Μηλιώτης ἀποχωρεῖ. Ζεῦγος ἔνατον: Πιερράκος
καὶ Γκαλλώ· ὁ δεύτερος νικᾷ, δοὺς τρία κτυπήματα
καὶ λαβὼν ἕν. Ζεῦγος δέκατον: Δελαμπόρδ καὶ Πού-
λος, ὅστις καὶ μένει νικητής, δοὺς τρία καὶ λαβὼν ἕν
κτύπημα. Ζεῦγος ἑνδέκατον: Γκραβελὸτ καὶ Μπαλα-
κάκης· νικᾷ ὁ πρῶτος, δοὺς τρία κτυπήματα καὶ λαβὼν
ἕν. Ζεῦγος δωδέκατον: ἀγωνίζονται οἱ δύο διακριθέντες
Γκραβελὸτ καὶ Γκαλλώ, νικᾷ δὲ ὁ πρῶτος, δοὺς τρία
καὶ λαβὼν δύο κτυπήματα.

Ἕπεται ἀγὼν μεταξὺ διδασκάλων, παρουσιάζονται
δὲ ὡς τοιοῦτοι ὁ δεδοκιματμένος Γάλλος ξιφομάχος
Περοννὲ καὶ ὁ Λ. Πύργος, υἱὸς τοῦ ἀρχαίου ὁπλοδιδα-
σκάλου Πύργου. Ἡ μεταξὺ τῶν δύο τούτων συμβολὴ
ἐξεγείρει εἰς μέγιστον βαθμὸν τὸ ἐνδιαφέρον, ἀμφότεροι
δὲ ἀναδείκνυνται ἔμπειροι ξιφομάχοι καὶ ὁ ἀγὼν διαρκεῖ
ἐπὶ πολύ. Ἐπὶ τέλους νικητὴς ἀναφαίνεται ὁ Πύργος,
δοὺς τρία κτυπήματα καὶ λαβὼν ἕν μόνον. Εἶνε ὁ πρῶ-
τος Ἕλλην Ὀλυμπιονίκης καὶ τὸ πλῆθος ἐπευφημεῖ
αὐτὸν ζωηρῶς.

Ἀλλ' ἡ μεσημβρία ἤδη παρῆλθε καὶ ἡ συνέχεια
τῶν ἀγώνων τῆς ξιφασκίας ἀναβάλλεται διὰ τὴν 28
Μαρτίου.

Ἀγῶνες ἐν τῷ Σταδίῳ.

Ἡ ἡμέρα εἶνε αἰθριωτέρα καὶ ἡ θερμοκρασία μᾶλ-
λον ἠπία ἢ τὴν προτεραίαν. Ἀλλ' ὁ πνέων ἄνεμος
ἐξεγείρει σύννεφα κονιορτοῦ ἐνοχλητικοῦ λίαν καὶ διὰ
τοὺς ἐντὸς τοῦ Σταδίου θεατάς. Ἡ συρροὴ δὲν εἶνε
μεγάλη ὅσον τὴν πρώτην ἡμέραν. Παρῆλθεν ἡ πρώτη
ὁρμὴ τῆς περιεργείας· ἄλλως τε καὶ τὸ τίμημα τοῦ
εἰσιτηρίου θεωρεῖται ὑπερβολικόν.

premier en 56'' $^4/_5$. M. Hoffman, Allemand,
second.

Deuxième série : Un Américain, M. Burke ar-
rive premier en 58'' $^2/_5$.

Ce concours est le dernier de la première jour-
née des Jeux. La famille royale se retire au mi-
lieu des acclamations des spectateurs, toutes les
musiques exécutent l'hymne royal, la foule im-
mense qui couvrait les gradins du Stade se ré-
pand dans la ville.

Le soir, la fête est splendide. La ville est litté-
ralement inondée de lumière. La rue du Stade,
les places de la Concorde et de la Constitution
avec leurs arcs de lumière placés de distance,
en distance, sont d'un effet magnifique et font
l'admiration de tous. Dans les principaux centres,
l'affluence de la foule offre un spectacle jusqu'a-
lors inconnu à Athènes. Les concurrents étrangers
attirent surtout la curiosité et les sympathies du
public. Les diverses corporations exécutent une
brillante retraite aux flambeaux avec le concours
des diverses musiques qui étaient venues prendre
part aux fêtes. C'est ainsi que se termina la pre-
mière journée des Jeux.

Deuxième journée. 26 Mars.

Concours d'escrime.

Le Zappéion ou palais de l'Exposition est le
local que le Comité avait choisi pour le concours
d'escrime. Au centre de la grande enceinte cir-
culaire, avait été dressée une estrade ; dans la
galerie qui surmonte la colonnade, avait pris
place la musique d'une des Sociétés philharmo-
niques ; tout autour de l'estrade, étaient placés
les sièges des spectateurs. A dix heures du ma-
tin, heure fixée pour le début du concours, ar-
rive la famille royale, qui est reçue, sous le por-
tique, par les diverses autorités, et, tandis que
la musique exécute l'hymne royal, elle va s'as-
seoir aux sièges d'honneur qui lui avaient été
réservés à la droite de l'estrade. Le concours
commence sous le contrôle d'un jury composé
des membres suivants : Président, M. de la Fré-
moire, Français de passage à Athènes ; vice-pré-
sident, M. A. Soutzos, chef d'escadron. Membres :
MM. Philippon, Français, E. Embirikos, député,
et E. Zimbrakakis, officier.

Les concurrents sont répartis en couples, ils

Ἅμα τῇ ἐλεύσει τῆς Βασιλικῆς Οἰκογενείας, τὴν 2.30 μ. μ., ἄρχονται τ' ἀγωνίσματα.

Α'. Ἀγώνισμα.

Δρόμος 100 μέτρων μετ' ἐμποδίων.

Ἐπὶ τοῦ στίβου εἰσὶ τοποθετημένα ξύλινα ἰκρία κατὰ πυκνὰς ἀποστάσεις, τὰ ὁποῖα ὀφείλουσι νὰ ὑπερβῶσιν οἱ δρομεῖς διὰ νὰ φθάσωσιν εἰς τὸ τέρμα. Διαγωνίζονται ὀκτώ, διαιρούμενοι εἰς δύο τάξεις.

Πρώτη τάξις. Εἰς ταύτην ἀνήκει καὶ ὁ ἐκ Κύπρου Ἕλλην Ἀνδρέου, διακριθεὶς εἰς τοὺς Πανελληνίους ἀγῶνας. Δοθέντος τοῦ συνθήματος εἰς τὴν ἀφετηρίαν ὁρμῶσιν ὅλοι. Τὸ θέαμα εἶναι περιεργότατον καὶ φαιδρυντικόν. Τινὲς προσκρούουσι καὶ πίπτοντες καθυστεροῦσιν. Φθάνει πρῶτος εἰς τὸ τέρμα ὁ Ἄγγλος Γκούλδιγκ διανύσας τὴν ἀπόστασιν εἰς 18" ⅘, δεύτερος δὲ ὁ Οὖγγρος Σόκολυ.

Δευτέρα τάξις. Διαγωνίζονται οἱ ἄλλοι τέσσαρες καὶ νικᾷ ὁ Ἀμερικανὸς Κούρτις, διανύσας τὸ διάστημα εἰς 18", δεύτερος ἦλθεν ὁ Ἀμερικανὸς Στόυτ. Οἱ τέσσαρες οὗτοι διακριθέντες θὰ μετάσχωσι τοῦ τελικοῦ δρόμου.

Β'. Ἀγώνισμα.

Ἅλμα εἰς μῆκος.

Ἐκ τῶν 18 ἐγγεγραμμένων διαγωνίζονται μόνον ὀκτώ, ἐν οἷς καὶ δύο Ἕλληνες, ὁ Χαλκοκονδύλης καὶ ὁ Σκαλτσογιάννης τοῦ Ἐθνικοῦ Συλλόγου Ἀθηνῶν, Νικητὴς ἀναδείκνυται ὁ Ἀμερικανὸς Κλάρκ ἐκ Βοστώνης καὶ δεύτερος ὁ Γκάρεττ. Ὁ πρῶτος ἐπήδησε μέτρα 6.35· ὁ δεύτερος μέτρα 6. Ἡ Ἀμερικανικὴ σημαία κυματίζει ἐπὶ τοῦ ἱστοῦ, καὶ οἱ θεαταὶ χειροκροτοῦσιν ἐκθύμως.

portent le masque réglementaire ; les pointes des fleurets sont émoussées. Premier couple: P. Pierrhakos Mavromichalis, officier de cavalerie et le Français Delaborde; M. Pierrhakos est vainqueur, il a été touché une fois et a touché trois fois son adversaire. Second couple : M. P. Poulos et M. Gallot, Français ; ce dernier est vainqueur, il a été touché deux fois et a touché trois fois son adversaire. Troisième couple: M. Balakakis et M. Miliotis, officier ; le second est vainqueur, n'ayant été touché qu'une fois et ayant touché trois fois son adversaire. Quatrième couple : M. Vouros et M. Gravelotte ; le second est vainqueur, n'ayant été touché que deux fois et ayant touché trois fois son adversaire. Cinquième couple : M. Pierrhakos et M. Poulos : le premier est vainqueur n'ayant pas été touché et ayant touché trois fois son adversaire. Sixième couple : M. Delaborde et M. Gallot ; le second est vainqueur n'ayant été touché qu'une fois et ayant touché deux fois son adversaire. Septième couple: M. Balakakis et M. Vouros ; le second est vainqueur, n'ayant été touché qu'une fois et ayant touché trois fois son adversaire. Huitième couple : M. Miliotis et M. Gravelotte; la lutte se poursuit avec acharnement entre les deux rivaux, enfin le second est déclaré vainqueur, le résultat est mis en doute ; mais M. Miliotis se retire. Neuvième couple : M. Pierrhakos et M. Gallot; le second est vainqueur, n'ayant été touché qu'une fois et ayant touché trois fois son adversaire. Dixième couple: M.

Γ΄. Ἀγώνισμα.

Δρόμος τελικὸς 400 μέτρων.

Οἱ διακριθέντες τέσσαρες ἀγωνισταὶ κατὰ τὸν δοκιμαστικὸν ἀγῶνα τῆς προτεραίας διαγωνίζονται· νικᾷ δὲ ὁ Ἀμερικανὸς Βοῦρκε, διανύσας τὸ διάστημα εἰς 54″ ⅕ δεύτερος φθάνει ὁ Τζαίμσον. Καὶ αὖθις ἀνυψοῦται ἡ Ἀμερικανικὴ σημαία καὶ τὸ πλῆθος χειροκροτεῖ. Οἱ Ἀμερικανοὶ ἐνθουσιάζονται διὰ τὰς ἀλλεπαλλήλους νίκας.

Δ΄. Ἀγώνισμα.

Σφαῖρα.

Ἀγώνισμα κατ᾽ ἐξοχὴν δημοτικόν, διὸ τὸ ἐνδιαφέρον τῶν θεατῶν κορυφοῦται. Μετέχουσιν αὐτοῦ ἑπτὰ μόνον ἐκ τῶν 15 ἐγγραφέντων, ἐξ αὐτῶν δὲ δύο εἰσὶν Ἕλληνες, ὁ Γοῦσκος, τοῦ Πανελληνίου Συλλόγου καὶ ὁ Παπασιδέρης τοῦ Ἐθνικοῦ, ὅστις ὅμως ὑστερεῖ. Διαγωνίζονται κυρίως ὁ Γοῦσκος καὶ ὁ Γκάρεττ. Ἑκάστην ἐπιτυχῆ βολὴν τοῦ πρώτου ὑποδέχονται φρενιτιώδεις ἐπευφημίαι· ὁ βασιλεὺς καὶ ἡ βασίλισσα παρακολουθοῦσι διὰ διόπτρων τὰς φάσεις τοῦ ἀγῶνος ἀπὸ τῶν θώκων των καὶ δίδουσι τὸ σύνθημα τῶν χειροκροτήσεων. Ὁ Διάδοχος καὶ ὁ πρίγκηψ Γεώργιος ἐκ τοῦ σύνεγγυς προσέχουσι μετὰ καταφανοῦς ἐνδιαφέροντος. Νικητὴς ἀπομένει εἰς τὸ τέλος ὁ Γκάρεττ, βαλὼν τὴν σφαῖραν εἰς ἀπόστασιν μέτρων 11.22 καὶ ὑπερτερήσας τὸν Γοῦσκον κατὰ ὀλίγα ὑφεκατόμετρα. Ἡ Ἀμερικανικὴ σημαία καὶ πάλιν κυματίζει νικηφόρος καὶ ὁ ἐνθουσιασμὸς τῶν Ἀμερικανῶν φθάνει εἰς τὸ κατα-

Delaborde et M. Poulos ; le second est vainqueur, n'ayant été touché qu'une fois et ayant touché trois fois son adversaire. Onzième couple : M. Gravelotte et M. Balakakis ; le premier est vainqueur, n'ayant été touché qu'une fois et ayant touché trois fois son adversaire. Douzième couple : les deux champions restés vainqueurs par élimination, M. Gravelotte et Gallot, sont mis aux prises ; le premier l'emporte ayant été touché deux fois et ayant touché trois fois son adversaire.

Vient ensuite le concours entre maîtres d'escrime. Deux champions sont en présence : le Français M. Perronnet, maître d'armes, et M. L. Pyrgos, fils d'un ancien maître d'escrime. L'assaut des deux concurrents excite à un haut degré l'intérêt des spectateurs ; tous les deux font preuve d'une très grande capacité et la lutte se prolonge assez longtemps. Enfin, M. Pyrgos l'emporte, n'ayant été touché qu'une fois et ayant touché trois fois son adversaire. Depuis l'ouverture des Jeux, c'est le premier Grec qui remporte la palme d'olympionique, aussi les spectateurs l'applaudissent-ils frénétiquement. Mais il est déjà midi, et le concours définitif d'escrime est remis au 28 Mars.

Au Stade.

Le temps est meilleur qu'il ne l'était la veille et la température moins froide ; mais un vent

κόρυφον. Ἀντηχοῦσιν αἱ παράδοξοι ἰαχαί των καὶ
ἐπιτείονται καὶ πάλιν μικραὶ ἀμερικανικαὶ σημαῖαι.
Λδρόφρονες ὅμως οἱ Ἀμερικανοὶ συγχαίρονται καὶ
ἐπευφημοῦσι τὸν Ἕλληνα Γοῦσκον, ἀδικηθέντα ὑπὸ
τῆς τύχης.

Ε΄. Ἀγώνισμα.

Ἄρσις βαρῶν.

Εἰς τὸ μέσον τῆς κονίστρας ἐπὶ ἀμμοστρώτου ἐδά-
φους ἐκτελεῖται τὸ ἀγώνισμα τοῦτο, συμμετεχόντων
ὀκτὼ ἀγωνιστῶν, ἐν οἷς δύο Ἕλληνες, ὁ Βερσῆς καὶ ὁ
Νικολόπουλος. Πρῶτον ἀγωνίζονται εἰς τὴν ἄρσιν βα-
ρῶν δι᾽ ἀμφοτέρων τῶν χειρῶν· κύπτει ἕκαστος καὶ
ἀνεγείρει ἀλτῆρας σιδηροῦς διαφόρου βάρους, κατ᾽ αὔ-
ξουσαν ἀναλογίαν. Πρῶτος ἀναδεικνύεται ὁ Δανὸς Γέν-
σεν, ἄρας βάρος ἐξ 111 ½ χιλιογράμμων· δεύτερος
ὁ Ἄγγλος Ἔλλιοτ, ξανθὸς ὑψηλὸς νέος, μὲ θαυμασίως
κανονικὸν σῶμα. Εἰς τὴν ἄρσιν διὰ τῆς μιᾶς χειρός,
νικᾷ ἀντιστρόφως ὁ Ἔλλιοτ ἄρας βάρος 71 χιλιογράμ-
μων καὶ δεύτερος ἔρχεται ὁ Ζένσεν. Ἡ δανικὴ σημαία
πρῶτον καὶ ὕστερον ἡ ἀγγλικὴ ἀνυψοῦνται ἐπὶ τοῦ
ἱστοῦ. Τῆς δευτέρας τὴν ἐμφάνισιν χαιρετίζουσιν ἐν-
θουσιωδῶς οἱ εἰς τὸ Στάδιον παρευρισκόμενοι Ἄγγλοι.

Κατὰ τὸ ἀγώνισμα τοῦτο συνέβη νόστιμον ἐπεισό-
διον, καταδεῖξαν τὴν ἔκτακτον ῥώμην τοῦ πρίγκιπος
Γεωργίου. Ἐνῷ εἷς τῶν ὑπηρετῶν κατεγίνετο μετὰ
πολλοῦ κόπου νὰ μετατοπίσῃ ἓν τῶν αἰρομένων σιδη-
ρῶν βαρῶν, ὁ ἀθλητικὸς πρίγκιψ κύψας τὸ ἐσήκωσε
καὶ τὸ παρεμέρισε μὲ τὴν μεγαλειτέραν εὐκολίαν. Τὸ
κοινὸν θαυμάζει καὶ χειροκροτεῖ μετ᾽ ἐνθουσιωδῶν ἐπ-
ευφημιῶν.

Ϛ΄. Ἀγώνισμα.

Δρόμος 1500 μέτρων.

Τὸ τελευταῖον τῆς ἡμέρας μετέχουσιν αὐτοῦ ἀγω-
νισταὶ ὀκτώ, ἐξ ὧν Ἕλληνες δύο. Ἡ περιέργεια τοῦ
κοινοῦ ἐντείνεται. Ὁ ταχὺς Γάλλος Λερμυζιὼ φαίνεται
ἐπί τινα ὥραν προπορευόμενος, ἀλλ᾽ ὑπερβαίνει πάντας
ὁ ὠκυποδέστατος Φλάκ, διανύσας τὴν ἀπόστασιν εἰς
4΄. 33΄΄ ⅕. Δεύτερος ἔφθασεν εἰς τὸ τέρμα ὁ Ἀμερι-
κανὸς Μπλάκ.

Καὶ ἀφοῦ ἀνυψώθη ἐπὶ τοῦ ἱστοῦ ἡ Αὐστραλιανὴ
σημαία, ἔληξαν οἱ ἀγῶνες τῆς δευτέρας ἡμέρας.

Τὴν ἑσπέραν κατὰ τὸ πρόγραμμα φωταγωγεῖται ἡ
Ἀκρόπολις. Λάμψεις πολύχροοι πυρσῶν ἀναθρώσκου-
σιν ἀπὸ τοῦ ἱεροῦ βράχου καὶ τὰ σεμνὰ ἐρείπια φεγγο-
βολοῦσιν περιβεβλημένα ἐξαισίως μεγαλοπρεπῆ αἴ-
γλην, ὡς νὰ ἐμαρτυρεῖτο διὰ τοῦ φωτεινοῦ τούτου
συμβολισμοῦ ἡ ἀναβιοῦσα τῆς ἀρχαίας Ἑλλάδος εὔ-
κλεια διὰ τῶν νεωτέρων Ὀλυμπιακῶν Ἀγώνων.

---

violent soulève un nuage de poussière, qui in-
commode les spectateurs. L'affluence est moindre
qu'elle ne l'était le jour précédent : le premier
élan de curiosité s'est un peu calmé, et l'on con-
sidère le prix des billets comme exorbitant.

A deux heures et demie, la famille royale fait
son entrée, et les Jeux commencent immédia-
tement.

Iᵉʳ Concours.

Course de 100 mètres avec obstacles.

Dans le champ de course, sont disposés, à dis-
tances assez rapprochées, des obstacles de bois,
que les concurrents doivent franchir avant d'at-
teintre le terme. Les concurrents, au nombre de
huit, sont répartis en deux séries.

Première série. Parmi les membres qui compo-
sent cette série, on remarque un champion Grec,
M. Andréou, qui s'était déjà distingué aux Jeux
Panhelléniques. Le signal donné, tous s'élan-
cent à la fois. Le spectacle est très curieux et
très amusant. Quelques-uns tombent et restent
en arrière. M. Goulding, Anglais, arrive premier
en 18΄΄ ⅖, M. Sokoly, Hongrois, second.

Deuxième série. Les quatre autres concurrents
composent cette série. M. Curtis, Américain, ar-
rive premier en 18΄΄, M. Stogt, Américain, second.
Les deux premiers de chacune des séries pren-
dront part au concours définitif.

IIᵉ Concours.

Saut en longueur.

Sur dix-huit inscrits, huit seulement prennent
part au concours, parmi lesquels on remarque
deux Grecs : M. Chalcocondylis et M. Scaltzo-
yannis, tous deux membres du Syllogue National
d'Athènes. L'Américain M. Clark de Boston est
déclaré vainqueur ; M. Garret obtient le second
prix. Le saut du premier a été de 6 mètres 35,
celui du second, de 6 mètres. Le pavillon des
États-Unis est de nouveau hissé et les spectateurs
applaudissent avec enthousiasme.

IIIᵉ Concours.

Course de 400 mètres (concours définitif).

Les quatre premiers concurrents du concours
éliminatoire de la veille y prennent part ; M.
Burke, Américain, l'emporte. Durée de la course
54΄΄ ⅕. M. Jamesson arrive second. On hisse

Ἡμέρα Τρίτη. 27 Μαρτίου.

Σκοποβολή.

Τὸ ἐπίτηδες χάριν τῶν Ἀγώνων οἰκοδομηθὲν καὶ μόνιμον πλέον Σκοπευτήριον παρὰ τὴν Καλλιθέαν πρόκειται νὰ ἐγκαινισθῇ κατὰ τὴν πρωΐαν τῆς ἡμέρας ταύτης. Ἀλλ' ἡ ἀπόστασις καὶ ὁ ψυχρὸς καιρὸς ἐμποδίζουσι τὴν συρροήν. Τὸ κτίριον εἶνε κομψὸν καὶ καθ' ὅλους τοὺς κανόνας τῆς τέχνης κατεσκευασμένον. Τὴν 10 ½ κατέρχεται ἡ Λ. Μ. ἡ Βασίλισσα μετὰ τῆς βασιλόπαιδος Μαρίας καὶ τοῦ μνηστῆρός της Μεγάλου δουκὸς Γεωργίου. Εἰς τὴν αἴθουσαν ψάλλεται ὁ ἁγιασμὸς καὶ μετὰ τοῦτο ἡ Βασίλισσα σύρει τὴν σκανδάλην τοῦ τοποθετημένου εἰς μίαν θυρίδα τυφεκίου. Τὰ ἐγκαίνια ἐτελέσθησαν καὶ ἡ βασιλικὴ οἰκογένεια ἀποχωρεῖ, μεθ' ὃ τοποθετοῦνται οἱ ἀγωνισταὶ παρὰ τὰς θυρίδας καὶ δίδεται διὰ σαλπίσματος τὸ πρόσταγμα : Ἀρχίσατε πῦρ !

Τὸ πρῶτον ἀγώνισμα εἶνε διὰ τυφεκίου εἰς ἀπόστασιν 200 μέτρων. Ἕκαστος δικαιοῦται νὰ βάλη δύο βολὰς δοκιμαστικὰς καὶ ἀνὰ δέκα ὁριστικὰς τετράκις. Ἀγωνισταὶ εἶχον ἐγγραφῇ 160, ἐξ ὧν δέκα μόνον ξένοι, διαιρούμενοι δὲ εἰς πολλὰς σειράς. Τὸ πῦρ ἐξακολουθεῖ, αἱ σημειοῦσαι τὰς ἐπιτυχίας μικραὶ σημαῖαι ἀνυψοῦνται καὶ καταβιβάζονται συνεχῶς. Ἀλλ' ἕως νὰ λάβωσι μέρος ὅλαι αἱ σειραί, ἡ ὥρα παρέρχεται καὶ ὁ ἀγὼν ἀναβάλλεται διὰ τὴν ἐπομένην, ὅτε θὰ γνωσθῶσι καὶ τ' ἀποτελέσματα.

encore le pavillon des Etats-Unis aux applaudissements unanimes des spectateurs. A la suite de leurs victoires successives, les Américains sont saisis d'un enthousiasme indescriptible.

IVe Concours.

Lancement du poids.

Ce jeu, excessivement populaire en Grèce, excite l'intérêt général des spectateurs. Sur quinze d'inscrits, sept seulement prennent part au concours, parmi lesquels deux Grecs : M. Gouskos, membre du Syllogue Panhellénique d'Athènes, et M. Papasidóris du Syllogue National. Les divers concurrents se désistent l'un après l'autre, et MM. Gouskos et Garret restent seuls en présence. Toutes les fois que le premier lance heureusement le poids, les spectateurs l'applaudissent frénétiquement ; le Roi et la Reine ont leurs jumelles braquées sur les champions et donnent le signal des applaudissements ; le Prince Héritier et le Prince Georges s'approchent des concurrents avec un intérêt visible. Enfin M. Garret est déclaré vainqueur : il a lancé le poids à 11 mètres 22, l'emportant sur son rival de quelques centimètres. Le pavillon des États-Unis est de nouveau arboré et l'enthousiasme des Américains parvient à son comble: ils poussent de nouveau leurs bizarres hourras et agitent de petits drapeaux. Dans leur enthousiasme, ils n'oublient point pourtant de féliciter le champion Hellène, maltraité, disent-ils, par le sort.

Ve Concours.

Travail des poids.

Ce concours a lieu au centre du Stade qui a été dans ce but recouvert de sable. Dix concurrents y prennent part, dont deux Grecs : M. Versis et M. Nicolopoulos. On commence par le travail des poids des deux mains. Chacun des concur-

Λάουν - Τέννις.

Ἡ χαρίεσσα αὕτη ἀθλητικὴ παιδιὰ λαμβάνει χώραν εἰς τὸ ἐπὶ τούτῳ διεσκευασμένον μέρος παρὰ τοὺς Στύλους τοῦ Ὀλυμπιείου τὴν πρωΐαν τῆς αὐτῆς ἡμέρας. Τὸ ἀγώνισμα ἦτο διηρημένον εἰς ἁπλοῦν καὶ διπλοῦν, οἱ δὲ ἀγωνισταὶ διηρημένοι εἰς τρεῖς τάξεις.

Εἰς τὸ ἁπλοῦν ἀγώνισμα λαμβάνουν μέρος τέσσαρες ὁμάδες ἐκ δεκαὲξ ἀγωνιστῶν, ἐξ ὧν 6 εἰσὶν Ἕλληνες, παρακολουθοῦσι δὲ αὐτὸ ἀρκετοὶ ἐρασιτέχναι. Τὸ ἀγώνισμα εἶνε δοκιμαστικὸν καὶ τὸ ἀποτέλεσμα δὲν ἐκρίθη, ἀναβληθὲν διὰ μίαν τῶν ἑπομένων ἡμερῶν.

Ποδηλατοδρομίαι.

Οἱ ποδηλατικοὶ ἀγῶνες ἐκτελοῦνται εἰς τὸ ἐπὶ τούτῳ ἱδρυθὲν ἐν Ν. Φαλήρῳ Ποδηλατοδρόμιον τὴν 1 μ. μ. Ἡ ἀγωνόδικος ἐπιτροπή, ὑπὸ τὴν προεδρείαν τοῦ Διαδόχου οὖσα, ἀποτελεῖται ἐκ τῶν κ. κ. Μαύρου, Ἠπίτου, Βαλστάϊν καὶ Φαμπένς.

Παρατάσσονται οἱ ἀγωνισταί, δέκα ἐν ὅλῳ, ἐν οἷς τρεῖς Ἕλληνες, οἱ Κωλέττης, Κωνσταντινίδης καὶ Ἀσπιώτης, δίδεται δὲ τὸ σύνθημα καὶ ἐκκινοῦσιν. Ὁ ἀγὼν εἶνε 100 χιλιομέτρων, δηλαδὴ πρόκειται νὰ διανύσωσι 300 φορὰς τὸν κύκλον τοῦ στίβου. Οἱ θεαταὶ παρακολουθοῦσι μετ' ἐνδιαφέροντος κατ' ἀρχὰς τὸν ἀγῶνα. Ἀλλά τε τὸ θέαμα καταντᾷ μονότονον καὶ κουράζει. Ἄλλως καὶ τὸ ψῦχος γίνεται ὁλονὲν δριμὺ εἰς τὸ ἀναπεπταμένον ἐκεῖνο ἀλίπεδον.

Περὶ τὴν 3 μ. μ. εἰσέρχεται εἰς τὸ ποδηλατοδρόμιον ὁ Βασιλεὺς μετὰ τῆς βασιλικῆς οἰκογενείας καὶ τοῦ

rents se baisse et soulève des haltères dont le poids va toujours croissant. Le prix est décerné à M. Jensen, Danois : il a soulevé un poids de 111 kilogrammes et demi. M. Elliot, Anglais, vient second. C'est un grand jeune homme, blond et admirablement bien fait. Au travail des poids d'une seule main, c'est au contraire M. Elliot qui est vainqueur : il a soulevé un poids de 71 kilogrammes ; M. Jensen est second. On hisse successivement le pavillon danois et le pavillon britannique ; ce dernier est salué par de vives acclamations de la part des Anglais qui se trouvent dans le Stade.

Pendant ce concours, se produit un incident assez curieux, qui peut faire juger de la force herculéenne du Prince Georges. Tandis qu'un serviteur traînait avec beaucoup de peine un haltère, le Prince le soulevant, le jette à distance avec la plus grande facilité. Les spectateurs applaudissent et acclament le Prince.

VIᵉ Concours.

Course de 1500 mètres.

Ce concours est le dernier de la journée. Huit concurrents y prennent part, dont deux Hellènes. L'intérêt du public redouble. Le Français, M. Lemursiaux paraît, pendant quelques instants, devoir l'emporter ; mais c'est M. Flack, Australien, qui arrive bon premier. Durée de la course 4' 33'' 1/5. M. Black, Américain, arrive second.

On arbore le pavillon australien, et c'est ainsi que se terminent les Jeux de la deuxième journée.

Le soir, conformément au programme, l'Acropole est brillamment illuminée. De multicolores feux de Bengale semblent donner une nouvelle vie au rocher sacré de l'Acropole et aux ruines des monuments immortels qui la dominent, les dé-

ἀπὸ τῆς προτεραίας ἐλθόντος καὶ ξενιζομένου εἰς τὰ Ἀνάκτορα βασιλέως τῆς Σερβίας Ἀλεξάνδρου. Ὁ ἀγὼν ἐξακολουθεῖ· ἀλλὰ βαθμηδὸν οἱ πλεῖστοι τῶν ἀγωνιζομένων ἀποκάμνοντες ἀποσύρονται, ἀπομένουσι δὲ δύο διαφιλονεικοῦντες τὸ γέρας, ὁ Γάλλος Φλαμὰν καὶ ὁ Ἕλλην Κωλέττης. Πρὸς στιγμὴν ὁ Φλαμὰν καταπίπτει τοῦ ποδηλάτου καὶ μωλωπίζεται· ἀλλ' ἀνεγειρόμενος ἐξακολουθεῖ τὸν δρόμον μετὰ ζέσεως, τέλος δὲ ἀναδείκνυται νικητής. Τὰς 300 στροφάς, αἵτινες σημειοῦνται ἀνὰ μία εἰς τὸν ἐπὶ τούτῳ πίνακα ὑπὸ τῆς ἀγωνοδίκου ἐπιτροπῆς, ἐξετέλεσεν εἰς διάστημα 3 ὡρῶν, 8΄ καὶ 19΄΄ ¹/₅. Ὁ Κωλέττης ὑπελήφθη αὐτοῦ κατὰ 11 κύκλους.

Ἡ γαλλικὴ σημαία ἀνυψοῦται ἐπὶ τοῦ ἱστοῦ καὶ χαιρετίζεται ἐνθουσιωδῶς ὑπὸ τῶν θεατῶν. Τὸν κατάκοπον νικητὴν ἅμα κατελθόντα ὑποδέχονται μετὰ θερμῶν ἐπευφημιῶν οἱ παρεστῶτες, δέχεται δὲ καὶ αὐτὸς καὶ ὁ δεύτερος ἐλθὼν Κωλέττης τὰ συγχαρητήρια τῆς βασιλικῆς οἰκογενείας.

Τὴν ἑσπέραν εἰς τὰς ὁδοὺς καὶ τὰς πλατείας, αἵτινες ἦσαν φωταγωγημέναι λαμπρῶς καθ' ὅλον τὸ διάστημα τῶν ἑορτῶν, ἡ συγκέντρωσις δὲν εἶνε μεγάλη, ἕνεκα τῆς κακοκαιρίας. Ἀναντιρρήτως ὁ καιρὸς ὑπῆρξε πρὸς τοὺς ἀγῶνας δυσμενέστατος.

Ἡμέρα τετάρτη. 28 Μαρτίου.

Τὸ πρόγραμμα τῆς ἡμέρας ταύτης εἶνε ποικίλον καὶ περιεκτικόν, οἱ φιλοπερίεργοι δὲ δὲν γνωρίζουν ποῦ νὰ

bris de ces chefs-d'œuvre de l'art antique paraissent s'associer ainsi à la joie qu'inspire le rétablissement des Jeux Olympiques.

Troisième Journée. 27 Mars.

Concours de tir.

Les nouveaux pavillons de tir, élevés à Kallithéa, à l'occasion des Jeux Olympiques, doivent. d'après le programme, être inaugurés dans la matinée ; mais, par suite du mauvais temps, l'affluence est peu considérable. Cet élégant édifice est construit d'après toutes les règles de l'art. A dix heures et demie, arrivent S. M. La Reine et la Princesse Marie accompagnée de son fiancé, le Grand-duc Georges. Le clergé procède à la bénédiction du monument, et la Reine tire le premier coup de feu, après quoi la famille royale se retire. Les concurrents prennent place dans le stand, et le clairon donne le signal de commencer le feu.

Premier concours : Tir au fusil, distance 200 mètres. Chacun des concurents a le droit de tirer quatre fois, on lui donne pour chaque fois deux balles d'essai et dix balles définitives. Le nombre des concurrents inscrits s'élève à 160, dont 10 étrangers seulement ; ces concurrents sont répartis en plusieurs séries. Le feu continue, de petits pavillons indiquant les coups touchés s'élèvent et s'abaissent à chaque instant. Par suite du grand nombre des séries, la suite du concours est renvoyée au jour suivant ; ce n'est donc que le lendemain que les résultats seront connus.

Lawn-Tennis.

Ce gracieux jeu de pelouse a lieu dans un local ad hoc, près des colonnes du temple de Jupiter Olympien, dans la matinée du même jour ; il est divisé en deux concours : concours simple et concours double. Les concurrents sont répartis en trois équipes. Au concours simple pren-

πρωτοϋπάγουν. Ὁ καιρὸς ὅμως
ἐξακολουθεῖ νὰ εἶνε ἄθλιος καὶ
ἐπαπειλεῖται βροχή.

Σκοποβολή.

Εἰς τὸ σκοπευτήριον συνεχί-
ζονται τὴν πρωίαν οἱ ἀγῶνες τῆς
βολῆς διὰ τυφεκίων εἰς ἀπόστα-
σιν 200 μέτρων, καὶ ἐξελέγχον-
ται τ᾽ ἀποτελέσματα. Ἐξ αὐτῶν
προκύπτει ὅτι πρῶτος νικητὴς
εἶνε ὁ ἐξ Ἀστακοῦ τῆς Ἀκαρνα-
νίας φοιτητὴς τῆς νομικῆς Κα-
ρασεβδᾶς, σχὼν ἐν ὅλῳ ἐπιτυχεῖς
βολὰς 40 καὶ ἀριθμὸν ἐπιτυχιῶν
2320· δεύτερος ὁ δικηγόρος Π.
Παυλίδης μὲ βολὰς 38 ἐπιτυχεῖς
καὶ ἀριθμὸν ἐπιτυχιῶν 1978.
Ἅμα ὡς ἐγνώσθη τοῦτο, ἀκρά-
τητα ἐκρήγνυνται χειροκροτή-
ματα καὶ ὅλοι ἐπευφημοῦσι τὸν
Ἕλληνα Ὀλυμπιονίκην, θερμό-
τατα δὲ συγχαρητήρια ἀπευθύνει
αὐτῷ ὁ μετὰ πολλοῦ ἐνδιαφέ-
ροντος ἐφορῶν τὸν ἀγῶνα πρίγ-
κηψ Νικόλαος.

Λάουν Τέννις.

Ἐξακολουθεῖ καὶ τὸ ἀγώνισμα
αὐτὸ μεταξὺ τῶν διαφόρων ὁμάδων, ἀλλ᾽ ἄνευ ὁριστι-
κοῦ ἀποτελέσματος.

Ἀγῶνες Ξιφασκίας.

Ἐν τῷ Ζαππείῳ τὴν πρωίαν ἐξακολουθοῦσιν οἱ ἀγῶ-
νες τῆς ξιφασκίας ἐπὶ παρουσίᾳ τοῦ Βασιλέως, τοῦ Δια-
δόχου καὶ τοῦ βασιλόπαιδος Γεωργίου. Τοῦ ἀγῶνος
συμμετέχουσι πέντε ἀγωνισταί, ἐξ ὧν τρεῖς Ἕλληνες,
οἱ Καράκαλος, Γεωργιάδης καὶ Ἰατρίδης, ὁ Δανὸς Νίλ-
σεν καὶ ὁ Αὐστριακὸς Σμάλ. Συμβολαὶ κατὰ ζεύγη ἐγέ-
νοντο δέκα. Πρώτη: Καράκαλος καὶ Σμάλ· νικᾷ ὁ
πρῶτος, δοὺς τρία καὶ οὐδὲν λαβὼν κτύπημα. Δευτέρα:
Γεωργιάδης καὶ Ἰατρίδης· νικᾷ ὁ πρῶτος, δοὺς τρία
κτυπήματα καὶ οὐδὲν λαβών. Τρίτη: Νίλσεν καὶ Κα-
ράκαλος· νικητὴς ὁ δεύτερος, δοὺς τρία καὶ λαβὼν δύο
κτυπήματα. Τετάρτη: Σμάλ καὶ Γεωργιάδης· νικᾷ ὁ
δεύτερος, δοὺς τρία κτυπήματα καὶ λαβὼν δύο. Πέμ-
πτη: Ἰατρίδης καὶ Νίλσεν· νικητὴς ὁ δεύτερος, δοὺς
τρία κτυπήματα καὶ λαβὼν ἕν. Ἕκτη: Καράκαλος καὶ
Γεωργιάδης· νικητὴς ὁ δεύτερος, δοὺς τρία κτυπήματα

nent part quatre groupes : en
tout seize personnes, dont six
Grecs; un grand nombre d'a-
mateurs suivent cet exercice
avec le plus vif intérêt. Ce con-
cours n'est qu'éliminatoire, le
concours définitif aura lieu un
des jours suivants.

Vélodrome.

Les concours vélocipédiques
ont lieu au Vélodrome nouvel-
lement construit au Nouveau
Phalère, à l'occasion des Jeux
Olympiques. Le Jury est com-
posé comme suit: Président,
le Prince Héritier ; Membres,
MM. Mavros, Ipitis, Waldstein
et Fabeus.

Dix champions prennent part
au concours, dont trois Grecs:
MM. Colettis, Constantinidis,
et Aspiotis. Le signal donné,
tous s'élancent. La course est
de 100 kilomètres, c'est-à-dire
300 tours de piste. L'intérêt des
spectateurs, assez vif au dé-
but, ne tarde pas à s'affaiblir,
car le spectacle devient monotone et le froid se fait
vivement sentir dans cette plaine complètement
découverte.

Vers 3 heures, le Roi fait son entrée, accompagné
des membres de la famile royale et d'Alexandre,
Roi de Serbie, arrivé depuis la veille à Athènes.
Le concours se prolonge mais, peu à peu, les
champions, épuisés de fatigue, se retirent ; il n'en
reste plus que deux en présence : le Français M.
Flamand et le Grec M. Colettis. M. Flamand fait
une chute, mais se relève aussitôt et est enfin
proclamé vainqueur. Durée de la course : 3
heures, 8' et 19'' $^1/_5$. Colettis est en retard de
onze tours.

Le pavillon français est arboré au haut du
mât, aux applaudissements enthousiastes de tous
les spectateurs, qui font la plus brillante ovation
au vainqueur, brisé de fatigue ; il reçoit, ainsi
que M. Colettis, les félicitations de la famille
royale.

καὶ λαβὼν δύο. Ἑβδόμη : Σμὰλ καὶ Ἰατρίδης· νικᾷ ὁ πρῶτος, δοὺς τρία κτυπήματα καὶ λαβὼν δύο. Ὀγδόη : Νίλσεν καὶ Γεωργιάδης· νικᾷ ὁ δεύτερος, δοὺς τρία κτυπήματα καὶ λαβὼν δύο. Ἐνάτη : Καράκαλος καὶ Ἰατρίδης· νικᾷ ὁ πρῶτος, δοὺς τρία κτυπήματα καὶ οὐδὲν λαβών. Δεκάτη : Σμὰλ καὶ Νίλσεν· νικητὴς ὁ δεύτερος, δοὺς τρία κτυπήματα καὶ λαβὼν δύο.

Ὥστε ἐν συνόλῳ ἀνακηρύσσεται νικητὴς καὶ ἐπευφημεῖται ὁ Γεωργιάδης, νεαρὸς φοιτητὴς ἐκ Τριπόλεως, δεχόμενος τὰ ἐγκάρδια συγχαρητήρια τῶν μελῶν τῆς βασιλικῆς οἰκογενείας. Δεύτερος ἀνακηρύσσεται ὁ Καράκαλος, ἀνθυπολοχαγὸς τοῦ πυροβολικοῦ.

Ἀγῶνες ἐν τῷ Σταδίῳ.

Κατὰ τὴν ἡμέραν ταύτην οἱ ἐν τῷ Σταδίῳ ἀγῶνες ἔχουσι χαρακτῆρα γυμναστικόν.

Κατὰ τὴν 2 ¹/₂ μ. μ. ἀναγγέλλεται διὰ σαλπισμάτων ἡ ἄφιξις τῆς βασιλικῆς οἰκογενείας. Μετ' αὐτῆς εἰσέρχεται καὶ ὁ βασιλεὺς τῆς Σερβίας, φέρων πολιτικὴν ἐνδυμασίαν. Ἀνακρούεται ὁ ἑλληνικὸς βασιλικὸς καὶ ὁ σερβικὸς ὕμνος ὑπὸ τῶν παρατεταγμένων μουσικῶν, οἱ θεαταὶ δὲ ὄρθιοι ζητωκραυγάζουσιν ὑπὲρ τοῦ βασιλέως καὶ τοῦ σεπτοῦ ξένου.

Εὐθὺς κατόπιν λαμβάνει χώραν, ὅπως ἐν τῷ προγράμματι ἀναγράφεται, ἡ μεγάλη συναυλία τῶν ἡνωμένων φιλαρμονικῶν ὑπ' αὐτῶν ἐκτελεῖται ὁ Ὀλυμπιακὸς Ὕμνος τοῦ κ. Σαμάρα, ὑπὸ τὴν διεύθυνσιν τοῦ

Le soir, par suite du mauvais temps, l'affluence est peu considérable dans les principales rues et places de la ville, qui continueront à être illuminées pendant toute la durée des fêtes.

Quatrième Journée. 28 Mars.

Le programme de la journée est des plus variés, la curiosité du public ne sait quel spectacle doit fixer sa préférence ; malheureusement le temps n'est pas sûr et fait présager la pluie.

Au Stand.

On continue les concours de tir au fusil, à 200 mètres de distance, dont on contrôle les résultats. M. Karassevdhas, étudiant en droit, est déclaré vainqueur : sur quarante séries, il a un total de 40 coups touchés et de 2320 points faits. M. Pavlidhis vient second : sur trente-huit séries, il a un total de 38 coups touchés et de 1978 points faits. Ce résultat est accueilli par de frénétiques applaudissement. Le Prince Nicolas, qui préside le comité serre la main au vainqueur en lui adressant ses plus chaleureuses félicitations.

Lawn-Tennis.

Le concours continue entre les diverses équipes, mais sans résultat définitif.

ἀρχιμουσικοῦ τῆς φρουρᾶς κ. Ι. Καίσαρη. Οἱ μεγαλο-
πρεπεῖς τόνοι τοῦ ὕμνου ἀντηχοῦσι καὶ πάλιν εἰς τὴν
ἀναπεπταμένην κονίστραν καὶ τὸ πλῆθος ἐνθουσιαζόμε-
νον ζητεῖ ἐν ἐπευφημίαις καὶ ἐπιτυγχάνει τὴν ἐπανάλη-
ψίν του.

Καὶ ἄρχονται οἱ ἀγῶνες.

Α΄. Ἀγώνισμα.
Δρόμος 800 μέτρων.

Μετέχουσιν αὐτοῦ οἱ προκριθέντες κατὰ τὸν δοκιμα-
στικὸν ἀγῶνα τῆς πρώτης ἡμέρας, ἐκτὸς τοῦ Λερμυζιῶ
ἀποχωρήσαντος. Ὥστε συναγωνίζονται τρεῖς, ὁ Φλάκ,
ὁ Οὗγγρος Δάνι καὶ ὁ Ἕλλην Γολέμης. Νικᾷ δὲ ὁ ἀπα-
ράμιλλος δρομεὺς Φλάκ, διανύσας τὸ διάστημα εἰς 2
καὶ 11΄΄. Δεύτερος φθάνει εἰς τὸ τέρμα ὁ Δάνι. Διὰ δευ-
τέραν φορὰν ἡ σημαία τῆς Αὐστραλίας ἀνυψοῦται ἐπὶ
τοῦ ἱστοῦ καὶ χαιρετίζεται δι' ἐπευφημιῶν.

Εἶτα ἄρχονται τὰ γυμναστικὰ ἀγωνίσματα, καθ'
ὁμάδας.

Β΄. Ἀγώνισμα.
Δίζυγον.

Διαγωνίζονται εἰς αὐτὸ ἑλληνικαὶ ὁμάδες τοῦ Ἐθνι-
κοῦ Γυμναστικοῦ Συλλόγου Ἀθηνῶν καὶ τοῦ Πανελ-
ληνίου Γυμναστικοῦ Συλλόγου καὶ ἡ Γερμανικὴ ὁμάς.
Αἱ ἑλληνικαὶ ὁμάδες εἶνε πολυπληθέστεραι ἐκτελοῦσι
δὲ τὰ διάφορα γυμνάσματα μετὰ πολλῆς τάξεως καὶ
ἀκριβείας, καὶ ῥαγδαῖα εἰς ἕκαστον αὐτῶν γύμνασμα
ἀντηχοῦσι τὰ χειροκροτήματα τῶν θεατῶν. Ὁδηγοῦν-
ται ἡ μὲν ὑπὸ τοῦ διδασκάλου Χρυσάφη, ἡ δὲ ὑπὸ τοῦ
Σωτ. Ἀθανασοπούλου καὶ εἶνε πάντες ὁμοιομόρφως
ἐνδεδυμένοι διὰ χιτῶνος βαθυκυάνου ἐκ φλανέλλας καὶ
περισκελίδος λευκῆς. Ἡ Γερμανικὴ ὁμὰς συγκειμένη ἐκ
δέκα γυμναστῶν, φερόντων λευκὸν χιτῶνα καὶ μελαίνας
περισκελίδας ὑπὸ τὴν ὁδηγίαν τοῦ κ. Φρίτζ Χόρμαν,
ἐκτελεῖ μετὰ πολλῆς εὐρυθμίας τὰ γυμνάσματα καὶ
φαίνεται μᾶλλον ἐξησκημένη. Ἡ ἀγωνόδικος ἐπιτροπὴ
φέρει αὐτὴν ὡς πρώτην ἐπιτυχοῦσα, δευτέραν δὲ τὴν
τοῦ Πανελληνίου Συλλόγου. Καὶ ἡ γερμανικὴ σημαία
ἀνυψουμένη χαιρετίζεται ἐνθουσιωδῶς.

Γ΄. Ἀγώνισμα.
Μονόζυγον.

Κατὰ τὰ διαλείμματα ἐξακολουθεῖ ἡ συναυλία τῶν
ἡνωμένων μουσικῶν. Εἰς τὸ ἀγώνισμα τοῦτο παρουσιά-
ζεται μία μόνη ὁμάς, ἡ Γερμανική, ἥτις ἐκτελεῖ μετὰ
περισσῆς τέχνης διαφόρους ἀσκήσεις. Οἱ θεαταὶ χειρο-
κροτοῦσι καὶ αὐτοὺς καὶ τὴν ἀνυψουμένην μετὰ τὸ πέ-
ρας τοῦ ἀγωνίσματος γερμανικὴν σημαίαν.

Le concours final d'escrime au sabre a lieu dans
la matinée, en présence du Roi, du Prince Héritier
et du Prince Georges. Cinq concurrents, dont trois
Grecs, y prennent part : MM. Karakalos, Geor-
giadhis, Iatridhis, le Danois M. Nielson et l'Au-
trichien M. Schmal. Il y a en tout dix assauts.
Premier couple : M. Karakalos et M. Schmal ;
le premier est vainqueur, n'ayant pas été touché
et ayant touché trois fois son adversaire. Deu-

xième couple : M. Georgiadhis et M. Iatridhis ;
le premier est vainqueur, n'ayant pas été tou-
ché et ayant touché trois fois son adversaire.
Troisième couple : M. Nielsen et M. Karakalos ;
le second est vainqueur, ayant été touché deux
fois et ayant touché trois fois son adversaire.
Quatrième couple : M. Schmal et M. Geor-
giadhis ; le second est vainqueur, ayant été tou-
ché deux fois et ayant touché trois fois son
adversaire. Cinquième couple : M. Iatridhis et M.
Nielsen ; le second est vainqueur, ayant été tou-
ché une fois et ayant touché trois fois son adver-
saire. Sixième couple : M. Karakalos et M. Geor-
giadhis ; le second est vainqueur, ayant été touché
deux fois et ayant touché trois fois son adver-

Δ΄. Ἀγώνισμα.

Ἱππικὸν ἐφαλτήριον.

Συναγωνίζονται εἰς αὐτὸ ἀθληταὶ δεκαεπτὰ ἐν ὅλῳ, ἐν οἷς καὶ εἷς Ἕλλην, ὁ ἐκ Πατρῶν Πετμεζᾶς, καὶ εἷς ἐκ τῶν μελῶν τῆς ἀφικομένης τὴν προτεραίαν χάριν τῶν ἀγώνων Βουλγαρικῆς ὁμάδος ἀθλητῶν, ὁ Σαμπώρ. Τέχνην πολλὴν καὶ εὐκινησίαν ἐπιδεικνύουσιν οἱ Οὖγγροι καὶ ὁ Ἑλβετὸς Ζούτερ· ἀλλὰ νικητὴς ἀναγνωρίζεται ὁ Γερμανὸς Σούμαν, βραχύσωμος, ἀλλὰ στιβαρὸς καὶ νευρώδης, δημοτικώτατος δὲ γενόμενος παρὰ τῷ λαῷ. Δεύτερος ἦλθεν ὁ Ἑλβετὸς Ζούτερ. Ἡ Γερμανικὴ σημαία καὶ αὖθις ἀναπετάννυται ἐν τῷ μέσῳ τῶν χειροκροτημάτων, ὁ δὲ Σούμαν εὐχαριστεῖ μετὰ διαχύσεως.

Ε΄. Ἀγώνισμα.

Ἱππικὸν ἐφαλτήριον μετὰ λαβίδων.

Τοῦ ἀγῶνος τούτου μετέχουν οἱ αὐτοί, ἀναδείκνυται δὲ νικητὴς δείξας θαυμαστὴν εὐκινησίαν ὁ Ἑλβετὸς Ζούτερ· μετ' αὐτὸν δεύτερος ἐπιτυχὼν ἐκρίθη ὁ Γερμανὸς Βαινγκαῖρτνερ. Εἰς τὸν ἱστὸν ἀνυψοῦται καὶ κυματίζει ἡ σημαία τῆς Ἑλβετικῆς Ὁμοσπονδίας.

Ϛ΄. Ἀγώνισμα.

Κρίκοι.

Τὸ ἀγώνισμα τοῦτο ἐπεφύλασσεν εὐχάριστον ἔκπλη-

saire. Septième couple : M. Schmal et M. Iatridhis ; le premier est vainqueur ayant été touché deux fois et ayant touché trois fois son adversaire. Huitième couple: M. Nielsen et M. Georgiadhis ; le second est vainqueur, ayant été touché deux fois et ayant touché trois fois son adversaire. Neuvième couple : M. Karakalos et M. Iatridhis ; le premier est vainqueur, n'ayant pas été touché et ayant touché trois fois son adversaire ; Dixième couple : M. Schmal et M. Nielsen ; le second est vainqueur, ayant été touché deux fois et ayant touché trois fois son adversaire.

M. Georgiadhis, jeune étudiant de Tripoli, est déclaré vainqueur, il reçoit les félicitations de la famille royale. M. Karakalos, sous-lieutenant d'artillerie, vient second.

Au Stade.

Ce jour-là ont lieu les jeux gymnastiques. A deux heures et demie, le clairon annonce l'arrivée de la famille royale et du Roi de Serbie. Les musiques exécutent l'hymne royal de Grèce et celui de Serbie. Les spectateurs, debout, acclament les deux Souverains.

Aussitôt, conformément au programme, toutes les musiques civiles et militaires, sous les ordres de M. Kaisari, chef de musique de la Place d'Athènes, enlèvent, avec une indicible maestria, la cantate des Jeux Olympiques, composée par M. Samaras. Elle est applaudie comme elle l'a été à l'ouverture des Jeux ; les spectateurs demandent que l'exécution en soit répétée et l'applaudissent avec plus d'enthousiasme encore. Après quoi, commencent les Jeux.

Iᵉʳ Concours.

Course de 800 mètres.

Les deux premiers de chacune des séries du concours éliminatoire y prennent part, à l'exception de M. Lermusiaux, qui s'est désisté. La course se trouve donc limitée entre trois champions : M. Flack, Australien, M. Dani, Hongrois et M. Golémis, Hellène. M. Flack arrive premier, ayant parcouru la distance en 2′ et 11″ ; M. Dani vient second. Pour la seconde fois, le pavillon australien est arboré et acclamé par les spectateurs. Viennent ensuite les jeux gymnastiques, qui se font par équipes.

ξιν εἰς τοὺς ἐν τῷ Σταδίῳ θεατάς. Συνηγωνίσθησαν δώδεκα, ἐν οἷς καὶ οἱ Ἕλληνες Μητρόπουλος τοῦ Ἐθνικοῦ Γυμναστικοῦ Συλλόγου καὶ Περσάκης. Ἀμφότεροι ἔδειξαν ἔκτακτον τέχνην, ἰδίως ὁ πρῶτος νεανίας συμπαθοῦς μορφῆς, ὅστις καὶ ἀνακηρύσσεται νικητής. Πρὶν ἢ ἐπισήμως ἀναγγελθῇ τὸ ἀποτέλεσμα ἓν μέλος τῆς ἀγωνοδίκου Ἐπιτροπῆς ἀναφωνεῖ ἐνθουσιωδῶς γαλλιστί: Ζήτω ἡ Ἑλλάς! Μετ᾽ ὀλίγον δὲ ἐπὶ τοῦ ἱστοῦ σημειοῦται ὁ ἀριθμὸς τοῦ Μητροπούλου καὶ ἀναπετάννυται ἡ ἑλληνικὴ σημαία. Εἶνε ὁ πρῶτος ἐν τῷ Σταδίῳ Ἕλλην Ὀλυμπιονίκης. Ὁ ἐνθουσιασμὸς ἐκσπᾷ ἀκράτητος· δάκρυα ὑγραίνουσι τοὺς ὀφθαλμούς, πῖλοι ῥίπτονται εἰς τὸν ἀέρα, μανδήλια σείονται πυρετωδῶς, αἱ παρατεταμέναι δὲ ἐπευφημίαι καὶ τ᾽ ἀτελεύτητα χειροκροτήματα, ὧν τὸ σύνθημα δίδει ἡ βασιλικὴ οἰκογένεια, ἀποτελοῦσιν μίαν ἀπερίγραπτον συμμιγῆ βοήν.

Ζ΄. Ἀγώνισμα.
Μονόζυγον.

Συναγωνίζονται δεκαέξ, ἐν οἷς δύο Ἕλληνες. Ἐκ τῶν λοιπῶν οἱ πλεῖστοι εἶνε Γερμανοί. Ἐκ τούτων νικῶσιν δύο, ὁ Βαϊγκαίρτνερ πρῶτος καὶ ὁ Φλατὼβ δεύτερος. Τρίτην φορὰν κατὰ τὴν ἡμέραν ἐκείνην ἀνυψοῦται καὶ χαιρετίζεται ἡ γερμανικὴ σημαία.

IIe Concours.
Barres parallèles.

Trois équipes pour les barres parallèles profondes: celle de l'Association Nationale d'Athènes, celle de l'Association Panhellénique et l'équipe allemande. Les équipes grecques se composent d'un plus grand nombre de membres, et ont plus de grâce, plus de naturel dans l'ensemble des mouvements ; chacun de leurs exercices soulève un tonnerre d'applaudissements. Les premiers sont sous la direction de M. Chrysaphis ; les seconds, sous celle de M. Athanassopoulos ; tous portent le même costume : flanelle bleue et caleçons blancs. L'équipe allemande se compose de dix gymnastes, ils portent une tunique blanche et des caleçons noirs. Ils exécutent leurs exercices avec beaucoup de régularité sous la direction de M. Hoffmann, et l'on voit de prime abord qu'ils sont beaucoup plus expérimentés. L'équipe allemande remporte le prix; vient ensuite l'Association Panhellénique. On arbore le pavillon allemand, qui est salué par des applaudissements unanimes.

IIIe Concours.
Barre fixe.

Les musiques se font entendre pendant l'entr'acte. L'équipe allemande figure seule dans ce concours; elle exécute tous les exercices avec une régularité parfaite, au milieu des applaudissements, qui redoublent lorsqu'on arbore de nouveau le pavillon allemand.

IVe Concours.
Saut au cheval.

A ce concours prennent part dix-sept champions, dont un Hellène, M. Petnézas, de Patras, et un Bulgare, M. Champoff membre de l'équipe bulgare arrivée la veille. Les Hongrois ainsi que le Suisse M. Zutter font preuve de beaucoup d'agilité et d'adresse ; mais un Allemand, M. Schuhmann, obtient le prix : c'est un athlète de petite taille, mais solide et nerveux, qui devient tout de suite très populaire ; M. Zutter est second. On arbore de nouveau le pavillon allemand, qui est salué par d'unanimes applaudissements.

Ve Concours.
Saut au cheval avec anneaux.

Les mêmes champions prennent part à ce concours. Le Suisse, M. Zutter, y déploie une agi-

Ὑπολείπονται ἕτερα δύο ἀγωνίσματα, τὸ τοῦ διζύγου καὶ τὸ τῆς ἀναρριχήσεως ἐπὶ κάλω, ἀλλ' ἕνεκα τοῦ προκεχωρηκότος τῆς ὥρας καὶ τοῦ σφοδροῦ ψύχους ἀναβάλλονται διὰ τὴν ἑπομένην πρωΐαν. Ἡ βασιλικὴ οἰκογένεια ἀπέρχεται μετὰ τῶν ἐπισήμων ξένων, ἐν οἷς συγκαταριθμεῖται καὶ ἡ κατὰ τὸ μέσον τῶν ἀγώνων

τῆς ἡμέρας ἐκείνης προσελθοῦσα εἰς τὸ Στάδιον σύζυγος τοῦ παρεπιδημοῦντος αὐστριακοῦ ἀρχιδουκὸς Καρόλου Λουδοβίκου μετὰ τῶν δύο θυγατέρων της. Τὸ πλῆθος ἐξέρχεται εὐχαριστημένον. Ἡ ἡμέρα ὑπῆρξεν εὐσίωνος διὰ τοὺς Ἕλληνας ἀγωνιστάς, ἐξ ὧν τρεῖς ἀνεδείχθησαν Ὀλυμπιονίκαι.

Ἡμέρα Πέμπτη. 29 Μαρτίου.

Εὐτυχῶς ἡ ἡμέρα αὕτη ἡ ἐναγωνίως ἀναμενομένη

lité merveilleuse, et remporte le prix ; M. Weingaertner, Allemand, vient second. Le pavillon de la Confédération helvétique est hissé au haut du mât.

VIᵉ Concours.

Anneaux.

Ce concours réservait une agréable surprise aux spectateurs. Douze champions y prennent part, dont deux Hellènes : M. Persakis et M. Mitropoulos membre de l'Association Nationale de gymnastique. Tous les deux font preuve d'une très grande capacité, le second surtout, jeune homme d'un extérieur fort sympathique, qui est déclaré vainqueur. Avant que le résultat ait été porté à la connaissance du public, un membre du jury, saisi d'enthousiasme, s'écrie : «Vive la Grèce !». Quelques instants après, le numéro matricule du vainqueur est inscrit sur le mât au haut duquel est arboré le pavillon hellénique. C'est le premier Hellène qui remporte une victoire dans le Stade, aussi l'enthousiasme devient-il indescriptible : les yeux s'humectent de larmes, les chapeaux sont lancés en l'air, les mouchoirs s'agitent de toutes parts, les acclamations prolongées et les interminables applaudissement dont la famille royale donne le signal, forment un tohu-bohu indescriptible.

VIIᵉ Concours.

Barre fixe.

A ce concours prennent part seize champions, dont deux Grecs; la plupart des autres sont Allemands, parmi lesquels M. Flatow remporte le prix, et M. Weingaertner vient second. Pour la troisième fois, dans la même journée, on arbore le pavillon allemand.

L'heure étant déjà très avancée et le froid, très vif, les deux autres concours qui, d'après le programme, devaient avoir lieu ce jour-là, sont

ἀνατέλλει αἰθριωτέρα, μὲ θερμοκρασίαν συγκεκερασμέ-
νην. Ἀπὸ τὰς πρωϊνὰς ἤδη ὥρας ἐκδηλοῦται κίνησις
ἔκτακτος καὶ πυρετώδης προσδοκία. Ὁ συνωστισμὸς
εἰς τὰ γραφεῖα τοῦ συμβουλίου τῶν Ἀγώνων εἶνε ἀπερί-
γραπτος. Οἱ ἀστυφύλακες μόλις συνέχουν τὸ πλῆθος.
Ἀλλὰ καὶ εἰς τὰς ὁδούς, ἰδίως δὲ εἰς τὴν ὁδὸν Σταδίου,
ἀποβαίνει δυσχερὴς ἡ διὰ τῶν πεζοδρομίων διάβασις.
Αἰτία εἶνε ἡ πώλησις τῶν εἰσιτηρίων, ὧν ἡ τιμὴ κατὰ
συνετὴν ἀπόφασιν ὑπεβιβάσθη ἀπὸ τῆς ἡμέρας ταύτης.
Ὅλοι ζητοῦν, ὅλοι θέλουν νὰ προμηθευθοῦν θέσιν ὅσον
τὸ δυνατὸν καλλιτέραν καὶ σπρώχνονται καὶ διαγκω-
νίζονται.

Καὶ τὸ αἴτιον τῆς τόσης τύρβης καὶ προσδοκίας εἶνε
τὸ κατὰ τὴν ἡμέραν ταύτην τελούμενον ἀγώνισμα τοῦ
Μαραθωνίου δρόμου. Σχεδὸν ἀφ᾽ ἧς ἡμέρας ἐρρίφθη τὸ
πρῶτον ἡ ἰδέα τῶν Ἀγώνων, πάντες ἐν Ἑλλάδι εἰς
αὐτὸ καὶ μόνον ἐξ ὅλων τῶν ἀγωνισμάτων ἀπέβλεψαν
κατὰ πρῶτον. Βαθμηδὸν δὲ καὶ κατ᾽ ὀλίγον ἐγεννήθη,
ἐκαλλιεργήθη καὶ ἐρριζοβόλησεν ἡ ἰδέα ὅτι Ἕλλην
ἔπρεπε νὰ εἶνε ὁ νικητὴς τοῦ Μαραθωνίου δρόμου. Ἡ
ἰδέα αὕτη ὑπηγορεύετο ἐξ ἐθνικῆς φιλοτιμίας καὶ ἐπιθυ-

μίας εὐεξηγήτου ὅπως μὴ ἀποκομίσῃ ξένος τὸ γέρας τοῦ
σπουδαιοτάτου ἐξ ὅλων ἀγωνίσματος, οἷον ἦτο πράγματι
ὁ δρόμος 40 χιλιομέτρων· ἀλλὰ καὶ αἱ ἱστορικαὶ παρα-
δόσεις καὶ ἡ ἀνάμνησις τοῦ διανύσαντος τὸν αὐτὸν δρό-
μον ἀγγέλου τῆς ἐν Μαραθῶνι μάχης, ὅστις ἐξέπνευσε
προφθάσας μόνον νὰ εἴπῃ τὸ «ἐνικήκαμεν», ἀπέδιδον εἰς
αὐτὸ χαρακτῆρα ἐθνικόν. Ἀφοῦ λοιπὸν οὕτως ἐτέθη τὸ
ζήτημα καὶ τοιαύτη ἀπεδόθη γενικῶς σημασία καὶ χα-
ρακτηρισμὸς εἰς τὸ ῥηθὲν ἀγώνισμα, τὸ ἐνδιαφέρον τοῦ

renvoyés au lendemain matin. Les Souverains,
ainsi que S. A. I. l'archiduchesse Marie Thérèse
d'Autriche, accompagnée de ses deux filles, quit-
tent le Stade. La foule s'écoule peu à peu ; tous
sont satisfaits de cette journée dans laquelle trois
Hellènes ont été proclamés Olympioniques.

Cinquième Journée. 29 Mars.

Au Stade.

Ce jour si impatiemment attendu se lève heu-
reusement plus serein ; la température est sensi-
blement plus douce. De bon matin règne déjà un
mouvement extraordinaire. Dans les bureaux du
Comité des Jeux Olympiques l'affluence est indes-
criptible, et les agents de police peuvent à peine
contenir la foule. La circulation devient très dif-
ficile sur les trottoirs des principales rues, de la
rue du Stade surtout. Ce mouvement extraordi-
naire est motivé par la vente des billets, dont,
par suite d'une sage mesure, le prix a été réduit
à partir de ce jour. On se pousse, on se bouscule,
chacun cherche à se procurer la meilleure place
possible. Depuis le jour où, pour la première fois,
l'idée du rétablissement des Jeux Olympiques avait
été lancée, la course de Marathon n'avait cessé
de préoccuper la pensée du public. On s'était
insensiblement fait à l'idée qu'à ce concours, un
Grec devait nécessairement être vainqueur. Ce
vœu n'avait d'ailleurs rien que de légitime : la
course de Marathon était, en effet, considérée
comme le plus important des concours et comme,
pour ainsi dire, le clou des Jeux Olympiques, il y
allait de l'amour-propre national que la palme
en restât à un enfant du pays. A cette considé-
ration venaient s'en joindre d'autres provenant
des traditions historiques : on se rappelait le fa-
meux Messager de Marathon qui avant d'expirer
de fatigue avait pu, le premier, annoncer aux Athé-
niens la victoire, par ce mot resté célèbre : «Nous
avons vaincu !». Dans cet état de choses, on com-
prend facilement quel devait être ce jour-là l'in-
térêt du public. Des maîtres d'hôtel s'étaient en-
gagés, dans le cas où le vainqueur de ce concours
serait Grec, à le nourrir, les uns, sa vie durant,
d'autres pendant un temps déterminé, des coif-
feurs, des tailleurs lui offraient d'avance gratui-
tement leurs services, des négociants lui promet-
taient une prime ou un cadeau en nature, etc., etc.

κοινοῦ συνεκεντρώθη ἀρχῆθεν ἐπ' αὐτοῦ μετ' ἰδιαζούσης ἀποκλειστικότητος. Ὅσον ἐπλησίαζεν ἡ ἡμέρα τοῦ ἀγῶνος, τόσον ηὔξανε τὸ φλογερὸν τοῦ λαοῦ ἐνδιαφέρον καὶ τόσον ἐκραταιοῦτο παρ' αὐτῷ ὁ πόθος ὅπως Ἕλλην καὶ οὐχὶ ξένος ἀναδειχθῇ νικητής, Ὅθεν ὑποσχέσεις πολλαὶ καὶ ἀμοιβαὶ ἤρξαντο προκηρυσσόμεναι. Ξενοδόχοι, ῥάπται, κουρεῖς καὶ ἄλλοι ἐπαγγελματίαι ἐδημοσίευον δηλώσεις εἰς τὰς ἐφημερίδας, ὑποσχόμενοι ὅτι παρεῖχον δωρεὰν εἰς τὸν εὐτυχῆ νικητὴν τοῦ Μαραθωνίου δρόμου, ἐὰν ἦτο Ἕλλην, τὴν ἐκ τοῦ ἐπαγγέλματός των ὑπηρεσίαν, οἱ μὲν ἐπὶ ὡρισμένον χρόνον, οἱ δὲ ἰσοβίως· ἕτεροι δὲ ἔτασσον ἀμοιβὰς ἢ δῶρα. Καὶ ἡ ἅμιλλα διὰ τούτων ἐξήπτετο εἰς ὕπατον βαθμόν.

Τὴν πρωΐαν ἐν τῷ Σταδίῳ κατὰ τὴν 10 ὥραν τελοῦνται τὰ ἀναβληθέντα ἐκ τῆς προτεραίας δύο γυμναστικὰ ἀγωνίσματα.

Α'. Ἀγώνιδμα.
Δίζυγον.

Τὸ ἀγώνισμα τοῦτο ἦτο ὄγδοον ἐν τῇ σειρᾷ τοῦ προγράμματος τῆς προτεραίας, συμμετέχουσι δὲ αὐτοῦ δέκα καὶ ὀκτώ, ἐν οἷς καὶ τινες Ἕλληνες. Νικητὴς ἀνακηρύσσεται ὁ ἐξαίρετος γυμναστὴς Γερμανὸς Φλατώβ, δεύτερος δὲ ὁ Ἐλβετὸς Ζοῦτερ. Καὶ χαιρετίζεται ἀνυψουμένη ἐπὶ τοῦ ἱστοῦ ἡ γερμανικὴ σημαία.

Β'. Ἀγώνιδμα.
Ἀναρρίχησις ἐπὶ κάλῳ.

Εἰς τὸ ἀγώνισμα τοῦτο, θεαματικώτερον καὶ δυσκολώτερον, λαμβάνουσι μέρος ἀγωνισταὶ πέντε. Μὲ τέχνην ζηλευτὴν καὶ μὲ ταχύτητα πολλὴν ἀναρριχᾶται πρῶτος ὁ νέος Ν. Ἀνδριακόπουλος ἐκ Πατρῶν, μέλος τοῦ Παναχαϊκοῦ Συλλόγου, μετ' αὐτὸν δὲ ἐπίσης πολλὴν τέχνην καὶ εὐκινησίαν δεικνύει ὁ Ξενάκης, μέλος τοῦ Ἐθνικοῦ Γυμναστικοῦ Συλλόγου. Ὕστερον ἀποπειρῶνται ἐκ τῶν ἐγγεγραμμένων ὁ Γερμανὸς Χόφμαν, ὁ Δανὸς Ζένσεν καὶ ὁ Ἄγγλος Ἔλλιοτ· ἀλλ' ἀποτυγχάνουσιν, οἱ δὲ λοιποὶ ἐγγεγραμμένοι ἀποχωροῦσι. Διὸ νικητὴς πρῶτος ἀνακηρύσσεται ὁ Ἀνδριακόπουλος καὶ δεύτερος ὁ Ξενάκης. Ἡ ἐμφάνισις δὲ τῆς κυανολεύκου ἑλληνικῆς σημαίας ἐπὶ τῆς κορυφῆς τοῦ ἱστοῦ προκαλεῖ παρατεταγμένον ἀλαλαγμὸν ἐνθουσιασμοῦ.

Σκοποβολή.

Εἰς τὸ σκοπευτήριον κατὰ τὴν αὐτὴν πρωΐαν ἀπὸ τῆς 9 π. μ. μέχρι τῆς 1 μ. μ. τελεῖται ἀγὼν βολῆς διὰ περιστρόφου τῆς ὑπηρεσίας ἐξ ἀποστάσεως 25 μέτρων. Οἱ ἀγωνιζόμενοι ἦσαν ἐν ὅλῳ δεκαέξ, διῃρημένοι εἰς ὃ σειράς. Νικητὴς πρῶτος ἀναδείκνυται ὁ Ἀμερικανὸς Τζὼν Παΐυ βαλὼν ἐπιτυχεῖς βολὰς 25 ἐκ τῶν 30, ἃς

Vers dix heures du matin, on reprend, au Stade, les Jeux gymnastiques qui n'avaient pu avoir lieu la veille.

Iᵉʳ Concours.
Barres parallèles.

Ce concours était le huitième dans la série du programme de la veille. Dix-huit champions y prennent part, parmi lesquels figurent quelques Hellènes. M. Flatow, excellent gymnaste Allemand est proclamé vainqueur, et le pavillon allemand est hissé au haut du mât.

IIᵉ Concours.
Traction à bras sur corde lisse.

A ce concours plus attrayant et plus difficile prennent part cinq champions. M. Andriakopoulos, de Patras, membre de l'Association Panachéenne de gymnastique se hisse le premier avec une agilité inconcevable. M. Xénakis, membre de l'Association Nationale de gymnastique, fait aussi preuve de beaucoup d'art et de souplesse. Après eux, essayent vainement de se hisser l'Allemand M. Hoffmann, le Danois M. Jonsen et l'Anglais M. Elliot ; les autres champions inscrits se désistent. M. Andriakopoulos est donc déclaré vainqueur et M. Xénakis, second. L'apparition des couleurs nationales au sommet du mât soulève des applaudissements unanimes et prolongés.

Tir.

Dans la matinée du même jour, de neuf heures à une heure de l'après-midi a lieu le concours de

ἐδικαιοῦτο ἕκαστος νὰ ῥίψῃ, μὲ ἀριθμὸν ἐπιτυχιῶν 442·
δεύτερος δὲ ὁ ἀδελφός του Σώμνερ Παὶν μὲ βολὰς 23
καὶ ἀριθμὸν ἐπιτυχιῶν 380. Ἐκ τῶν ἀγωνιζομένων
τινὲς ἀπεχώρησαν κατὰ τὴν διάρκειαν τοῦ ἀγῶνος.

Οἱ δύο Ἀμερικανοὶ νικηταί εἰσιν ἀμφότεροι ἀξιωμα-
τικοὶ εἰς τὸν στρατὸν τῶν Ἡνωμένων Πολιτειῶν, φέ-
ροντες βαθμὸν ὑπολοχαγοῦ τοῦ πεζικοῦ· ἔφερον δὲ μεθ᾽
ἑαυτῶν ἰδικά των περίστροφα τελειοτάτου συστήματος
καὶ λίαν εὔθυβόλα.

Ἐν τῷ Σταδίῳ.

Μετὰ μεσημβρίαν.

Δὲν εἶχον ἀκόμη σχεδὸν ἠχήσει οἱ κώδωνες τῆς με-
σημβρίας, ὅτε ἤρχισεν ἡ εἰς τὸ Στάδιον μετάβασις. Ἡ
ἐν τῇ πόλει κίνησις ἦτο ἀπερίγραπτος. Εἰς ὅλας τὰς
ὁδούς, εἰς ὅλας τὰς γωνίας τῆς πόλεως οἱ πολῖται καθ᾽
ὁμίλους, κατὰ στίφη ἔβαινον μετὰ σπουδῆς πρὸς τὰ
παριλίσσια μέρη. Ὅλα τὰ μεταγωγικὰ μέσα, ἐτέθησαν
εἰς ἐνέργειαν. Αἱ ἁμαξοστοιχίαι τοῦ σιδηροδρόμου κατὰ
πᾶσαν στιγμὴν κατέρθανον ἀσθμαίνουσαι καὶ ἀπεβίβα-
ζον εἰς τοὺς σταθμοὺς κατὰ ἑκατοστύας τοὺς ἐπιβάτας.
Τὴν 1 ½ μ. μ. ἡ πόλις τῶν Ἀθηνῶν ἦτο ἔρημος, καὶ
τὸ Στάδιον ἦτο πλῆρες. Μετὰ ἡμίσειαν ὥραν εἰς τὸν ἀπέ-
ραντον ἐκεῖνον χῶρον δὲν ὑπῆρχεν οὔτε μία θέσις κενή.

Ὅσοι δὲν ηὐτύχησαν νὰ ἴδωσι τὸ Παναθηναϊκὸν Στά-
διον κατὰ τὴν ἡμέραν ταύτην τὴν ἱστορικήν, ἀπώλεσαν
θέαμα πρωτοφανοῦς μεγαλοπρεπείας. Αἱ κλιμακωταὶ
πλευραὶ τοῦ ἀγανοῦς περιβόλου καλύπτονται μέχρι στε-
φάνης ὑπὸ πλήθους πυκνοῦ, συνεσφιγμένου, ἀποτελοῦν-
τος μίαν συμπαγῆ μάζαν, τὸ ἀμαυρὸν χρῶμα τῆς ὁποίας
διαστίζεται ἐκ τῶν στρατιωτικῶν στολῶν καὶ τῶν γυ-
ναικείων ἀμφιέσεων. Καὶ αἱ μᾶλλον ἀπομεμακρυσμέναι
κερκίδες εἰσὶν ἀσφυκτικῶς πεπληρωμέναι. Αἱ μεταξὺ
αὐτῶν κλίμακες κατελήφθησαν μέχρι τῆς ἀνωτάτης

tir au revolver d'ordonnance, à une distance de 25
mètres. Les concurrents, au nombre de seize, sont
répartis en cinq catégories. L'Américain M. John
Paine est proclamé vainqueur : sur les trente
coups que chacun des concurrents avait le droit
de tirer, il a un total de 25 coups touchés et de
442 points faits. Son frère M. Sommer Paine vient
second avec un total de 23 coups touchés et de
380 points faits. Quelques-uns des champions se
sont retirés pendant la durée du concours.

Les deux vainqueurs Américains sont capitai-
nes d'infanterie dans l'armée des États-Unis ; ils
ont fait usage de leurs armes personnelles, d'un
système très perfectionné et d'une remarquable
justesse de tir.

ΑΦΙΞΙΣ ΤΟΥ ΛΟΥΗ ΕΝ ΤΩι ΣΤΑΔΙΩι ΚΑΤΑ ΤΗΝ ΗΜΕΡΑΝ ΤΟΥ ΜΑΡΑΘΩΝΙΟΥ ΔΡΟΜΟΥ

L'ARRIVÉE DE LOUÏS AU STADE LE JOUR DE LA COURSE DE MARATHON

βαθμίδος· καὶ αὐτὸς ὁ περὶ τὴν κονίστραν περίβολος ἐπληρώθη ὑπὸ θεατῶν ὀρθίων, ὁλονὲν συμπυκνουμένων, ὥστε καθίσταται ἀδύνατος σχεδὸν ἡ συγκοινωνία. Οἱ ἐφορεύοντες ἀξιωματικοὶ καταβάλλουσιν ὑπερανθρώπους κόπους διὰ νὰ συγκρατήσωσιν τὴν ἀκατάσχετον ἐκείνην πλήμμυραν. Ὑπεράνω δὲ τῆς ἐπιβλητικῆς ταύτης συναθροίσεως ἑτέρα ζώνη θεατῶν περισφίγγει τὸν ἐπὶ τῆς κορυφῆς τῶν σκελῶν κυκλοτερῆ λίθινον περίβολον, ἀποτελοῦσα ἰδιόρρυθμον στεφάνην καὶ ἔτι ἀνωτέρω ἄλλοι πυκνοὶ μαυρίζοντες ὄγκοι καλύπτουσι τὰ ὑπερκείμενα ὑψώματα, τὴν κορυφὴν τοῦ Ἀρδηττοῦ κλπ.

Εἰς 70 χιλιάδας ὑπολογίζονται οἱ ἐντὸς τοῦ Σταδίου εἰσελθόντες θεαταὶ κατὰ τὴν ἡμέραν ἐκείνην. Ἀλλ' ἔξω τοῦ ἕρκους τοῦ Σταδίου, παρεκτὸς τοῦ ἐπὶ τῶν ὑψωμάτων ἀνθρωποστιβάγματος, ὑπάρχει ἑτέρα μυρμηκιὰ πυκνή, ἀτελεύτητος, πληροῦσα τὸν πρὸ τοῦ Σταδίου χῶρον καὶ τὰ πέριξ. Τὰ πεζοδρόμια τῆς λεωφόρου Ἡρώδου τοῦ Ἀττικοῦ κατέχονται ὑπὸ πυκνοῦ πλήθους, δυσκόλως δὲ συγκρατοῦσι τὴν τάξιν οἱ ἐκεῖ περιπολοῦντες πολυάριθμοι πεζοὶ καὶ ἔφιπποι φρουροί. Καὶ τὸ πλῆθος τῶν περιέργων ἐκτείνεται πέραν, πολὺ πέραν ἀκόμη καὶ καταλαμβάνει τὰ πεζοδρόμια τῆς ἀπεράντου λεωφόρου Κηφισίας, ἐν ᾗ εἶνε ἀπηγορευμένη ἡ κυκλοφορία τῶν ἁμαξῶν κατὰ τὴν ἡμέραν ταύτην, μέχρι τῆς Ῥιζαρείου Σχολῆς, ὁπόθεν θ' ἀναγγελθῇ διὰ βολῆς τηλεβόλου ἡ ἄφιξις τοῦ πρώτου δρομέως. Ἀρκετοὶ δὲ προχωροῦσιν ἔτι περαιτέρω, διότι ἅπαν τὸ ἐντὸς καὶ ἐκτὸς τοῦ Σταδίου πλῆθος ὑπὸ μίας καὶ μόνης κατέχεται φλογερᾶς ἀνυπομονησίας, νὰ ἴδῃ τίς θὰ εἶνε ὁ νικητὴς τοῦ Μαραθωνίου δρόμου.

Τὴν δευτέραν καὶ ἡμίσειαν ἀκριβῶς μετὰ μεσημβρίαν εἰσέρχεται εἰς τὸ Στάδιον ἡ βασιλικὴ οἰκογένεια μετὰ τοῦ βασιλέως τῆς Σερβίας καὶ τῶν λοιπῶν ἐπισήμων ξένων καὶ γίνονται δεκτοὶ μετὰ τῶν εἰθισμένων τιμῶν. Ἅμα τῇ εἰσόδῳ τῶν ἵστανται πρὸς στιγμὴν ἐντός, θαυμάζοντες τὸ ἐπιβλητικὸν θέαμα, ὑπὸ τοὺς ἤχους δὲ τῶν μουσικῶν καὶ τὰς ζωηρὰς ἐπευφημίας τῶν θεατῶν πορεύονται καὶ καταλαμβάνουσι τὰς ἐν τῇ σφενδόνῃ θέσεις των. Εὐθὺς μετὰ τοῦτο διὰ σαλπίσματος ἄρχονται τ' ἀγωνίσματα κατὰ τὴν ἐν τῷ προγράμματι σειράν.

Au Stade.

Après-midi.

Avant midi, on commence déjà à se diriger vers le Stade. Dans toute la ville règne un mouvement indescriptible. On voit de tous côtés des groupes porter leurs pas vers les bords de l'Ilissus. Les trains arrivent bondés de monde. Vers une heure et demie après midi, la ville d'Athènes était déserte, et le Stade comble.

Ceux qui n'ont pas eu le bonheur de voir le Stade, en cette journée mémorable, ne sauraient se faire une idée du spectacle unique et imposant qu'il présentait. Depuis les rangées inférieures jusqu'au sommet, les gradins de cette immense enceinte sont couverts d'un foule épaisse, serrée, formant une masse compacte, dont la couleur sombre est égayée par les uniformes militaires et les toilettes claires des dames. Les kerkides les plus éloignées sont combles, les escaliers qui les séparent sont occupés jusqu'aux dernières marches, le corridor qui fait le tour de l'arène est rempli de spectateurs qui se tiennent debout, la communication devient presque impossible. Au-dessus de cette foule compacte, des milliers de spectateurs, placés sur le sommet de l'Arditos et sur les hauteurs qui dominent le Stade, forment comme une immense ceinture vivante autour de l'enceinte de pierre.

On évalue à 70,000 le nombre des spectateurs qui sont entrés, ce jour là, dans le Stade, sans compter ceux qui occupaient les hauteurs environnantes ou les abords. Les trottoirs de l'avenue Hérode Atticus sont couverts d'une foule immense, qui se continue sur la route de Képhisia, où la circulation des voitures est interdite jusqu'à l'École Rhizaris, d'où sera annoncée, par un coup de canon, l'arrivée du premier coureur. Cette multitude tout entière est possédée par une seule pensée : Quel sera donc le vainqueur de la course de Marathon ?

A deux heures et demie, la famille royale et le roi de Serbie font leur entrée au Stade, où ils

Α΄ 'Αγώνισμα.

Τελικὸς δρόμος 100 μέτρων.

Μετέχουσιν αὐτοῦ ἐξ ἀγωνισταί, ἐν οἷς καὶ ὁ Ἕλλην Χαλκοκονδύλης. Τρέχουσιν ἀστραπιαίως ἅμα τῷ συνθήματι καὶ φθάνει πρῶτος εἰς τὸ τέρμα ὁ Ἀμερικανὸς Βοῦρκε εἰς 12 δευτερόλεπτα ἀκριβῶς. Δεύτερος φθάνει ὁ Γερμανὸς Χόφμαν.

Β΄. 'Αγώνισμα.

Ἅλμα εἰς ὕψος.

Μεταξὺ δύο στύλων τοποθετεῖται ῥάβδος ὁριζόντιος, ἥτις ἀναβιβάζεται κανονικῶς μετὰ πᾶν ἅλμα κατὰ ὡρισμένους βαθμούς, σημειωμένους ἐπὶ τῶν στύλων. Ἄκωθεν ταύτης ὀφείλουσι νὰ πηδήσωσιν οἱ ἀγωνισταί, χωρὶς νὰ ῥίψωσιν αὐτήν. Τὸ κατώτατον ὅριον εἶνε μέτρον 1.50. Πέντε μόνοι ἀγωνισταὶ παρουσιάζονται ἐκ τῶν 14 ἐγγεγραμμένων, ἐξ ὧν τρεῖς Ἀμερικανοί, οἵτινες ἀρχῆθεν φαίνονται δεινοὶ ἄλται. Ὅσῳ ἀνυψοῦται ἡ ῥάβδος, τόσῳ τὸ πήδημα καθίσταται δυσχερέστερον. Οἱ ἀγωνισταὶ βαθμηδὸν ἀποσύρονται, καὶ μένει μόνος νικητὴς ὁ Ἀμερικανὸς Κλάρκ, πηδήσας εἰς ὕψος μ. 1.81. Καὶ πάλιν ἡ ἀστερόεσσα σημαία κυματίζει ὑπερήφανος, ἐνῷ ἀντηχοῦσιν αἱ ἐνθουσιώδεις καὶ ξενότροποι ἐπευφημίαι τῶν Ἀμερικανῶν συναθλητῶν σεμνυνομένων, ἐπὶ ταῖς ἀλλεπαλλήλοις νίκαις.

Γ΄. 'Αγώνισμα.

Δρόμος μετ' ἐμποδίων 110 μέτρων.

Τὸ ἀγώνισμα συνίσταται εἰς μονομαχίαν μεταξὺ τοῦ Ἀμερικανοῦ Κούρτις καὶ τοῦ Ἄγγλου Γκούλτιγκ, μὴ

sont reçus avec le cérémonial habituel. Ils s'arrêtent un instant pour admirer le spectacle qui s'offre à leurs regards, ils se dirigent ensuite vers leurs sièges et le clairon annonce aussitôt le commencement des Jeux.

Iᵉʳ Concours.

Course définitive de 100 mètres.

A ce concours prennent part six champions, dont un Grec, M. Chalcocondylis. Le signal donné, ils s'élancent tous avec la rapidité de l'éclair. M. Burke, Américain, arrive premier en 12″ ; M. Hoffmann, Allemand, vient second.

IIᵉ Concours.

Saut en hauteur.

Les concurrents ont à franchir une légère baguette transversale, posée entre deux montants, et que l'on élève graduellement après chaque saut. On commence à partir du minimum de limité, qui est d'un mètre cinquante. Sur quatorze champions inscrits, cinq seulement prennent part au concours, dont trois Américains, qui font preuve d'une très grande habileté. Plus la baguette s'élève, plus le saut devient difficile. Les divers concurrents se retirent peu à peu. L'Américain M. Clark reste sans rival ; il est déclaré vainqueur après avoir exécuté un saut d'un mètre quatre-vingt un. On arbore de nouveau le pavillon étoilé, et les Américains, fiers des victoires successives de leurs compatriotes, font de nouveau entendre leurs bizarres hourras.

IIIᵉ Concours.

Course de 110 mètres avec obstacles.

Les autres champions inscrits ne se présentant pas, ce concours se réduit à un duel entre l'Américain Curtis et l'Anglais M. Gulding. M. Curtis est déclaré vainqueur arrivant premier en 17″ ³/₅ et l'enthousiasme de ses compatriotes ne connaît plus de bornes : pour la troisième fois dans la même journée on arbore le pavillon américain, qui, depuis l'ouverture des Jeux Olympiques a remporté le plus de succès.

IVᵉ Concours.

Saut à la perche.

Ce jeu si intéressant absorbe d'abord l'attention du public, qui ne tarde pas à manifester son

προσελθόντων τῶν ἑτέρων δύο ἐγγεγραμμένων. Νικᾷ ὁ Κούρτις, φθάσας πρῶτος εἰς 17″ ³/₅. Καὶ τότε πλέον ὁ ἐνθουσιασμὸς τῶν συμπολιτῶν του φθάνει εἰς τὸ κατακόρυφον, ἐνῷ διὰ τρίτην φορὰν κατὰ τὴν ἡμέραν ἐκείνην ἀνυψοῦται καὶ χαιρετίζεται ἡ ὑπὲρ πάσας τὰς λοιπὰς νικηφόρος κατὰ τοὺς Ἀγῶνας Ἀμερικανικὴ σημαία.

Δ΄. Ἀγώνισμα.

Ἅλμα ἐπὶ κοντῷ.

Τὸ ἀγώνισμα τοῦτο ὡς θεαματικὸν καὶ ἐνδιαφέρον κατορθοῖ πρὸς στιγμὴν νὰ συγκρατήσῃ τὴν προσοχὴν τοῦ κοινοῦ, τὸ ὁποῖον ἀρχίζει ἤδη ν' ἀνυπομονῇ, ἐπειδὴ πλησιάζει ἡ ὥρα τῆς ἀφίξεως τῶν ἐκ Μαραθῶνος δρομέων. Μετέχουσιν αὐτοῦ πέντε μόνοι ἐκ τῶν ἐγγεγραμμένων 16, ἤτοι οἱ Ἕλληνες Δαμάσκος, Θεοδωρόπουλος καὶ Ξυδᾶς καὶ οἱ Ἀμερικανοὶ Τάϋλερ καὶ Χόϋτ. Ἡ ὑπεροχὴ τῶν τελευταίων καταφαίνεται εὐθὺς ἐξ ἀρχῆς· ἔχοντες ἴδια μακρὰ καὶ στερεὰ ἀκόντια, πηδῶσι μετὰ καταπληκτικῆς εὐχερείας ὑπεράνω τῆς ἐγκαρσίας ῥάβδου, ἥτις ὁλονὲν ἀνυψοῦται. Ἐκ τῶν Ἑλλήνων διαπρέπει ὁ Θεοδωρόπουλος, ἐνθαρρύνεται δὲ ἀπαύστως ὑπὸ τῶν θεατῶν, ἐπευφημούντων κατὰ πᾶν αὐτοῦ ἐπιτυχὲς ἅλμα· ἀλλὰ καὶ αὐτὸς καὶ οἱ ἄλλοι ἀποσύρονται τοῦ ἀγῶνος μὴ δυνάμενοι νὰ ὑπερβῶσιν ὕψος ἀνώτερον τῶν μ. 2.85, παραμένουσι δὲ θεώμενοι τὴν μεταξὺ τῶν Ἀμερικανῶν μονομαχίαν, ἐπιδαψιλεύοντες εἰς αὐτοὺς περιποιήσεις, διότι ἕνεκα τῆς προϊούσης ὥρας καὶ τοῦ αἰσθητοῦ καθισταμένου ψύχους, ἔχουσιν ἀνάγκην προστριβῶν καὶ ποτῶν τονικῶν. Ἡ μονομαχία αὕτη παρατείνεται ἐπὶ πολύ. Ὁ Χόϋτ φθάνει μέχρι μ. 3.25· ἀλλ' ὁ Τάϋλερ τὸν ὑπερτερεῖ, πηδήσας μ. 3.30 καὶ ἀνακηρύσσεται νικητής.

Σημειωτέον ὅτι τὸ ἀγώνισμα τοῦτο διεκόπη περὶ τὰ τέλη καὶ ἐπερατώθη βραδύτερον, καθότι συνέπεσεν ἐν τῷ μεταξὺ ἡ ἄφιξις τῶν ἀγωνιστῶν τοῦ Μαραθωνίου δρόμου, περὶ οὗ εὐθὺς κατωτέρω.

impatience, car l'heure à laquelle étaient attendus les coureurs de Marathon est déjà arrivée. Sur dix-huit champions inscrits, cinq seulement prennent part au concours : MM. Damaskos, Théodoropoulos et Xydas, tous trois Hellènes, et les Américains MM. Taylor et Hoyt. On s'aperçoit aussitôt de la supériorité des deux derniers, ils avaient porté avec eux de longues perches d'une très grande solidité, à l'aide desquelles ils sautent avec une souplesse surprenante au-dessus de la baguette horizontale, que l'on élève au fur et à mesure. Parmi les champions Grecs on remarque

surtout M. Théodoropoulos ; le public ne cesse de l'encourager et l'applaudit à chaque saut réussi, mais il est enfin, lui aussi, obligé de se retirer du concours, ne pouvant dépasser la hauteur de 2 mètres 85. Les trois premiers champions deviennent à leur tour spectateurs du duel qui s'établit entre les deux Américains, auxquels ils prodiguent leurs soins, car, par suite de l'heure avancée, le froid est devenu assez vif, et leurs confrères ont besoin de massages et de toniques. Le concours se prolonge assez longtemps. M. Hoyt arrive jusqu'à 3 mètres 25, mais M. Taylor le dépasse par un saut de 3 mètres 30, celui-ci est donc proclamé vainqueur.

Vers la fin, ce concours fut interrompu par

ζ΄. Ἀγώνισμα.

Μαραθώνιος δρόμος.

Πολλοὶ εἶχον ἐγγραφῆ διὰ τὸ σπουδαιότατον τοῦτο ἀγώνισμα, ἀλλ' οἱ πλεῖστοι ἀπεσύρθησαν τὴν τελευταίαν ὥραν, μὴ αἰσθανόμενοι ἐπαρκεῖς δυνάμεις. Οἱ ἀπομείναντες περὶ τοὺς εἰκοσιπέντε, μετέβησαν ἀπὸ τῆς προτεραίας εἰς Μαραθῶνα, μετὰ τῆς εἰδικῆς ἐπιτροπῆς καὶ διενυκτέρευσαν ἐκεῖ. Περὶ τὴν 2 μ. μ. δὲ τῆς ἐπομένης ἐτάχθησαν εἰς δύο σειράς, ἀπεχούσας ἀλλήλων μερικὰ βήματα, κατὰ τάξιν ὁρισθεῖσαν ὑπὸ τοῦ κλήρου, παρὰ τὴν πλησίον τῆς πεδιάδος τοῦ Μαραθῶνος γέφυραν, ἥτις ἦτο ἡ ἀφετηρία. Ὁ ἀφέτης ταγματάρχης Γ. Παπαδιαμαντόπουλος μετὰ σύντομον προσλαλιὰν ἔδωσε τὸ σύνθημα τῆς ἐκκινήσεως διὰ πιστολισμοῦ καὶ εὐθὺς οἱ ἀγωνισταί, φέροντες ἐλαφρὰν περιβολὴν ἐξεκίνησαν δρομαῖοι. Τοὺς δρομεῖς παρηκολούθουν ποδηλατισταί, ἀξιωματικοὶ καὶ στρατιῶται ἔφιπποι ἐπιτηροῦντες τὴν πορείαν των, κατ' ἀποστάσεις δὲ ἅμαξαι μετὰ ἰατρῶν καὶ τῶν ἀναγκαίων προχείρων φαρμάκων πρὸς περίθαλψιν τῶν ἐξαντλουμένων.

Ὁ δρόμος αὐτῶν ἔσχε ποικίλας δραματικὰς φάσεις καὶ ἐπεισόδια. Μέχρι τοῦ Πικερμίου προηγεῖται ὁ εὐκίνητος Γάλλος Λερμυζιώ, ἕπονται δὲ κατὰ σειρὰν ὁ φοβερὸς δρομεὺς Αὐστραλιανὸς Φλάκ, ὁ Ἀμερικανὸς Μπλάϊκ, ὁ Οὖγγρος Κέλνερ, μεθ' ὃν ἀκολουθοῦσιν οἱ Ἕλληνες δρομεῖς, προηγουμένου τοῦ ἐξ Ἀμαρουσίου Λαυρέντη. Ὁ Λερμυζιὼ προηγεῖται κατὰ τρία χιλιόμετρα τοῦ δευτέρου ἐρχομένου Φλάκ, διανύσας τὴν μέχρι Πικερμίου ἀπόστασιν εἰς 52 λεπτὰ τῆς ὥρας. Καθ' ὁδὸν εἰς πάντα τὰ σημεῖα πολυάριθμοι κάτοικοι τῶν διαφόρων τῆς Ἀττικῆς χωρίων σταθμεύουσιν ἀναμένοντες μετὰ πολλῆς περιεργείας καὶ ἐνδιαφέροντος τὴν διέλευσιν τῶν ἀγωνιστῶν, τοὺς ὁποίους χαιρετίζουσι καὶ ἐνθαρρύνουσι ἄνευ διακρίσεως ἐθνικότητος, προσφέ-

l'arrivée des coureurs de Marathon, dont nous allons parler.

Vᵉ Concours.

Course de Marathon.

Un assez grand nombre de champions s'étaient fait inscrire pour ce concours, mais la plupart, doutant de leurs forces, se désistèrent au dernier moment. Les concurrents, au nombre d'environ vingt-cinq, qui persistèrent dans leur résolution se rendirent, dès la veille, à Marathon où ils passèrent la nuit ; ils étaient accompagnés d'une commission spéciale. Le lendemain, vers deux heures de l'après-midi, ils se rendent au pont de Marathon, qui avait été choisi comme point de départ, là, ils se rangent, selon l'ordre que leur assigne le sort, sur deux lignes à quelques pas de distance l'une de l'autre. M. Papadiamantopoulos, colonel, qui remplissait les fonctions de starter, après une courte allocution, donne en tirant un coup de revolver le signal du départ. Les coureurs, légèrement vêtus, s'élancent aussitôt. Ils sont suivis par des bicyclistes ainsi que par des officiers et des soldats à cheval qui surveillent leur marche. De distance en distance, des médecins en voiture suivent les coureurs pour leur donner, en cas de besoin les premiers secours.

Cette course eut des incidents assez dramatiques. Jusqu'à Pikermi c'est l'agile Français M. Lermursiaux qui est en tête ; viennent ensuite l'Australien Flack, l'Américain Black, le Hongrois Kelner, puis les coureurs Grecs, dont le premier est Lavrentis de Maroussi. M. Lermursiaux a une avance de trois kilomètres sur M. Flack, qui vient second, il a parcouru en 52 minutes la distance

ρόντες αὐτοῖς φιλοφρόνως ἀναψυκτικά. Μετὰ τὸ Πι-
κέρμι ἡ κόπωσις ἀρχίζει νὰ ἐκδηλοῦται εἰς μερικούς,
οἵτινες ἀποσύρονται εἰσερχόμενοι εἰς τὰς παρακολου-
θούσας ἁμάξας. Ὁ Ἀμαρουσιώτης Λούης διερχόμενος
ἐκ τοῦ παρὰ τὸ Πικέρμι χανίου, ζητεῖ καὶ ῥοφᾷ ποτή-
ριον πλῆρες οἴνου, ἐρωτᾷ περὶ τῶν προτρεχόντων καὶ
μετὰ πεποιθήσεως δηλοῖ ὅτι θὰ τοὺς καταφθάσῃ καὶ θὰ
τοὺς περάσῃ.

Ὁ Μπλαΐκ καταπίπτει εἰς τὸ 23ον χιλιόμετρον,
τὴν θέσιν του δὲ καταλαμβάνει ὁ Βασιλάκος. Καὶ εἰς
τὸ Χαρβάτι πρῶτος καταφθάνει ὁ Λερμυζιώ, ἑπομένου
τοῦ Φλάκ. Ὁ στέφανος ὃν εἶχον ἑτοιμάσει οἱ χωρικοὶ

ἐκεῖ ὑπὸ ἁψῖδα τιμητικὴν διὰ τὸν πρῶτον δρομέα ὅστις
ἤθελε φθάσει, περιστέφει τὴν κεφαλὴν τοῦ Παρισινοῦ,
ὅστις ἐξακολουθεῖ μετὰ σπουδῆς προπορευόμενος. Ἀλλ'
ἀπὸ τοῦ σημείου τούτου ἄρχεται ἡ ἀνωφέρεια· ὁ Γάλ-
λος καταπονεῖται καὶ ὁ παρακολουθῶν αὐτὸν ὁμοεθνής
του ποδηλατιστὴς Γκριζὲλ τὸν τρίβει δι' οἰνοπνεύματος
λαμβάνει δὲ καιρὸν ὁ Φλάκ καὶ τὸν ὑπερβαίνει. Καὶ ὁ
Λούης ὁλονὲν πλησιάζει, τὸν παρακολουθοῦσι δὲ τρέ-
χοντες, ὡς τιμητικὴ οἱονεὶ συνοδία πολυάριθμος συγχω-
ρικοί του. Εἰς τὸ 32ον χιλιόμετρον ὁ Λερμυζιώ κλονί-
ζεται καὶ πίπτει, τὸν παραλαμβάνουσι δὲ οἱ παρακο-
λουθοῦντες καὶ τὸν εἰσάγουσιν ἐντὸς ἁμάξης. Εἰς τὸ
33ον χιλιόμετρον ὁ Λούης καταφθάνει τὸν Φλάκ καὶ
τὸν περᾷ, τηρῶν ὅμως ἀπόστασιν ἀπ' αὐτοῦ ὄχι μεί-

de Marathon à Pikermi. Sur la route stationnen
les habitants des différents villages de l'Attique,
attendant avec la plus grande curiosité et le plus
vif intérêt le passage des coureurs, qu'ils saluent
et encouragent sans distinction de nationalité et
auxquels ils offrent des rafraîchissements. Vers
Pikermi, quelques-uns brisés de fatigue se reti-
rent et montent dans les voitures qui suivent. En
passant devant le kan de Pikermi, Louis de Ma-
roussi prend un verre de vin, et demande des
nouvelles sur ceux qui le précèdent, affirmant
avec la plus parfaite conviction qu'il allait les
atteindre et les dépasser.

Black tombe vers le 23e kilomètre, et Vassilakos
devient troisième. A Karvati c'est encore Lermur-
siaux qui arrive premier, et Flack second. La
couronne que les paysans avaient préparée sous
un arc de triomphe, comme récompense destinée
au premier arrivant, est placée sur la tête du
coureur Parisien. Mais à partir de Karvati com-
mence la montée. Le Français se fatigue et le
bicycliste Guisel, son compatriote le frictionne, ce
qui permet à Flack de le dépasser. Louis s'ap-
proche de plus au plus, de nombreux paysans de
son village le suivent en courant, et lui font, pour
ainsi dire, une garde d'honneur. Vers le 32e ki-
lomètre, M. Lermursiaux chancelle, tombe et est
transporté dans une des voitures qui suivent les
coureurs. Au 33e kilomètre, Louis atteint Flack
et le dépasse, il continue jusqu'au 36e kilomètre
à le devancer d'une vingtaine de pas. Après Flack
viennent le Hongrois Kelner, Vasilakos et Bélo-
kas, tous pleins de vigueur. Au 37e kilomètre,
devant le village d'Ambélokipi, Louis hâte le pas,
Flack désespère de la victoire, il chancelle, tombe
et on le transporte sans connaissance dans une
voiture. Louis arrive premier à l'école Rhizari ;
son arrivée est annoncée par un coup de canon.
La victoire est assurée ; le long de la route la
foule salue le vainqueur et lui prodigue ses en-
couragements.

Au Stade, les spectacteurs sont plongés dans
toutes les anxiétés de l'attente. A partir de quatre
heures et demie, l'impatience ne peut plus se
soutenir. Malgré tout l'intérêt qu'elles présentent,
les diverses phases du saut à la perche ne peu-
vent fixer longtemps l'attention de la foule. Tout
à coup le bruit se répand que l'Australien Flack

ζονα τῶν εἴκοσι βημάτων, μέχρι τοῦ 36ου χιλιομέτρου. Μετὰ τὸν Φλὰκ ἔρχονται ὁ Οὖγγρος Κέλνερ, ὁ Βασιλάκος καὶ ὁ νεαρὸς Μπελόκας, ἀκμαιότατος. Εἰς τὸ 37ον χιλιόμετρον ἔξωθεν τῶν Ἀμπελοκήπων ὁ Λούης ταχύνει τὸ βῆμα καὶ ὁ Φλὰκ ἀπελπισθεὶς περὶ τῆς νίκης κλονίζεται καὶ καταπίπτει, εἰσάγεται δ' ἐντὸς ἁμάξης ἀναίσθητος. Ὁ Λούης φθάνει εἰς τὴν Ῥιζάρειον Σχολὴν πρῶτος καὶ κανονιοβολισμὸς ἀναγγέλλει τὴν ἄφιξίν του. Ἡ νίκη του εἶνε πλέον ἐξησφαλισμένη. Οἱ καθ' ὁδὸν πολυάριθμοι περίεργοι τὸν χαιρετίζουσι καὶ τὸν ἐνθαρρύνουσι δι' ἐνθουσιωδῶν ἀναφωνήσεων.

Ἐν τούτοις ἐντὸς τοῦ Σταδίου ἐπεκράτει ἐναγώνιος προσδοκία. Ἡ ἀνυπομονησία πλέον δὲν συγκρατεῖται ἀπὸ τῆς 4 ½ μ. μ. ὅτε ὑπελογίζετο ὅτι ἔμελλε νὰ φθάσῃ εἰς τὸ Στάδιον ὁ πρῶτος δρομεύς, διότι ἠγνοεῖτο ἡ ὥρα τῆς ἐκκινήσεως. Αἱ φάσεις τοῦ πλήρους ἐνδιαφέροντος ἀγωνίσματος τοῦ ἅλματος ἐπὶ κοντῷ κατορθοῦσι προσωρινῶς νὰ συγκεντρώσωσι τὴν προσοχὴν τοῦ πλήθους. Αἴφνης, ἄγνωστον πῶς, διαδίδεται ἀπὸ στόματος εἰς στόμα ἡ φήμη ὅτι φθάνει πρῶτος ὁ Αὐστραλιανὸς Φλὰκ. Τὴν εἴδησιν ἐκόμισεν ὁ Γερμανὸς ποδηλατιστὴς Γκαῖδριχ· θλῖψις καὶ κατήφεια ζωγραφεῖται εἰς ὅλα τὰ πρόσωπα καὶ σιγὴ ἄκρα ἐπικρατεῖ ἐκ τῆς γενικῆς ἀποθαρρύνσεως. Ἀλλὰ ἡ πλάνη δὲν διαρκεῖ πολύ. Εἰς τὸ Στάδιον φαίνεται εἰσερχόμενος κεκαλυμμένος ὑπὸ κονιορτοῦ ἐκ τῆς πολυώρου ἱππασίας ὁ ἀφέτης τοῦ Μαραθωνίου δρόμου, ὅστις κατ' εὐθεῖαν βαίνων πρὸς τοὺς βασιλικοὺς θώκους ἀναγγέλλει ὅτι προηγεῖται ὁ Λούης. Ἡ εἴδησις διαδίδεται ἀστραπηδὸν καὶ μία οὐρανομήκης ζητωκραυγὴ ἀναπέμπεται ἀπὸ ὅλα τὰ στήθη, ἐνῷ ταὐτοχρόνως ἀντηχεῖ ἡ βολὴ τοῦ τηλεβόλου ἡ πιστοποιοῦσα τὴν ἄφιξιν τοῦ Ἕλληνος νικητοῦ. Τότε πλέον οὐδεμία παραίνεσις, οὐδὲν κέλευσμα ἰσχύει· ὅλοι ὄρθιοι ἐντείνουσι τὴν προσοχὴν πρὸς τὴν εἴσοδον. Ἡ αὐτὴ συγκίνησις ἐπικρατεῖ καὶ ἐκτὸς τοῦ Σταδίου καὶ ὅτε ὁ Διευθυντὴς τῆς Ἀστυνομίας ἔφιππος ἐρχόμενος μετὰ τῆς ἀκολουθίας του ἀπὸ τῆς ὁδοῦ Κηφισίας ἀναγγέλλει συγκεκινημένος καὶ αὐτὸς εἰς τὰ διαπυνθανόμενα πλήθη τὰ σταθμεύοντα εἰς τὴν λεωφόρον Ἡρώδου τοῦ Ἀττικοῦ ὅτι ὁ νικητὴς εἶνε Ἕλλην, μυριόστομοι καὶ παρατεταμέναι ἀντηχοῦσι ζητωκραυγαί.

Μετὰ πάροδον λεπτῶν τινῶν ἅτινα, ἐφάνησαν αἰῶνες, κίνησις παρατηρεῖται εἰς τὴν εἴσοδον τοῦ Σταδίου. Σπεύδουσιν οἱ ἀξιωματικοὶ καὶ τὰ μέλη τῆς ἐπιτροπῆς. Τέλος φαίνεται εἰσερχόμενος ἀνὴρ φέρων λευκὴν περιβολήν, ἡλιοκαὴς καὶ κατάρρυτος ὑπὸ ἱδρῶτος. Εἶνε ὁ Λούης, ὁ νικητὴς τοῦ Μαραθωνίου δρόμου. Βαίνει κατάκοπος μέν, ἀλλ' ὄχι μέχρις ἐξαντλήσεως, τροχάδην διὰ

arrive premier : la nouvelle a été apportée par le bicycliste Allemand Goedrich. Une morne tristesse se répand sur tous les visages et le découragement général se traduit par un long silence. Mais l'erreur ne dure pas longtemps : le starter de la course de Marathon fait son entrée dans le Stade, et, se dirigeant vers les sièges royaux, annonce que Louïs arrive premier. La nouvelle se répand aussitôt avec la rapidité de l'éclair, un immense vivat sorti de toute les poitrines s'élève jusqu'au ciel ; en même temps résonne le canon qui annonce l'arrivée du vainqueur Hellène. Les spectateurs n'entendent alors plus rien, ni avis, ni commandements, ni remontrances ; tous debout regardent fixement vers l'entrée du Stade ; la même émotion règne en dehors de l'enceinte, et lorsque le préfet de police à cheval, annonce tout ému qu'un Hellène est vainqueur, cette nouvelle est accueillie par des acclamations ininterrompues.

Au bout de quelques minutes, qui paraissent des siècles, un certain mouvement se remarque à l'entrée du Stade, où les officiers et les membres du comité s'empressent de se rendre. Enfin on voit entrer un champion vêtu de blanc, hâlé par le soleil et tout couvert de poussière. C'est Louïs, le vainqueur de la course de Marathon. Il s'avance, en courant, du côté droit de l'arène, il parait très fatigué, mais non jusqu'à l'épuisement, il est suivi des membres du comité qui l'acclament. Le Prince Héritier et le Prince Georges courent avec lui, l'un à sa droite et l'autre à sa gauche. L'olympionique arrive devant le Roi

τοῦ πρὸς τὸ δεξιὸν σκέλος στίβου, παρακολουθούμενος ὑπὸ τῶν μελῶν τῆς Ἐπιτροπῆς καὶ τῶν ἐφόρων ἀνευφημούντων. Ὁ Διάδοχος καὶ ὁ βασιλόπαις Γεώργιος σπεύδουσι καὶ συντρέχουσι μετ' αὐτοῦ ἔνθεν καὶ ἔνθεν. Ὁ βασιλεύς, ὅτε ὁ δρομεὺς ἔφθασε πρὸ τῆς σφενδόνης καὶ προσκλίνει χαιρετῶν, ἐγείρεται καὶ σείει ἐπὶ πολλὴν ὥραν ἐνθουσιωδῶς μετὰ ζωηρᾶς συγκινήσεως τὸ ναυτικόν του πηλίκιον. Τινὲς τῶν ὑπασπιστῶν του ὁρμῶσιν, ἐναγκαλίζονται τὸν δρομέα καὶ τὸν ἀσπάζονται. Οἱ δύο βασιλόπαιδες, προσερχομένου καὶ τοῦ πρίγκιπος Νικολάου ὑπανεγείρουσι τὸν νικητὴν ὡς ἐν θριάμβῳ. Οἱ ἐπίσημοι ξένοι χειροκροτοῦσι συγκεκινημένοι.

Τί ἔγεινε κατὰ τὴν ὥραν ἐκείνην εἰς τὸ Στάδιον ἡ γραφὶς ἀδυνατεῖ νὰ περιγράψῃ. Ἤδη ὁ ναύτης ὁ ἐνταλμένος τὴν ἀνύψωσιν τῶν σημαιῶν τοῦ ἱστοῦ, εὐθὺς ὡς εἶδε τὸν ἀριθμὸν 17, ὃν ἔφερεν ἐπὶ τοῦ στήθους ὁ νικητὴς δρομεύς, ἔσπευσε νὰ σημειώσῃ αὐτὸν καὶ ν' ἀναπετάσῃ τὴν ἑλληνικὴν σημαίαν, ἧς ἡ θέα ἐξεγείρει θύελλαν ἐνθουσιασμοῦ. Δονεῖται ὁ ἀὴρ ἀπὸ τὰς νικητηρίους κραυγάς· πῖλοι ῥιπίονται εἰς τὸν ἀέρα· σείονται μανδήλια, σείονται μικραὶ ἑλληνικαὶ σημαῖαι, κεκρυμμέναι μέχρι τῆς στιγμῆς ἐκείνης εἰς τ' ἄδυτα τῶν κόλπων. Ὁλόκληρος λαὸς ἔξαλλος πανηγυρίζει τὴν νίκην του. Τὸ πλῆθος ἀπαιτεῖ διὰ ἐπιτακτικῶν κραυγῶν καὶ αἱ μουσικαὶ ἀνακρούουν τὸν ἐθνικὸν ὕμνον. Ἡ στιγμὴ εἶνε ἱερὰ καὶ ἀπέναντι τοῦ μεγαλείου αὐτῆς καὶ οἱ παρευρισκόμενοι ξένοι κατανύσσονται καὶ εἰς ποικίλας γλώσσας ἀντηχοῦσιν αἱ ὑπὲρ τῆς Ἑλλάδος ἐπευφημίαι.

Ὁ Λούης ὁδηγεῖται εἰς τὸ ἀποδυτήριον. Διήνυσε τὴν ἀπόστασιν τῶν 40 χιλιομέτρων εἰς 2 ὥρας, 58' καὶ 50''. Δεύτερος μετ' ὀλίγα λεπτὰ καταφθάνει ὁ Βασιλάκος καὶ ἡ ἐμφάνισίς του προκαλεῖ δευτέραν ἔκρηξιν ἐνθουσιασμοῦ· διήνυσεν οὗτος τὴν ἀπόστασιν εἰς 3 ὥρας, 6', καὶ 3''. Τρίτος φθάνει ὁ νεαρώτατος Ἀθηναῖος Μπελόκας, ὅστις ἔδειξε τὴν μεγαλειτέραν ἀντοχὴν εἰς τὴν κόπωσιν, διανύσας τὴν ἀπόστασιν εἰς ὥρας 3, 6' καὶ 30''. Τέταρτος ὁ Οὔγγρος Κέλνερ, ὑστερήσας τοῦ Μπελόκα κατὰ 5''. Καὶ οὗτος δεικνύει ἔκτακτον ἀντοχήν, περιφερόμενος εἰς τὴν κονίστραν καὶ συνδιαλεγόμενος μετὰ τῶν περιστοιχιζόντων αὐτὸν ὁμοεθνῶν, πρὶν ἢ μεταβῇ εἰς τὸ ἀποδυτήριον, ἀνευφημεῖται δὲ μετ' ἰδιαζούσης συμπαθείας ὑπὸ τῶν θεατῶν. Ἔπειτα ἔρχονται κατὰ σειρὰν οἱ δρομεῖς Βρετός, Παπασυμεών, Δηλιγιάννης καὶ Μασούρης. Οἱ καθ' ὁδὸν ἐξαντληθέντες δρομεῖς καὶ παραληφθέντες ὑπὸ τῶν ἁμαξῶν μεταφέρονται εἰς τὸ ἀποδυτήριον, ὅπου ἐπιδαψιλεύονται αὐτοῖς αἱ περιθάλψεις τῆς ἐπιστήμης.

Μετὰ τὴν ἄφιξιν τῶν δρομέων, τὰ ἑπόμενα ἀγωνί-

et s'incline devant lui ; le Souverain se lève alors et agite longtemps avec enthousiasme sa casquette de marine, il paraît vivement ému. Quelques-uns de ses aides de camp s'élancent et embrassent avec effusion le vainqueur ; les deux Princes, auxquels était venu se joindre le Prince Nicolas, soulèvent Louis et le portent un instant en triomphe. Les étrangers, émus eux aussi, battent des mains. Le spectacle que présente alors le Stade est réellement indescriptible. A peine le matelot chargé de hisser le pavillon au haut du mât voit-il le numéro 17, que Louis portait sur la poitrine, qu'il arbore le pavillon hellénique dont l'apparition soulève de frénétiques applaudissements. Les airs retentissent de tous côtés d'interminables cris de victoire. Les dames agitent leurs mouchoirs, les hommes leurs chapeaux ; de petits drapeaux grecs, dissimulés jusque-là avec soin, sont déployés ; le peuple hors de lui demande que la musique joue l'hymne national. Un enthousiasme délirant s'empare de tous ; l'émotion gagne les étrangers, qui, en diverses langues acclament aussi l'heureux vainqueur.

Louis est conduit au vestiaire. Il a fait le trajet de quarante kilomètres en 2 heures, 58' et 50'. Quelques minutes après Louis, arrive Vassilakos, dont l'apparition provoque une seconde explosion d'enthousiasme ; il a parcouru la distance en 3 heures, 6' et 3''. Un tout jeune Athénien, M. Bélokas, arrive troisième, après avoir fait preuve d'une très grande force de résistance : il a parcouru la distance en 3 heures, 6' et 30''. Le Hongrois Kellner arrive quatrième, trois minutes après Bélokas, lui aussi a fait preuve d'une force de résistance extraordinaire ; entouré par ses compatriotes, il continue à courir dans le Stade ; il est acclamé par les spectateurs avec une sympathie toute particulière. Arrivent ensuite d'autres coureurs dans l'ordre suivant : MM. Vrétos, Papasiméon, Délyannis, etc. Ceux qui sont tombés en route sont transportés au vestiaire, où des médecins leur donnent les soins voulus.

Après l'arrivée des coureurs, la suite des concours n'offre plus un grand intérêt ; un certain nombre de spectateurs se retirent ; l'heure est d'ailleurs assez avancée. On continue pourtant, conformément au programme. le concours du saut à la perche, auquel succède celui de la lutte.

σματα χάνουν τὸ ἐνδιαφέρον των καὶ πολλοὶ τῶν θεατῶν ἀποχωροῦσιν· ἄλλως τε καὶ ἡ ὥρα εἶνε ἤδη προκεχωρηκυῖα. Ἐν τούτοις πρὸς ἐκτέλεσιν τοῦ προγράμματος ἐξακολουθεῖ καὶ περατοῦται τὸ ἀγώνισμα τοῦ ἐπὶ κοντῷ ἅλματος, μετ' αὐτὸ δὲ ἐπακολουθεῖ τό:

Ζ'. Ἀγώνισμα.
Πάλη.

Εἰς ταύτην συναγωνίζονται πέντε ἀθληταί, ἐκ τῶν ἐννέα ἐγγεγραμμένων, ἐν οἷς οἱ δύο ἕλληνες, Χριστόπουλος ἐκ Πατρῶν καὶ Τσίτας ἀρτοποιὸς ἐξ Ἀθηνῶν, μαθητὴς τοῦ περιφήμου ἀθλητοῦ Κουταλιανοῦ. Τὸ πρῶτον ζεῦγος ἀποτελοῦσιν ὁ Χριστόπουλος καὶ ὁ Οὖγγρος Ταποβίτσα φέροντες τὴν περιβολὴν τῶν παλαιστῶν, συμπλεκόμενοι καὶ παλαίοντες ἐπὶ τοῦ κυκλοτεροῦς ἀμμοστρώτου χώρου ἐν τῷ μέσῳ τῆς κονίστρας, πρὸς τὸ μέρος τῆς σφενδόνης. Ἡ ἔκβασις μένει ἀμφίρροπος καὶ ὁ Οὖγγρος ἀποχωρεῖ. Εἶτα συμπλέκονται ὁ Σούμαν καὶ ὁ Ἔλλιοτ καὶ ὁ νευρώδης Γερμανὸς καταβάλλει ἐν ἀκαρεῖ τὸν ὑψηλὸν καὶ εὔπλαστον Ἄγγλον.

Τρίτον ζεῦγος ἐμφανίζεται ὁ Χριστόπουλος καὶ ὁ Τσίτας· ἡ θέα των ἀπαρέσκει εἰς τὸ πλῆθος, τὸ ὁποῖον ἐπιθυμεῖ νὰ ἔχωσιν οἱ ἀγῶνες τῆς πάλης χαρακτῆρα διεθνῆ. Ἀκούονται φωναὶ ἀποδοκιμασίας· ἀλλ' ἡ πάλη

VIe Concours.
Lutte.

A ce concours prennent part cinq champions, dont deux Hellènes : M. Christopoulos de Patras et M. Tsitas, boulanger d'Athènes, élève du fameux athlète Coutalianos. Le premier couple se compose de M. Christopoulos et du Hongrois M. Tapovitsa. Ils se saisissent et luttent longtemps au milieu de l'arène, du côté de la splendoné. L'issue du combat est longtemps douteuse, enfin le Hongrois se désiste. Le second couple se compose de M. Schuhmann et de M. Elliot ; le robuste Allemand renverse en un clin d'œil le gracieux Anglais qui le dépasse de la tête. Le troisième couple se compose de M. Christopoulos et de M. Tsitas. La foule se récrie et manifeste le désir que les lutteurs soient de nationalité diverse ; des cris de désapprobation se font entendre, mais la lutte n'en continue pas moins jusqu'au moment où M. Christopoulos, plus agile mais moins fort que son rival, tombe et se fait dans sa chute une contusion à l'épaule. Le quatrième couple se compose de M. Tsitas et de M. Schuhmann ; ils luttent assez longtemps à forces égales, mais le soleil est depuis longtemps couché, et la continuation de la lutte est renvoyée au lendemain matin.

Les spectateurs se retirent. L'olympionique Louïs était sorti un peu avant ; il est reconnu par la foule et devient l'objet d'un enthousiasme délirant et de la conversation générale. Tous désirent le connaitre, le féliciter, lui faire des présents. Même avant sa sortie du Stade, on lui avait envoyé des cadeaux de toute sorte : montres chaines, tabatières d'or, etc. Le soir l'heureux olympionique, entouré de ses parents et de ses amis, se rend dans son village pour y célébrer sa victoire.

Fête vénitienne.

Cette journée si mémorable et si pleine d'émotions se termine par la brillante fête que le comité des Jeux Olympiques avait organisée au Pirée, avec la coopération de la municipalité de cette ville. Des trains continuelstransportent

ἐν τούτοις ἐξακολουθεῖ, ἕως ὅτου ὁ Χριστόπουλος, ὅστις εἶνε εὐκίνητος καὶ ἐπιδέξιος ὅσον ὁ ἀντίπαλός του εἶνε στιβαρός, ἐνῷ πίπτει μωλωπίζεται εἰς τὸν ὦμον καὶ ἀναγκάζεται ν' ἀποχωρήσῃ τοῦ ἀγῶνος. Τέταρτον ζεῦγος εἶνε ὁ Τσίτας καὶ ὁ Σοῦμαν, οἵτινες ἀγωνίζονται ἐπὶ ἀρκετὴν ὥραν ἰσόπαλοι. Ἀλλ' ἤδη ὁ ἥλιος πρὸ πολλοῦ ἔχει δύσῃ καὶ οἱ θεαταὶ διὰ κραυγῶν ζητοῦν τὴν ἀναβολὴν τοῦ ἀγῶνος διὰ τὴν ἐπαύριον, τοῦθ' ὅπερ καὶ γίνεται.

Οἱ ὑπολειφθέντες ἐν τῷ Σταδίῳ θεαταὶ ἐξέρχονται ἀθρόοι. Ὁ νικητὴς Σπῦρος Λούης περιστοιχιζόμενος ὑπὸ τῶν ἀγαλλιώντων συγχωρίων του εἶχεν ἐξέλθει ὀλίγον πρότερον, ἀναγνωρισθεὶς δὲ ὑπὸ τοῦ πλήθους ἐγένετο ἀντικείμενον ἐνθουσιωδῶν μέχρι παραφορᾶς διαδηλώσεων. Τὸ πλῆθος διασκορπιζόμενον εἰς τὰ διάφορα κέντρα πανηγυρίζει μετὰ διαχύσεως τὴν παρ' αὐτοῦ θεωρουμένην ἐθνικὴν νίκην. Περὶ τοῦ Λούη λαλοῦσι πάντες. Ὅλοι προθυμοποιοῦνται νὰ τὸν γνωρίσωσι, νὰ τὸν συγχαρῶσι, νὰ τοῦ προσφέρωσι δῶρα. Καὶ ἐντὸς τοῦ Σταδίου μετὰ τὴν νίκην, ἔσπευσάν τινες ἐνθουσιωδέστεροι νὰ πέμψωσι, δῶρα χρυσᾶ ὡρολόγια καὶ πολυτίμους καπνοθήκας, πρὸς τὸν εὐτυχῆ νικητήν, ὅστις προπεμπόμενος ὑπὸ τῶν οἰκείων του καὶ πολλοῦ κόσμου ἀπῆλθε τὴν νύκτα εἰς τὸ χωρίον του, διὰ νὰ ἑορτάσῃ τὴν νίκην του.

Ἑορτὴ ἐν Πειραιεῖ.

Ἡ πλήρης συγκινήσεων ἱστορικὴ αὕτη ἡμέρα περατοῦται διὰ τῆς ἐν Πειραιεῖ μεγαλοπρεποῦς ἑορτῆς, τῆς παρασκευασθείσης ὑπὸ τῆς ἐπιτροπῆς τῶν Ἀγώνων. συντελοῦντος καὶ τοῦ δήμου Πειραιῶς. Μυριάδες κόσμου κατήρχοντο ἀπαύστως διὰ τοῦ σιδηροδρόμου εἰς τὴν γείτονα πόλιν, ἧς ἡ παραλία καὶ ὁ λιμὴν παρίστων θέαμα ἐξαίσιον. Ὅλη ἡ παραλία, ὅλα τὰ παρ' αὐτὴν οἰκήματα καὶ κτίρια λαμπρῶς πεφωταγωγημένα ἀκτινοβολοῦσιν· ἐνῷ αἱ μεγάλαι ἐντὸς τοῦ λιμένος ἐπὶ φορτηγίδων πυραί, τὸ πλῆθος τῶν ἐνετικῶν φανῶν, ἡ πλουσία φωταψία τῶν πολεμικῶν σκαφῶν, αἱ ἀστραπαὶ τοῦ ἠλεκτρικοῦ φωτός, ἡ αὐταύγεια τόσων φώτων ἐπὶ τῆς γαληναίας ἐπιφανείας τῆς θαλάσσης, ἀποτελοῦσι σύνολόν τι πανσελές, ἐνέχον μαγείαν ἀπερίγραπτον.

Ὁλόκληρος ἡ Βασιλικὴ Οἰκογένεια, μετὰ τοῦ βασιλέως τῆς Σερβίας Ἀλεξάνδρου καὶ τοῦ Μεγάλου δουκὸς Γεωργίου κατῆλθε καὶ λαβοῦσα θέσιν εἰς τὸν ἐξώστην τοῦ Δημαρχείου, ἔμεινεν ἀποθαυμάζουσα τὸ ἔξοχον θέαμα. Ἔπειτα τὰ διάφορα σωματεῖα συγκεντρωθέντα εἰς τὴν πρὸ τοῦ τελωνείου πλατεῖαν μετὰ τῶν σημαιῶν των, μέγας ἀριθμὸς ναυτῶν κρατούντων φανοὺς καὶ δᾷδας, προηγουμένης τῆς Φιλαρμονικῆς, ἐξεκίνησαν διὰ

à chaque instant au Pirée des milliers de personnes. L'aspect du port et du quai est réellement féerique. Toutes les maisons, tous les édifices environnants sont brillamment illuminés. Les nombreux feux de Bengale allumés sur d'immenses chalands, les rayons intenses des lumières électriques, les fanaux et les lanternes vénitiennes suspendus aux mâts des vaisseaux de guerre et des navires de commerce, la réverbération de ces innombrables clartés dans les flots tranquilles de la mer, tout cela compose un ensemble d'un effet magique et saisissant.

La famille royale, le Roi de Serbie et le Grand-Duc Georges contemplent longtemps ce spectacle du balcon de l'Hôtel de ville. Les diverses corporations, qui s'étaient concentrées sur la place de de la Douane, se mettent en marche ; précédées de la musique de la Société Philharmonique, elles sont escortées de nombreux matelots portant des torches et des lanternes. Ce défilé, vu à distance, produit la plus belle impression. Sous les fenêtres de la Mairie, l'Orphéon du Pirée chante en parties une cantate intitulée « le Jeune Mousse »; après quoi, la musique de la Société Philharmonique se joignant à l'Orphéon dans le jardin Tinan illuminé a giorno, ils font entendre différents airs de triomphe sur des thèmes de Lohengrin. Enfin, d'un radeau situé au centre du port, on tire un splendide feu d'artifice. La fête se termine vers minuit ; tous se retirent brisés par la fatigue et les émotions de la journée.

Sixième Journée. 30 Mars.

La presse athénienne s'élève jusqu'à la hauteur du dithyrambe pour célébrer la victoire de Louïs; son portrait et sa biographie figurent dans tous les journaux. L'enthousiasme gagne la province et les colonies grecques de l'étranger, auxquelles on se hâte de faire connaitre la victoire, et d'où arrivent continuellement des milliers de télégrammes de félicitation. Des reproduction lithographiques, photographiques, xylographiques du portrait de Louïs commencent, à partir de ce jour, à être exposées partout, et plusieurs magasins prennent son nom comme enseigne. Parmi les nombreux dons qui lui sont faits, nous devons mentionner celui d'un champ acheté au moyen d'une collecte faite parmi les Grecs rési-

τῆς παραλιακῆς λεωφόρου καὶ ἡ παρέλασίς των μακρό-
θεν φαινομένη ἀποτελεῖ εἰκόνα πλήρη φανταστικοῦ κάλ-
λους. Ὑπὸ τὸ Δημαρχεῖον ὁ ὅμιλος τοῦ Πειραϊκοῦ
Μουσικοῦ Συνδέσμου ἔψαλλεν ἐναρμονίως ᾆσμα ὑπὸ τὸν
τίτλον «Τὸ ναυτόπουλον» ἐνῷ ἐν τῷ καταρώτῳ Τινα-
νείῳ κήπῳ ἡ Φιλαρμονικὴ μετὰ τοῦ αὐτοῦ ὁμίλου ἐξε-
τέλεσαν ἐπινίκειον ἐπὶ τῆς μουσικῆς τοῦ Λοέγκριν τοῦ
Βάγνερ. Ἀκολούθως καίονται τὰ εἰς τὸ βάθος τοῦ λιμέ-
νος τοποθετημένα πυροτεχνήματα.

Ἡ ἑορτὴ ἔληξε περὶ τὸ μεσονύκτιον, πάντες δὲ ἀπῆλ-
θον μὲ τὸ σῶμα ἐξηντλημένον ἐκ τῆς ἀδιαλείπτου κο-
πώσεως καὶ τῶν σφοδρῶν συγκι-
νήσεων.

Ἡμέρα ἕκτη.
30 Μαρτίου.

Ὁ τύπος διερ-
μηνεύων τὴν γε-
νικὴν ἀγαλλία-
σιν δημοσιεύει
ἄρθρα ἐνθουσιώ-
δη καὶ φλογερὰ
περὶ τῆς νίκης
τοῦ Λούη, οὕ-
τινος ἡ εἰκὼν
δημοσιεύεται εἰς
πάσας τὰς ἐφη-
μερίδας, μετὰ
πλήθους βιογρα-
φικῶν σημειώ-
σεων. Ὁ ἐνθου-
σιασμὸς μεταδί-
δεται εἰς τὰς ἐπαρχίας καὶ τὸ ἐξωτερικόν, ὅπου ἀπὸ
τῆς νυκτὸς τῆς προτεραίας ἐστάλησαν μυριάδες τηλε-
γραφημάτων· βροχηδὸν δὲ φθάνουσιν ἀπὸ παντοῦ τὰ
συγχαρητήρια. Εἰκόνες τοῦ Λούη λιθογραφικαί, εἰκόνες
φωτογραφικαί, παντὸς σχήματος, παντὸς μεγέθους ἀρ-
χίζουν ἀπὸ τῆς ἡμέρας ταύτης νὰ ἐξοδεύωνται κατὰ
χιλιάδας καὶ ν' ἀναρτῶνται εἰς πάσας τὰς οἰκίας καὶ τὰ
μαγαζεῖα. Πολλὰ ἐργαστήρια μετονομάζονται διὰ τοῦ
ὀνόματος τοῦ νικητοῦ τοῦ Μαραθωνείου δρόμου, μεταξὺ
δὲ τῶν πολυαρίθμων δωρεῶν τῶν γενομένων πρὸς αὐτὸν
ἀξιοσημείωτος ἦτο καὶ ἡ διὰ χρημάτων ἐξ ἐράνου τῶν
ἐν Ἀγγλίᾳ Ἑλλήνων ἀγορὰ ἑνὸς ἀγροῦ, ὑπὸ τὸν ὅρον
νὰ ὀνομάζηται οὗτος ἀγρὸς Μαραθώνιος.

Ὁ ἥρως τῆς ἡμέρας Λούης, νέος εἰκοσιπεντάετης,
συμπαθοῦς φυσιογνωμίας καὶ ἀρρενωποῦ παραστήμα-

dant en Angleterre ; cette propriété devra porter
le nom de «Champ de Marathon.»

Louïs, le héros du jour, jeune homme de vingt-
cinq ans, a une physionomie très sympathique ;
il est un des nombreux fils d'une pauvre mais
honnête famille. Pendant son service militaire
dans le premier régiment d'infanterie, il se fit
remarquer par sa légèreté à la course et sa ré-
sistance dans les marches. Un officier, M. Papa-
diamantopoulos, membre du comité, ayant inci-
demment entendu parler de ses aptitudes, parvint
à le faire ins-
crire parmi les
concurrents de
la course de
Marathon. La
veille du con-
cours, le pieux
paysan avait
eu soin de faire
la communion.

Le program-
me de cette
journée est des
plus variés.
Dans la mati-
née a lieu la re-
prise du con-
cours de la lut-
te, interrompu
la veille. Quoi-
que l'entrée
soit libre et le
spectacle intéressant, l'affluence est peu considé-
rable, car les émotions de la veille avaient rendu
la foule indifférente aux autres concours.

M. Schuhmann et M. Tsitas sont mis aux prises;
ils sont tous deux de solides champions, mais
l'Allemand paraît plus habile. La lutte est pen-
dant longtemps incertaine, mais enfin M. Schuh-
mann saisissant son adversaire par les reins,
après bien des efforts, l'étend par terre. Les
spectateurs demandent alors à grands cris que
M. Christopoulos soit mis aux prises avec M.
Schumann ; mais le champion Hellène se trouve
alité depuis la veille, à la suite de la contusion
qu'il a reçue. C'est ainsi que M. Schuhmann est
proclamé vainqueur définitif; le pavillon alle-

τος, ἀνήκει εἰς πολυμελῆ φιλεργὸν καὶ ἔντιμον οἰκογένειαν τοῦ Ἀμαρουσίου. Ὑπηρετήσας ὡς στρατιώτης ἐν τῷ 1ῳ πεζικῷ συντάγματι ἔδειξεν ἐκεῖ τὴν ἔκτακτον ὠκυποδίαν καὶ ἀντοχήν του εἰς τὸν δρόμον, τοῦτο δὲ γινώσκων ἐκ συμπτώσεως ὁ ἐκ τῶν μελῶν τῆς ἐπιτροπῆς κ. Γ. Παπαδιαμαντόπουλος, ἐνήργησε νὰ περιληφθῇ καὶ αὐτὸς εἰς τοὺς ἀγωνιστὰς τοῦ Μαραθωνίου δρόμου. Ὁ εὐσεβὴς χωρικὸς τὴν προτεραίαν τοῦ ἀγωνίσματος ἐκοινώνησε τῶν ἀχράντων μυστηρίων.

Καὶ τῆς ἡμέρας ταύτης τὸ πρόγραμμα εἶνε ποικίλον. Καὶ ἐν πρώτοις συνεγίζεται καὶ λήγει κατὰ τὴν πρωίαν ἐν τῷ Σταδίῳ ὁ ἀναβληθεὶς ἀγὼν τῆς πάλης. Μολονότι δὲ ἡ εἴσοδος εἶνε ἐλευθέρα, ἡ συρροὴ τοῦ πλήθους εἶνε ἐλαχίστη, εἰ καὶ τὸ θέαμα εἶνε ἐνδιαφέρον. Ἀλλ᾽ ἡ μεγάλη συγκίνησις τῆς προτεραίας κατέστησε τὸ πλῆθος ἀδιάφορον πρὸς ὅλα τ᾽ ἄλλα ἀγωνίσματα.

Διαγωνίζονται λοιπὸν ἐν τῇ παλαίστρᾳ ὁ Σούμαν καὶ ὁ Τσίτας. Ἀμφότεροι εἶνε στιβαροί, ἀλλ᾽ ὁ Γερμανὸς φαίνεται ἐπιτηδειότερος. Ἡ πάλη μένει ἀμφίρροπος ἐπὶ πολύ, ὅτε τέλος ὁ Σούμαν ἁρπάζει ἰσχυρῶς ἐκ τῆς ὀσφύος τὸν ἀντίπαλόν του καὶ μετὰ

πολλὰς προσπαθείας τὸν ρίπτει ὕπτιον. Οἱ θεαταὶ ζητοῦν τότε διὰ κραυγῶν νὰ προσέλθῃ καὶ ὁ ἕτερος παλαιστὴς Χριστόπουλος, ἀλλ᾽ ὁ δυστυχὴς αὐτὸς νοσηλεύεται, παθὼν κατὰ τὴν προτεραίαν κάταγμα τῆς ὠμοπλάτης. Τοιουτοτρόπως μένει μόνος νικητὴς καὶ τροπαιοῦχος ὁ Σούμαν καὶ ἡ Γερμανικὴ σημαία ἀνυψουμένη ἐπὶ τοῦ ἱστοῦ καὶ χαιρετιζομένη διαλαλεῖ τὴν νίκην του.

Σκοποβολή.

Ἐξακολουθοῦσιν ἐν τῷ σκοπευτηρίῳ οἱ ἀγῶνες τῆς σκοποβολῆς καὶ παρατείνονται ἀπὸ τῆς 9 π. μ. μέχρι τῆς 3 μ. μ.

Α΄ Ἀγώνισμα.

Δι᾽ ἐλευθέρου περιστρόφου ἀπὸ 30 μέτρων. Λαμβάνουσι μέρος ἐν αὐτῷ ἀγωνισταὶ ἕξ, ἐν οἷς δύο Ἕλληνες,

mand hissé au haut du mât annonce sa victoire.

Au Stand.

Les concours de tir reprennent au stand à neuf heures du matin, et se prolongent jusqu'à trois heures de l'après-midi.

Ier Concours.

Tir au revolver à 30 mètres de distance.

A ce concours prennent part six champions, dont deux Hellènes : M. N. Morakis et M. I. Phrangoudhis, capitaine d'artillerie. Chacun a le droit de tirer 30 coups. M. S. Pain, Américain, est proclamé vainqueur ; il a un total de 24 coups touchés et de 412 points faits. M. Zensen, Danois, vient second.

IIe Concours.

Tir au pistolet à 24 mètres de distance.

A ce concours prennent part quatre champions : MM. Phrangoudhis, Orphanidhis, Nilsen et Merlin ; ce dernier interrompt son tir et se désiste. Chacun des concurrents tire 30 coups par série de 5 coups chacune. M. I. Phrangoudhis est proclamé vainqueur ; il a un total de 23 coups touchés et de 344 coups faits. M. Orphanidhis vient second.

IIIe Concours.

Tir au fusil à 30 mètres de distance.

A ce concours prennent part 25 champions. Chacun a le droit de tirer 40 coups par série de 10 coups chacune. M. Phrangoudhis paraît devoir être de nouveau vainqueur ; mais, sur la demande de nouveaux champions qui demandent à prendre part à ce concours, les résultats en sont ajournés au lendemain.

Concours de natation.

Dans la matinée du même jour ont lieu, au

ὸ Ν. Μωράκης καὶ ὁ Ι. Φραγκούδης, λοχαγὸς τοῦ πυ-
ροβολικοῦ. Ἕκαστος δικαιοῦται νὰ ῥίψῃ 30 βολάς.
Νικητὴς ἀναδεικνύεται ὁ Ἀμερικανὸς Σώμνερ Παΐν
βαλὼν 24 ἐπιτυχεῖς βολὰς μὲ ἀριθμὸν ἐπιτυχιῶν 442.
Δεύτερος ἦλθεν ὁ Δανὸς Ζένσεν.

Β΄ Ἀγώνισμα.
Διὰ πιστολίου ἀπὸ 25 μέτρων.

Συναγωνίζονται τέσσαρες, ἤτοι οἱ Φραγκούδης, Ὀρ-
φανίδης, Νίλσεν καὶ Μέρλιν, ὅστις ὅμως διέκοψε τὸ
ῥίμμα του καὶ ἀπεσύρθη. Ἕκαστος ῥίπτει 30 βολὰς εἰς
πέντε φορὰς ἀνὰ ἕξ. Νικητὴς ἀναδεικνύεται ὁ Φραγκού-
δης, ῥίψας ἐπιτυχεῖς βολὰς 23 μὲ ἀριθμὸν ἐπιτυχιῶν
344. Δεύτερος ὁ Ὀρφανίδης.

Γ΄ Ἀγώνισμα.
Διὰ τυφεκίου ἀπὸ 300 μέτρων.

Λαμβάνουσι μέρος εἰς αὐτὸ 25 σκοπευταί. Ἕκαστος
δικαιοῦται νὰ ῥίψῃ 40 βολάς, εἰς τέσσαρας φορὰς ἀνὰ
δέκα. Φαίνεται ὑπερέχων εἰς αὐτὸ ὁ Φραγκούδης· ἀλλ'
ἐπὶ τῇ δηλώσει καὶ ἄλλων συναγωνιστῶν ἐπιθυμούν-
των νὰ συμμετάσχωσιν, ἀναβάλλεται τὸ ἀποτέλεσμα
διὰ τὴν ἐπομένην.

Καθ' ὅλον τὸ διάστημα τῶν ἀγώνων τούτων τῆς
σκοποβολῆς προΐστατο ὁ βασιλόπαις Νικόλαος.

Κολυμβητικοὶ ἀγῶνες.

Τὴν πρωίαν τῆς αὐτῆς ἡμέρας ἐτελοῦντο ἐν Πει-
ραιεῖ οἱ κολυμβητικοὶ ἀγῶνες, οὓς εὐνοεῖ ὁ καιρὸς καὶ
διὰ τοῦτο ἄπειροι θεαταὶ κατέρχονται ἐξ Ἀθηνῶν ὅπως
παρευρεθῶσιν εἰς τὸ θέαμα.

Ὁ ἐν Πειραιεῖ ὅρμος τῆς Ζέας γραφικώτατα περι-
κλειόμενος ὑπὸ τοῦ χαρίεντος ἐκείνου τῆς πόλεως μέ-
ρους, ἀποτελεῖ λίμνην ἀβαθῆ καὶ ἀκύμαντον, συγκοι-
νωνοῦσαν μετὰ τῆς θαλάσσης διὰ στενοῦ στομίου. Τὸ
μέρος ὅλον χάριν τῆς ἑορτῆς εἶνε λαμπρῶς διακεκοσμη-
μένον. Παρὰ τὴν ἀποβάθραν ἐστήθη σημαιοστόλιστος
ἡ ἐξέδρα τῆς Βασιλικῆς Οἰκογενείας. Ἡ ἀγωνόδικος
ἐπιτροπὴ ἀποτελουμένη ἐκ τῶν Κ. Χατζηκυριάκου,
ἀντιπλοιάρχου, Θ. Θεοχάρους, πλωτάρχου, Χύππε,
καθηγητοῦ, Ι. Γ. Λεωνίδα, Φαβὰν καὶ Κέμενυ ὑπὸ τὴν
προεδρείαν τοῦ βασιλόπαιδος Γεωργίου, λαμβάνει θέσιν
ἐπὶ φορτηγίδος ἑορτασίμως διεσκευασμένης, ἠγκυρο-
βοληθμένης ἐγγὺς τῆς παραλίας. Ἕτεραι φορτηγίδες
εἰσὶ προωρισμέναι διὰ τοὺς ἀντιπροσώπους τοῦ τύπου
καὶ διὰ τοὺς ξένους ἀθλητάς. Εἰς τὴν παραλίαν δύο
παραπήγματα χρησιμεύουσιν τὸ μὲν ὡς ἀποδυτήριον,
τὸ δὲ ὡς πρόχειρον θεραπευτήριον.

Ὁ βασιλεὺς Γεώργιος μετὰ τοῦ Διαδόχου καὶ τοῦ
βασιλόπαιδος Γεωργίου κατελθόντες εἰς Πειραιᾶ, ἀφι-

Pirée, les concours de natation qui, favorisés par
un temps magnifique, avaient attiré un grand
nombre d'Athéniens.

La petite baie de Zéa, située dans l'endroit le
plus agréable de la ville, forme un bassin aux
eaux calmes et relativement peu profondes, qui
communique avec la mer par une passe étroite.
Tous les alentours sont richement pavoisés. Sur
le quai était élevée la tribune royale ornée de
nombreux pavillons. Le jury se compose du Pré-
sident : S. A. R. le Prince Georges et des mem-
bres : MM. Hadjikyriakou, capitaine de frégate,
Théokharis, capitaine de corvette, Hoppe, pro-
fesseur, S. Léonidas, Fabens et Kémény; il prend
place sur un chaland pavoisé et ancré près du quai.
D'autres chalands sont réservés aux représen-
tants de la presse et aux champions étrangers.
Deux baraquements dressés sur le rivage, servent
l'un de vestiaire, l'autre à procurer les premiers
secours médicaux en cas de besoin. Une balei-
nière à vapeur transporte le Roi, accompagné du
Prince Héritier et du Prince Georges, dans la
baie de Zéa, où il est reçu à son débarquement
par le maire du Pirée. Le clairon annonce l'ou-
verture du concours. Une baleinière à vapeur
transporte les champions, du vestiaire au point
de départ, où ils se mettent à l'eau en attendant
le signal, qui est donné par un coup de pistolet.

Ier Concours.
Course de vitesse de 100 mètres.

Sur quatorze nageurs inscrits, treize prennent
part à ce concours, dont deux Hongrois, un Amé-
ricain, un Danois, un Suédois et huit Hellènes.
Au signal donné tous s'élancent. Le Hongrois M.
Alfred Hayos arrive le premier au terme, situé à
peu de distance du quai et marqué par un petit
pavillon rouge; il a parcouru la distance en une
minute 22'' 1/5. M. E. Khoraphas de Céphalonie
arrive second. Le pavillon hongrois est arboré
au haut du mât.

IIe Concours.
Course de matelots, 100 mètres de distance.

A ce concours ne prennent part que les mate-
lots de la marine de guerre. Sur onze nageurs
inscrits, trois seulement se présentent, tous Hel-
lènes. Malokinis de Spetzia arrive premier ; il a
parcouru la distance en 2' 20'' 2/5. S. Khazapis
d'Andros arrive second.

κινοῦνται δι' ἀτμακάτου κατὰ τὴν 10 ½ εἰς τὴν ἀπο-
βάθραν, ὅπου δεξιοῦται αὐτοὺς ὁ δήμαρχος Πειραιῶς.
Ἠχεῖ τότε ἡ σάλπιγξ ἀγγέλλουσα τὴν ἔναρξιν τῶν
ἀγώνων. Ἡ ἀτμάκατος παραλαμβάνει τοὺς ἀγωνιστὰς
ἀπὸ τοῦ ἀποδυτηρίου καὶ μεταφέρει αὐτοὺς εἰς τὸ ση-
μεῖον τῆς ἀφετηρίας, τὸ ὁποῖον σημειοῦται διὰ σειρᾶς
κολοκυνθῶν ἐπιπλεουσῶν εἰς τὴν ἐπιφάνειαν. Ἐκεῖ ρί-
πτονται εἰς τὴν θάλασσαν καὶ ἀναμένουσιν.

Α' Ἀγώνισμα.
Δρόμος ταχύτητος 100 μέτρων.

Ἐκ τῶν 14 ἐγγεγραμμένων λαμβάνουσι μέρος δέκα
τρεῖς μόνον, ἐξ ὧν δύο Οὔγγροι, εἷς Ἀμερικανός, εἷς

Δανός, εἷς Σουηδὸς καὶ οἱ λοιποὶ Ἕλληνες. Ἅμα τῇ
ἐκπυρσοκροτήσει τοῦ πιστολίου, ἐκκινοῦσι πάντες πλέον-
τες μετὰ ταχύτητος, φθάνει δὲ πρῶτος εἰς τὸ τέρμα,
σημειούμενον διὰ μικρᾶς ἐρυθρᾶς σημαίας εἰς ὀλίγην
ἀπόστασιν ἀπὸ τῆς παραλίας, ὁ Οὔγγρος Ἀλφρέδος Χά-
γιος, ἐν τῷ μέσῳ τῶν χειροκροτημάτων τῶν ἐπὶ τῆς
παραλίας καὶ τῶν ἐξεδρῶν θεατῶν. Διήνυσε τὴν ἀπόστα-
σιν εἰς 1' 22'' ⅕. Δεύτερος ἦλθεν ὁ ἐκ Κεφαλληνίας Ε.
Χωραφᾶς. Ἡ Οὑγγρικὴ σημαία ὑψοῦται ἐπὶ τοῦ ἱστοῦ.

Β' Ἀγώνισμα.
Ἀγὼν ναυτῶν 100 μέτρων.

Εἰς τοῦτο τὸ ἀγώνισμα μετέχουσι μόνον ναῦται τοῦ
Πολεμικοῦ ναυτικοῦ. Ἀλλ' ἐκ τῶν 11 ἐγγεγραμμένων

IIIe Concours.
Course de 500 mètres.

Sur vingt-neuf nageurs inscrits, trois seulement
prennent part à ce concours, dont deux Grecs et
un Autrichien. Parmi les Grecs figure MM. Pé-
panos de Patras, excellent nageur, qui a déjà
remporté plusieurs prix dans différents concours
de natation. Une baleinière à vapeur transporte
les concurrents, du vestiaire au point de départ
situé en dehors de la baie. L'Autrichien M. Neu-
mann arrive premier ; il a parcouru la distance
en 8' 12'' ¾. M. Pépanos arrive second. Le pa-
villon autrichien est arboré au haut du mât.

IVe Concours.
Course de 1200 mètres.

Neuf nageurs prennent part à ce concours, le
plus important de tous, car il réunit la vitesse à
la résistance. Le signal du départ est donné,
comme pour le concours précédent, par un coup
de canon. Les spectateurs attendent avec une vive
curiosité et une grande impatience l'apparition
des concurrents Enfin on distingue le premier
arrivant, il a une avance d'environ cent mètres
sur le second. On reconnaît quand il approche
du terme que c'est le Hongrois M. Alfred Hayos,
le vainqueur de la première course. Ses compa-
triotes l'acclament frénétiquement, et le pavillon
hongrois est arboré au haut du mât. M. Alfred
Hayos a parcouru la distance de 1200 mètres en
18' 22'' ½. M. J. Andréou arrive second ; il ap-
partient à la Société des francs-touristes du Pi-
rée, il a parcouru la distance en 21' 3'' ⅖

Au Vélodrome.

Dans l'après-midi, on reprend au Nouveau Pha-
lère les courses vélocipédiques. Elles sont favo-
risées par un temps relativement beau, aussi
l'affluence est-elle considérable. Vers deux heures,
l'amphithéâtre envahi par une foule compacte
offre un magnifique spectacle. Au centre du vélo-
drome, la musique de la marine exécute divers
morceaux. Après l'arrivée de la famille royale
accompagnée du Roi de Serbie, la cloche annonce
le début des courses.

Ier Concours.
Course de 2 kilomètres.

A ce concours prennent part quatre champions,

παρουσιάζονται μόνον τρεῖς, πάντες Ἕλληνες. Πρῶτος φθάνει ὁ ἐκ Σπετσῶν ναύτης Ι. Μαλοκίνης, καὶ διανύσας τὴν ἀπόστασιν εἰς 2΄ 20΄΄ ²/₅. Δεύτερος ὁ ἐξ Ἄνδρου Σ. Χαζάπης.

Γ΄ Ἀγώνισμα.

Δρόμος 500 μέτρων.

Εἶχον ἐγγραφῆ εἰς αὐτὸν 29 κολυμβηταί, ἀλλὰ τρεῖς μόνον μετέσχον, ἐξ ὧν δύο Ἕλληνες καὶ εἷς Αὐστριακός. Μεταξὺ τῶν Ἑλλήνων καταλέγεται ὁ ἐκ Πατρῶν Πεπανός, χαίρων φήμην ἀρίστου κολυμβητοῦ, διαπρέψας εἰς ἄλλους τελεσθέντας κολυμβητικοὺς ἀγῶνας. Ἡ ἀφετηρία εὑρίσκεται ἐκτὸς τοῦ ὅρμου, ὅπου μεταφέρονται διὰ τῆς ἀτμακάτου οἱ διαγωνιζόμενοι. Φθάνει πρῶτος εἰς τὸ τέρμα ὁ Αὐστριακὸς Νώϋμαν καὶ ἡ Αὐστριακὴ σημαία ὑψοῦται χαιρετιζομένη ἐπὶ τοῦ ἱστοῦ. Τὴν ἀπόστασιν διήνυσεν εἰς 8΄, 12΄΄ ³/₄. Δεύτερος φθάνει ὁ Πεπανός.

Δ΄ Ἀγώνισμα.

Δρόμος 1200 μέτρων.

Ἐννέα κολυμβηταὶ μετέσχον τοῦ σπουδαιοτάτου τούτου πάντων τῶν λοιπῶν ἀγωνίσματος, ταχύτητος ἅμα καὶ ἀντοχῆς. Τὸ σύνθημα τῆς ἐκκινήσεως, ἐδόθη, ὡς καὶ διὰ τὸ προηγούμενον ἀγώνισμα διὰ βολῆς τηλεβόλου. Οἱ θεαταὶ εἰς ἄκρον περίεργοι καὶ ἀνυπομονοῦντες ἀναμένουσι τὴν ἐμφάνισιν τῶν διαγωνιζομένων. Μετὰ μακρὰν σχετικῶς προσδοκίαν ἐφάνη ὁ πρῶτος ὑπερέχων τοῦ ἑπομένου κατὰ 100 μέτρα. Ὅτε ἔφθασεν εἰς τὸ τέρμα, ἀνεγνωρίσθη ὅτι ἦτο ὁ Οὖγγρος Χάγιος, ὁ νικητὴς τοῦ πρώτου δρόμου. Οἱ συμπολῖταί του Οὖγγροι ἐνθουσιάζονται καὶ ἐκπέμπουσι θορυβώδεις ἐπευφημίας καὶ ἡ Οὐγγρικὴ σημαία κυματίζει ἐπὶ τοῦ ἱστοῦ. Ὁ Χάγιος διήνυσε τὸ διάστημα τῶν 1200 μέτρων εἰς 18΄, 22΄΄ ¹/₂. Δεύτερος ἦλθεν ὁ Ι. Ἀνδρέου, ἀνήκων εἰς τὸν Ὅμιλον τῶν Πεζοπόρων Πειραιῶς, διανύσας τὸ αὐτὸ διάστημα εἰς 21΄, 3΄΄ ²/₄.

Καὶ οὕτω παρελθούσης καὶ τῆς μεσημβρίας ἔληξαν οἱ κολυμβητικοὶ ἀγῶνες.

Ποδηλατοδρομίαι.

Μετὰ μεσημβρίαν συνεχίζονται εἰς τὸ ἐν Φαλήρῳ

dont un Grec, M. Nicolopoulos ; ils ont à faire six fois le tour de la piste. Ils partent tous à la fois ; l'Allemand M. Rosenmayer prend un instant la tête, mais il ne tarde pas à être épuisé et obligé de se retirer. La lutte continue entre les trois autres champions : les deux Français, MM. Flamand et Masson et M. Nicolopoulos. M. Masson arrive premier ; il a parcouru la distance en 4΄ 58΄΄ ¹/₅. M. Nicolopoulos arrive second, durée de la course 5΄0΄΄ ¹/₅. On arbore au haut du mât le pavillon français, qui est salué par des applaudissements prolongés.

IIᵉ Concours.

Course de 10 kilomètres.

A ce concours prennent part six champions, dont un Autrichien M. Schmall, un Allemand M. Rosenmayer, deux Français M. Flamand et Masson et deux Grecs MM. Colettis et Constantinidhis. Les concurrents ont à faire trente fois le tour de la piste. Ils partent tous à la fois ; mais aux premiers tours, les bicyclettes de MM. Colettis et Constantinidhis se rencontrent, les deux champions sont renversés, et le premier se fait en tombant une légère contusion au bras droit. La lutte se poursuit entre les autres concurrents. M. Masson arrive premier, il a parcouru la distance en 17΄ 54΄΄ ¹/₅. M. Flamand arrive second. Le pavillon français est aussitôt hissé au haut du mât.

ποδηλατοδρόμιον οἱ ποδηλατικοὶ ἀγῶνες ὑπὸ συνθήκας καιροῦ πολὺ εὐνοϊκωτέρας. Διὰ τοῦτο ἡ συρροὴ εἶνε μεγάλη καὶ ἡ ἀμφιθεατρικὴ ἐξέδρα πεπληρωμένη ὑπὸ πυκνοῦ πλήθους, παριστᾷ ἔξοχον θέαμα ἀπὸ τῆς 2 μ.μ. Ἡ μουσικὴ τοῦ ναυτικοῦ εἰς τὸ μέσον ἀνακρούει διάφορα ἐκλεκτὰ τεμάχια. Μετὰ τὴν ἄφιξιν δὲ τῆς Βασιλικῆς Οἰκογενείας, μεθ' ἧς κατῆλθε καὶ ὁ βασιλεὺς τῆς Σερβίας, δίδεται διὰ τοῦ κώδωνος τὸ σύνθημα τῆς ἐνάρξεως τῶν ἀγώνων.

Α΄ Ἀγώνισμα.

Δρόμος 2 χιλιομέτρων.

Οἱ ἀγωνιζόμενοι, τέσσαρες τὸν ἀριθμόν, ἐν οἷς ὁ Ἕλλην Νικολόπουλος, πρόκειται νὰ διανύσωσιν ἑξάκις τὸν στίβον. Ἐκκινοῦσιν ὅλοι ὁμοῦ καὶ κατ' ἀρχὰς φαίνεται προηγούμενος ὁ Γερμανὸς Ῥοζενμάγερ, ὅστις ὅμως ἀποκάμνει ταχέως. Ἡ ἅμιλλα διεξάγεται μεταξὺ τῶν ἑτέρων τριῶν, τῶν δύο Γάλλων τουτέστι Φλαμὰν καὶ Μασσῶν καὶ τοῦ Νικολοπούλου. Εἰς τὸ τέρμα φθάνει πρῶτος ὁ Μασσῶν, διανύσας τὸ διάστημα εἰς 4΄, 58΄΄ ¹/₅. Ὁ Νικολόπουλος, δεύτερος ἐλθών, διήνυσεν τὸ αὐτὸ διάστημα εἰς 5΄, 0΄΄ ¹/₅. Ὑψοῦται ἐπὶ τοῦ ἱστοῦ ἡ γαλλικὴ σημαία καὶ χαιρετίζεται διὰ ζωηρῶν χειροκροτημάτων.

Β΄ Ἀγώνισμα.

Δρόμος 10 χιλιομέτρων.

Μετέχουσιν αὐτοῦ ἓξ συναγωνισταί, ἤτοι ὁ Αὐστριακὸς Σμάλ, ὁ Γερμανὸς Ῥοζενμάγερ, οἱ Γάλλοι Μασσῶν καὶ Φλαμὰν καὶ οἱ Ἕλληνες Κωλέττης καὶ Κωνσταντινίδης. Πρόκειται νὰ διανύσουν τριακοντάκις τὸν στίβον. Ἐκκινοῦσι πάντες καὶ μετὰ τὰς πρώτας στροφάς, συγκρούονται πρὸς ἄλληλα τὰ ποδήλατα τοῦ Κωλέττη καὶ τοῦ Κωνσταντινίδου καὶ πίπτουσιν οἱ ἀναβάται. Ὁ ἀγὼν ἐξακολουθεῖ μεταξὺ τῶν λοιπῶν, νικητὴς δὲ ἀναδείκνυται ὁ Μασσῶν, διανύσας τὸ διάστημα εἰς 17΄, 54΄΄ ¹/₅. Δεύτερος ὁ Φλαμάν. Καὶ αὖθις ὑψοῦται ἡ Γαλλικὴ σημαία.

Γ΄ Ἀγώνισμα.

Ἀγὼν πρὸς χρόνου στροφῆς στίβου.

Ὀκτὼ ποδηλάται διαγωνίζονται εἰς αὐτόν, ἐν οἷς καὶ ὁ Νικολόπουλος. Ταχύτερον πάντων ἐκτελεῖ τὴν στροφὴν ὁ Μασσῶν, ὅστις ἀναδείκνυται δεινὸς ποδηλάτης, εἰς διάστημα 24΄΄· δεύτερος φθάνει ὁ Νικολόπουλος εἰς 25΄΄ ²/₅. Καὶ μὲ τὴν ἐκ τρίτου ἀνύψωσιν τῆς γαλλικῆς σημαίας, ἥτις ἐκυριάρχησεν ἀποκλειστικῶς κατὰ τὴν ἡμέραν ἐκείνην ἐν τῷ Ποδηλατοδρομίῳ, λήγουσιν οἱ ἀγῶνες ἐνωρὶς καὶ τὸ πλῆθος ἀποσύρεται.

Λάουν - Τέννις.

Μετὰ μεσημβρίαν τῆς αὐτῆς ἡμέρας, εἰς τὸν ἐπὶ τούτῳ παρὰ τὸν Ἰλισσὸν χῶρον ἐν Ἀθήναις, συνεχί-

IIIᵉ Concours.

Course de vitesse. Tour de piste.

A ce concours prennent part huit champions, parmi lesquels M. Nicolopoulos. M. Masson est proclamé vainqueur, il a fait le tour en 24''. M. Nicolopoulos vient second, il a fait le tour en 25''. Pour la troisième fois, on arbore au haut du mât le pavillon français, qui, dans cette journée, a obtenu un véritable triomphe au vélodrome.

Lawn-Tennis.

Dans l'après-midi du même jour, on reprend, près des bords de l'Ilissus, le concours du Lawn-tennis, dont le résultat était resté incertain.

Au jeu simple l'Anglais M. Boland est déclaré vainqueur, et M. Kasdaglis, Hellène, vient second. Au jeu double, l'Anglais M. Boland et l'Allemand M. Traun sont déclarés vainqueurs, et MM. Kasdaglis et D. Pétrokokinos, tous deux Hellènes, viennent seconds.

Le beau temps continue à régner pendant la soirée, aussi l'affluence est-elle considérable dans les principales rues et sur les places de la Constitution et de la Concorde brillamment illuminées, et où les musiques des Sociétés philharmoniques exécutent divers morceaux. Une foule considérable se rend au théâtre municipal, où des amateurs jouent l'Antigone de Sophocle dans le texte original. La musique des chœurs a été composée par M. Sakélaridhis.

Septième Journée. 31 Mars.

Le programme des Jeux comportait, pour cette journée les concours suivants: Dans l'après-midi, concours entre les diverses musiques et régates à la voile, course de Marathon au vélocipède, et, le soir, grande retraite aux flambeaux à Athènes.

Le concours entre les diverses musiques des Sociétés philharmoniques n'a pu avoir lieu, car, étant arrivées en retard à Athènes, elles n'avaient pas eu le temps voulu pour s'y préparer d'une manière convenable. Les régates ne purent être exécutées par suite du manque d'embarcations spéciales.

Au Stand.

On reprend, le matin, le concours du tir au fusil à 300 mètres de distance, qui avait été interrompu la veille. M. Phrangoudhis, qui, le jour précédent, paraissait devoir l'emporter, est évincé

ζονται οἱ ἀγῶνες τῆς ἀθλοπαιδιᾶς ταύτης, ἧς τὸ ἀποτέλεσμα εἶχε μείνει ἐκκρεμές.

Καὶ εἰς μὲν τὸ ἁπλοῦν παιγνίδιον νικητὴς ἀναδεικνύεται ὁ Ἄγγλος Μπόλλαν καὶ δεύτερος ὁ Ἕλλην Δ. Κάσδαγλης. Εἰς δὲ τὸ διπλοῦν, νικηταὶ ἀνακηρύσσονται ὁ Ἄγγλος Μπόλλαν καὶ ὁ Γερμανὸς Τράουν· δεύτεροι δὲ οἱ Ἕλληνες Δ. Κάσδαγλης καὶ Δ. Πετροκόκκινος.

Τὴν ἑσπέραν χάρις εἰς τὸν εὐνοϊκὸν καιρὸν μεγάλη συγκέντρωσις πλήθους παρατηρεῖται εἰς τὰς καταφώτους ὁδοὺς καὶ τὰς πλατείας, ὅπου παιανίζουν αἱ διάφοροι φιλαρμονικαί. Κόσμος πολὺς μεταβαίνει καὶ εἰς τὸ Μέγα Θέατρον, ὅπου ἐκτελεῖται μετὰ πολλῆς ἐπιτυχίας ὑπὸ θιάσου ἐρασιτεχνῶν ἐπὶ τούτῳ γυμνασθέντων ἡ Ἀντιγόνη τοῦ Σοφοκλέους ἐν τῷ ἀρχαίῳ πρωτοτύπῳ, μετὰ τῶν χωρικῶν ᾀσμάτων τονισθέντων ὑπὸ τοῦ κ. Σακελλαρίδου.

Ἡμέρα Ἑβδόμη. 31 Μαρτίου.

Κατὰ τὸ γενικὸν πρόγραμμα ἔμελλον κατὰ τὴν ἡμέραν ταύτην νὰ τελεσθῶσι τὰ ἑξῆς : Ἐν Φαλήρῳ μετὰ μεσημβρίαν μεγάλη συναυλία τῶν μουσικῶν καὶ ἀγὼν ἱστιοπλοΐας. Μαραθώνιος ποδηλατικὸς δρόμος καὶ ἄφιξις τῶν ἀγωνιζομένων εἰς αὐτὸν εἰς τὸ Ποδηλατοδρόμιον. Τὴν ἑσπέραν μεγάλη λαμπαδηφορία ἐν Ἀθήναις.

Ἀλλ' ἡ μουσικὴ συναυλία δὲν κατωρθώθη νὰ γείνῃ, ἴσως ἕνεκα τῆς μὴ ἐγκαίρου ἀφίξεως εἰς τὴν πρωτεύουσαν τῶν διαφόρων φιλαρμονικῶν καὶ τῆς ἕνεκα τούτου ἐλλείψεως καιροῦ πρὸς ἐκγύμνασιν. Οἱ δὲ ἀγῶνες τῆς ἱστιοπλοΐας ἐματαιώθησαν, ἐπειδὴ οὔτε τὰ εἰδικὰ πρὸς τοῦτο σκάφη ὑπῆρχον παρ' ἡμῖν, οὔτε ξένα προσῆλθον ὅπως διαγωνισθῶσιν. Τὸ λοιπὸν μέρος τοῦ προγράμματος ἐξετελέσθη.

Σκοποβολή.

Καὶ πρῶτον συνειχίσθη καὶ ἐπερατώθη τὴν πρωΐαν ὁ ἐκκρεμὴς ἀπὸ τῆς προτεραίας ἀπομείνας ἀγὼν βολῆς διὰ τουφεκίου ἐξ ἀποστάσεως 300 μέτρων. Κατὰ τὴν προτεραίαν ἐφαίνετο ὑπερτερῶν ὁ Φραγκούδης. Ἀλλὰ λήξαντος τοῦ ἀγῶνος ἐφάνη ἐκ τοῦ ἀποτελέσματος ὁριστικὸς νικητὴς καὶ Ὀλυμπιονίκης ὁ Γεώργιος Ὀρφανίδης, υἱὸς τοῦ ἐν τῷ Πανεπιστημίῳ καθηγητοῦ κ. Δ. Ὀρφανίδου. Ἔσχε βολὰς ἐπιτυχεῖς 37 μὲ ἀριθμὸν ἐπιτυχιῶν 1583. Δεύτερος ἦλθεν ὁ Φραγκούδης.

Τὸ ἀγώνισμα ἔληξε τὴν 1 μ. μ. καὶ τὸ πλῆθος ἀπεσύρθη ἐγκαρδίως συγχαρὲν τὸν νικητήν.

Μαραθώνιος ποδηλατικὸς δρόμος.

Τὸ ὄνομα τοῦ Μαραθῶνος καὶ πᾶν ὅ,τι συνδέεται μὲ αὐτό, μετὰ τὴν νίκην τοῦ Λούη ἰδίως, ἔχει ἰδιαίτερον

par M. G. Orphanidhis, fils de M. D. Orphanidhis, professeur de médecine à l'Université d'Athènes. Il a un total de 37 coups touchés et de 1583 points faits. M. Phrangoudhis vient second.

Le concours se termine à une heure, et les spectateurs s'empressent d'offrir leurs félicitations au vainqueur.

Course du Marathon au vélocipède.

Le nom de Marathon et tout ce qui s'y rattache excite à un haut degré l'intérêt du public, surtout depuis la victoire de Louïs. Voilà pourquoi ce concours, si attrayant déjà par lui-même, était le seul que l'on attendit avec impatience depuis celui du vendredi précédent. A ce concours prennent part six champions : un Allemand, M. Gœdrich, un Anglais, M. Battel et quatre Grecs, MM. Constantinou, Iatrou, Aspiotis et Constantinidhis. D'après le programme, les concurrents doivent partir de la première borne kilométrique de la route de Képhissia, suivre la route de Marathon jusqu'à la quarantième borne kilométrique, où ils avaient à signer, en présence d'un commissaire délégué à cet effet, le protocole constatant leur arrivée à cet endroit, ils doivent retourner par la même route, prendre ensuite les boulevards Hérode Atticus et Olga, se diriger de là vers le Vieux Phalère, d'où, en suivant la ligne du tramway à vapeur qui côtoie le rivage, ils ont à se rendre au vélodrome. La distance totale de cette course est de 87 kilomètres. Le long de la route, de distance en distance, des contrôleurs veillent à la parfaite exécution des clauses du programme. Sur divers points de la route, chacun des concurrents rencontre un entraineur particulier.

A midi 17' les champions, placés en face de l'hospice Évanghélismos et entourés d'un assez grand nombre de curieux partent tous ensemble, à un signal donné par un coup de pistolet. En un instant on les perd de vue, ils dévorent littéralement l'espace. Ils traversent, sans s'y arrêter les kans et les villages. Le héros du jour M. Constantinidhis, arrive premier à Marathon en une heure 15', il signe en toute hâte le protocole et retourne à l'instant ; M. Gœdrich arrive second. Mais au retour, tandis que les concurrents se suivent d'assez près, divers accidents fâcheux

γέητρον διὰ τὸ ἑλληνικὸν κοινόν. Διὸ τὸ ἀγώνισμα τοῦτο, τὸ ἄλλως τε λίαν ἐπίπονον καὶ σημαντικόν, εἶνε τὸ μόνον ἑλκύσαν τὸ γενικὸν ἐνδιαφέρον μετὰ τοὺς ἀγῶνας τῆς παρελθούσης Παρασκευῆς.

Οἱ ἀγωνισταί εἰσιν ἓξ ἐν ὅλῳ, ἤτοι ὁ Γερμανὸς Γκαῖτριχ, ὁ Ἄγγλος Μπάττελ καὶ οἱ Ἕλληνες Κωνσταντίνου, Ἰατροῦ, Ἀσπιώτης καὶ Κωνσταντινίδης. Πρόκειται, κατὰ τὸ πρόγραμμα, ἐκκινοῦντες ἀπὸ τοῦ πρώτου χιλιομέτρου τῆς ὁδοῦ Κηφισίας ν' ἀκολουθήσωσι τὴν ὁδὸν Μαραθῶνος μέχρι τοῦ 40οῦ χιλιομέτρου καὶ ἀφοῦ ὑπογράψωσιν ἐκεῖ τὸ πρωτόκολλον τὸ πιστοποιοῦν τὴν ἄφιξίν των ἐνώπιον τοῦ ἐπὶ τούτῳ ἐντεταλμένου, νὰ ἐπιστρέψωσι διὰ τῆς αὐτῆς ὁδοῦ καὶ ἔπειτα διὰ τῆς Λεωφόρου Ἡρώδου τοῦ Ἀττικοῦ καὶ τῆς Λεωφόρου Ὄλγας νὰ κατέλθωσι τὴν ὁδὸν τοῦ Παλαιοῦ Φαλήρου καὶ κατόπιν διὰ τῆς παραλίας τοῦ Φαλήρου, παρὰ τὴν γραμμὴν τοῦ Τροχιοδρόμου νὰ φθάσωσιν εἰς τὸ ἐν Νέῳ Φαλήρῳ Ποδηλατοδρόμιον. Ἡ ὅλη ἀπόστασις αὕτη εἶνε 87 χιλιομέτρων. Εἰς διάφορα μέρη τοῦ δρόμου εἶχον τοποθετηθῆ ἔλεγκται πρὸς ἐπιτήρησιν τῆς ἀκριβοῦς τηρήσεως τοῦ προγράμματος, κατ' ἀποστάσεις δὲ οἱ συναγωνιζόμενοι εἶχον ἑτέρους ποδηλάτας, οἵτινες ἐχρησίμευον αὐτοῖς ὡς προελαύνοντες.

Τὴν 12 καὶ 17 λεπτὰ ἐνώπιον ἀρκετῶν περιέργων συνηγμένων ἀπὸ τῆς ἀφετηρίας τῆς ὁδοῦ Κηφισίας ἀντικρὺ τοῦ Εὐαγγελισμοῦ ἐκκινοῦσιν ὑπὸ τὸν κρότον τοῦ πιστολίου οἱ ποδηλάται καὶ χάνονται ὡς βέλη εἰς τὸ βάθος τῆς ὁδοῦ. Κατατρώγουν τὴν ἔκτασιν, διέρχονται διὰ χανίων, διὰ χωρίων, χωρὶς νὰ σταματήσωσιν. Ὁ Κωνσταντινίδης, ὅστις ἐγένετο ὁ ἥρως τῆς ἡμέρας, φθάνει πρῶτος εἰς Μαραθῶνα εἰς μίαν ὥραν καὶ δεκαπέντε πρῶτα λεπτά, ὑπογράφει ἐν σπουδῇ τὸ πρωτόκολλον, ὅπερ κρατεῖ ὁ ἐκεῖ ἀντιπρόσωπος τῆς ἐπιτροπῆς καὶ ἐπιστρέφει ἐν τῷ ἅμα. Φθάνει δεύτερος ὁ Γκαῖτριχ καὶ οἱ ἄλλοι κατὰ σειράν. Ἀλλὰ κατὰ τὴν ἐπιστροφήν, ἐνῷ τρέχουν εἰς μικρὰν ἀπ' ἀλλήλων ἀπόστασιν, συμβαίνουν διάφορα δραματικὰ ἐπεισόδια. Τὸ ποδήλατον τοῦ Κωνσταντινίδου ὑφίσταται βλάβην καὶ καθίσταται ἄχρηστον. Ὁ παρακολουθῶν αὐτὸν Ἄγγλος Μπάττελ τὸν προσπερᾷ ὡς ἐκ τούτου. Ἀλλ' ὁ Κωνσταντινίδης δανείζεται ἕτερον ποδήλατον παρὰ προελαύνοντος φίλου του καὶ τρέχων δρομαίως τὸν καταφθάνει ὀλίγα χιλιόμετρα πρὸ τῶν Ἀθηνῶν. Ἡ τύχη ὅμως ἐξακολουθεῖ νὰ εἶνε δυσμενὴς διὰ τὸν δεξιὸν αὐτὸν ποδηλάτην. Κατὰ τὴν στροφὴν τῆς ὁδοῦ Κηφισίας πρὸς τὴν Λεωφόρον Ἡρώδου τοῦ Ἀττικοῦ ὀλισθαίνει, πίπτει ἐντὸς τῆς λάσπης καὶ τραυματίζεται· ἀλλὰ δὲν ἀποθαρρύνεται. Ἁρπάζει τὸ ποδήλατον ἑτέ-

viennent à se produire. La bicyclette de M. Constantinidhis se brise, ce qui permet à l'Anglais M. Battel de le dépasser ; mais M. Constandinidhis, montant alors la bicyclette de son entraîneur, parvient à l'atteindre à quelques kilomètres d'Athènes. Le sort continue à être contraire à l'infortuné bicycliste Hellène : au détour du boulevard Hérode Atticus, il tombe dans la boue et se fait une blessure au bras, mais sans perdre courage, il monte la bicyclette d'un des amis qui l'accompagnaient, et parvient de nouveau à atteindre et à dépasser l'Anglais M. Battel, qui, épuisé, tombe sur la route de Phalère, tandis

que son rival poursuit, avec la vitesse de l'éclair, sa route vers le vélodrome.

Une foule immense s'était portée vers l'avenue de Képhissia et s'étendait jusqu'à Ampélokipi, elle attendait avec la plus vive impatience le retour des coureurs de Marathon ; à leur apparition, elle pousse de nombreux vivats et leur adresse des encouragements. D'autre part, un grand nombre de spectateurs s'étaient rendus à Phalère pour y voir arriver le vainqueur. Le vélodrome était comble, la place et les alentours étaient noirs de monde. La famille royale s'était rendue vers 3 heures au vélodrome. Tout à coup de vives acclamations se font entendre en dehors de l'enceinte : M. Constantinidhis, noir de poussière,

ρου ἐκ τῶν συνοδευόντων αὐτὸν φίλων καὶ μετὰ ταχύ-
γητος ἰλιγγιώδους καταφθάνει τὸν προσπεράσαντα αὐ-
τὸν ἐν τῷ μεταξὺ Μπάττελ καὶ τὸν ὑπερβαίνει. Ὁ
Μπάττελ ἐξηντλημένος καὶ ἀποκαμὼν καταπίπτει ἐκ
τοῦ ποδηλάτου ἐπὶ τῆς ὁδοῦ Φαλήρου, ἐνῷ ὁ ἀντίπα-
λός του βαίνει πρὸς τὸ Ποδηλατοδρόμιον.

Τὸ πλῆθος ἀθρόως συρρέον ἕνεκα τῆς Κυριακῆς, ἐνω-
ρὶς εἶχε κατακλύσει τὴν Λεωφόρον Κηφισίας μέχρι
τῶν Ἀμπελοκήπων ἀναμένον τὴν ἐπάνοδον τῶν ἐκ Μα-
ραθῶνος ποδηλατῶν. Ἐπὶ τῇ ἐμφανίσει τῶν ἐκρήγνυ-

arrive premier ; c'est lui le vainqueur ; il a par-
couru la distance en 3 heures 22' 31''. Le pa-
villon hellénique est arboré pour la première fois
dans l'enceinte du vélodrome. Un enthousiasme
indescriptible s'empare de tous ; c'est, sur une
échelle réduite, la répétition des scènes du ven-
dredi précédent après la victoire de Louis.

Monsieur Gœdrich arrive deuxième, 20 mi-
nutes après l'olympionique Constantinidhis. M.
Battel arrive troisième, tout meurtri de sa chute.

Retraite aux flambeaux.

ται εἰς ζωηρὰς ζητωκραυγὰς καὶ παροτρύνει δι' ἐνθαρ-
ρυντικῶν ἐπιφωνήσεων καὶ ἀποστροφῶν τοὺς παρελαύ-
νοντας. Εἰς τὸ Φάληρον πάλιν εἶχε κατέλθει ἄπειρον
πλῆθος θεατῶν, ἐπιθυμούντων νὰ δοκιμάσωσι τὰς σφο-
δρὰς συγκινήσεις τῆς προσδοκίας καὶ νὰ ἴδωσι τὸ θέαμα
τῆς ἀφίξεως τοῦ νικητοῦ. Ἡ κυκλικὴ ἐξέδρα εἶνε πλή-
ρης θεατῶν, ἐνῷ ἄλλοι πολλοὶ περίεργοι ἵστανται ἀνα-
μένοντες εἰς τὰ πέριξ. Ἡ Βασιλικὴ Οἰκογένεια μετὰ
τῶν ἐπισήμων αὐτῆς ξένων κατελθοῦσα τὴν 3. μ. μ.
ἀναμένει εἰς τὴν ἰδιαιτέραν ἐξέδραν της καὶ τὴν ἐκ τῆς
προσδοκίας ἀνίαν διασκεδάζει ὁπωσοῦν ἡ μουσική. Τέ-
λος ἀκούονται ἔξωθεν τοῦ περιβόλου ζωηραὶ ἐπευφη-

La retraite aux flambeaux du 31 Mars fut as-
surément un des plus beaux spectacles dont ait
joui la ville d'Athènes pendant la durée des fêtes
des Jeux Olympiques. Ceux qui devaient y prendre
part avaient été invités à se réunir dans la longue
et large rue Athéna, à neuf heures le cortège de-
vait se mettre en marche. Bien avant l'heure
fixée, l'affluence est considérable dans les rues
et sur les places brillamment illuminées par les-
quelles la retraite doit défiler. A partir de 8 heu-

μίαι· ὁ Κωνσταντινίδης καταλασπωμένος ὡς εἶνε ἀπὸ τὰς ἀλλεπαλλήλους πτώσεις του ἀφικνεῖται πρῶτος εἰς τὸ τέρμα. Εἶνε Ὀλυμπιονίκης. Διήνυσε τὴν ἀπόστασιν εἰς ὥρας 3, 22′, 31″. Ἡ Ἑλληνικὴ σημαία ἀνυψοῦται ἐπὶ τοῦ ἱστοῦ καὶ κυματίζει διὰ πρώτην φορὰν νικηφόρος ἐν τῷ Ποδηλατοδρομίῳ. Ἐπακολουθεῖ, ἐν μικρογραφίᾳ ὅμως, ὅ,τι συνέβη τὴν Παρασκευὴν μετὰ τὴν νίκην τοῦ Λούη ἐν τῷ Σταδίῳ. Ἔκρηξις ἐνθουσιασμοῦ ἀπερίγραπτος. Δεύτερος εἰς τὸ τέρμα ἔφθασεν ὁ Γκαῖτριχ, ὑστερήσας τοῦ Κωνσταντινίδου κατὰ 20 λεπτά. Τρίτος ὁ Μπάττελ δεινῶς μεμωλωπισμένος ἐκ τῆς πτώσεως.

Λαμπαδηφορία.

Ἓν ἀπὸ τὰ ὡραιότερα θεάματα τῆς σειρᾶς τῶν ἑορτῶν ὑπῆρξεν ἀναντιρρήτως καὶ ἡ κατὰ τὴν ἑσπέραν τῆς Κυριακῆς ταύτης γενομένη λαμπαδηφορία, ἡ καταλιποῦσα ἀλησμονήτους ἐντυπώσεις εἰς τοὺς ἰδόντας αὐτήν.

Τόπος συγκεντρώσεως εἶχεν ὁρισθῇ ἡ εὐρεῖα καὶ μακρὰ ὁδὸς Ἀθηνᾶς, ὥρα δὲ ἐκκινήσεως ἡ 9 μ. μ. Ἀλλὰ πολὺ πρὸ αὐτῆς ὁ κόσμος ἔχει συρρεύσει κατὰ χιλιάδας εἰς τὰς ὁδοὺς καὶ τὰς πλατείας, ἀπαστραπτούσας πάσας ἐκ τῆς φωτοχυσίας, διὰ νὰ καταλάβῃ θέσιν κατάλληλον καὶ ἴδῃ ἐκεῖθεν τὴν παρέλασιν. Ἡ συμπύκνωσις μετὰ τὴν 8ην ὥραν εἰς τὰ κεντρικὰ μέρη εἶνε ἀσφυκτική, ἡ δὲ συγκοινωνία καθίσταται δυσχερεστάτη.

Ἐν τούτοις εἰς τὴν ὁδὸν Ἀθηνᾶς συναθροίζονται ὁλονὲν καὶ παρατάσσονται τὰ σώματα, ἅτινα θὰ συμμετάσχωσι εἰς τὴν λαμπαδηφορίαν. Ἡ Ἴλη τοῦ ἱππικοῦ, ἥτις θὰ προηγῆται τῆς πομπῆς τοποθετεῖται εἰς τὸ παρὰ τὴν πλατεῖαν τῆς Ὁμονοίας ἄκρον τῆς ὁδοῦ. Εἶτα παρετάχθησαν κατὰ σειρὰν οἱ ἄνδρες τῶν διαφόρων σωμάτων τῆς φρουρᾶς Ἀθηνῶν, ἱππικοῦ, πυροβολικοῦ, σκαπανέων, ὡσεὶ χίλιοι περίπου. Ἔπειτα πολυάριθμοι ἄνδρες τοῦ πεζικοῦ. Οἱ στρατιῶται φέρουν πυρσοὺς καὶ δᾷδας, αἵτινες θ᾽ ἀναφθῶσι κατὰ τὴν στιγμὴν τῆς ἐκκινήσεως. Μετ᾽ ὀλίγον ὑπὸ τοὺς ἤχους μουσικῆς προπορευομένης καταφθάνουσιν οἱ πολυάριθμοι μαθηταὶ τῶν γυμνασίων φέροντες ἐξαρτωμένους ἀπὸ ἀκοντίων πολυχρόους ἐνετικοὺς φανούς. Ἀκολούθως ἀπὸ τὴν πλατεῖαν τῆς Ὁμονοίας εἰσορμᾷ τὸ κῦμα τῶν δισχιλίων φοιτητῶν τοῦ Πανεπιστημίου, φερόντων ἐπίσης φανοὺς ἐξαρτωμένους ἀπὸ τ᾽ ἀκόντια ἢ τὰς ῥάβδους καὶ μετὰ κόπου παρατάσσονται μετὰ τὸ πεζικόν. Μετὰ τοὺς φοιτητὰς καὶ μαθητὰς παρατάσσονται οἱ ναῦται τῶν πολεμικῶν πλοίων· ἔπειτα πολῖται, μέλη τῶν συντεχνιῶν κλπ. Ὅταν ἀνήφθησαν καὶ οἱ πυρσοί, ὅλη ἡ

res, la foule est si compacte que la circulation devient presque impossible.

Les différents corps qui doivent prendre part à la retraite aux flambeaux viennent se ranger dans la rue Athéna. L'escadron de cavalerie qui doit précéder le cortège prend place à l'extrémité de la rue, près de la place de la Concorde, il est suivi d'un millier d'hommes de la garnison d'Athènes, appartenant à la cavalerie, à l'artillerie ou au génie ; viennent ensuite de nombreux soldats appartenant à l'infanterie: ils portent tous des torches ou des flambeaux qu'ils allument au moment de se mettre en marche. Ils sont suivis d'un grand nombre d'élèves des différents lycées de la ville, qui, musique en tête, portent au bout de perches des lanternes vénitiennes de diverses couleurs. A la place de la Concorde deux mille étudiants de l'Université Nationale rejoignent le cortège, et prennent place entre l'infanterie et les élèves des lycées ; comme ces derniers, ils portent au bout de perches des lanternes vénitiennes. Après les étudiants et les élèves, se rangent les membres des diverses corporations, etc., etc. Dès que les torches sont allumées, la rue Athéna parait illuminée d'un bout à l'autre et offre un spectacle féerique.

Vers neuf heures, un double signal donné par le clairon commande l'attention: tous sont rangés, tous sont prêts. Le clairon résonne pour la troisième fois, et cette immense masse lumineuse s'ébranle. Un escadron de cavalerie ouvre la marche, viennent ensuite la musique militaire suivie des soldats de la garnison, les étudiants que précède la musique de la Société philharmonique de Corfou, les huissiers du Stade, qui, revêtus de leur uniforme rouge et coiffés de leurs casques blancs, portent les drapeaux de tous les pays qui ont pris part aux Jeux Olympiques. Suivent les diverses corporations, entre lesquelles prennent place les musiques de Laurium, de Leucade, de Céphalonie, de Zante, la seconde de Corfou, celle de la Société philharmonique d'Athènes et celle de la marine royale. Lorsque ce cortège interminable défile par la rue du Stade, le spectacle devient indescriptible. Les arcs lumineux forment une voûte ininterrompue qui, par l'effet de la distance, va se rétrécissant jusqu'aux dernières limites du rayon visuel. Les maisons et les

ἐδὸς Ἀθηνᾶς ἀπὸ ἄκρον εἰς ἄκρον φαίνεται φωταγωγη-
μένη καὶ ἀποτελεῖ θέαμα λαμπρόν.

Κατὰ τὴν ἐνάτην ἀντηχοῦσι δύο σαλπίσματα. Εἶνε
τὸ σύνθημα τῆς προσοχῆς. Ὅλοι παρατάσσονται ἕτοι-
μοι· οἱ στρατιῶται κατὰ τετράδας. Ἀντηχεῖ καὶ τὸ
τρίτον σάλπισμα καὶ ὁ ἀπέραντος ἐκεῖνος φωτοβόλος
ὄγκος ἐκκινεῖ. Τὴν πρωτοπορείαν ἀποτελεῖ ἡ ὕλη τοῦ
ἱππικοῦ· εἶτα ἕπεται ἡ μουσικὴ τῆς φρουρᾶς ἀκολου-
θοῦσι δὲ οἱ στρατιῶται· μετὰ τούτους ἕπονται οἱ φοι-
τηταί, ὧν προηγεῖται ἡ Φιλαρμονικὴ Κερκύρας καὶ
μετ᾽ αὐτὴν οἱ κλητῆρες τοῦ Σταδίου μὲ τὰς ἐρυθρὰς
στολάς των καὶ τὰ λευκά των κράνη, φέροντες τὰς ση-
μαίας πάντων τῶν ἐθνῶν τῶν συμμετασχόντων τῶν
Ὀλυμπιακῶν Ἀγώνων. Ἔπειτα ἕπονται ἄλλα σώματα
ὧν προηγοῦνται ἄλλαι φιλαρμονικαί, ἡ τοῦ Λαυρίου,
ἡ τῆς Λευκάδος, ἡ ἄλλη Κερκυραϊκή, ἡ τῆς Κεφαλ-
ληνίας, ἡ τῆς Ζακύνθου, ἡ φιλαρμονικὴ Ἀθηνῶν, ἡ
μουσικὴ τοῦ ναυτικοῦ. . . . Ὅλη αὐτὴ ἡ ἀτελεύτητος
σειρὰ εἰσέρχεται εἰς τὴν ὁδὸν Σταδίου· τὸ θέαμα εἶνε
ἀπεριγράπτως ἐξαίσιον. Τὰ φωτεινὰ τόξα τῆς ὁδοῦ,
σμικρυνόμενα κατ᾽ ἀποστάσεις καὶ ἀποτελοῦντα οἱονεὶ
τόξα κύκλων παραλλήλων μέχρι τοῦ βάθους τοῦ ὁρί-
ζοντος, τὰ φωταγωγημένα καὶ σημαιοστόλιστα κτίρια,
ὁ ποταμὸς ἐκεῖνος ὁ πύρινος τῶν πυρσῶν καὶ τῶν δᾳ-
δων, αἱ μυριάδες τῶν σειομένων φανῶν, τὸ ἐπὶ τῶν πε-
ζοδρομίων συμπεπιεσμένον πυκνὸν πλῆθος τῶν θεατῶν
ἀποτελοῦσι σύνολον μαγικῆς φαντασμαγορίας, διαχύ-
νεται δὲ εἰς τὸν ἀέρα ἐξ ὅλων ἐκείνων τῶν φώτων,
λάμψις ἔντονος ὡσεὶ πυρκαϊᾶς. Καὶ ὁ ἀπαστράπτων
χείμαρρος προχωρεῖ ὑπὸ τὰ θούρια τῶν μουσικῶν,
ἅτινα ἀντηχοῦσιν ἀκα-
τάπαυστα καὶ ὑπὸ τὰς
ἀδιαλείπτους ἐπευφη-
μίας. Φθάνει εἰς τὴν
πλατεῖαν τοῦ Συντάγ-
ματος, ἥτις παριστᾷ
διὰ τῶν τόξων της,
διὰ τοῦ φανοστολίστου
κηπαρίου της καὶ τοῦ
ἐν αὐτῇ πυκνοῦ πλή-
θους ἄλλην εἰκόνα ἐξαι-
σίως χαρμόσυνον, ἀνέρ-
χεται πρὸς τὴν πλα-
τεῖαν τῶν Ἀνακτόρων
καὶ διέρχεται ὑπὸ τὰ
Ἀνάκτορα. Ἡ Βασι-
λικὴ Οἰκογένεια σύσ-
σωμος, ὁ βασιλεὺς τῆς

édifices publics, illuminés et pavoisés, sont pour
ainsi dire les rives entre lesquelles roule ce tor-
rent de feu, dont des milliers de flambeaux, de
torches et de lanternes vénitiennes composent les
flots agités. Joignez à cela l'immense réverbéra-
tion qui s'élève dans les airs, comme l'éclat d'un
vaste incendie, les sons éclatants des musiques
qui couvrent à peine la rumeur de la foule, et vous
n'aurez encore qu'une faible idée du tableau
vraiment magique qu'offre en ce moment la rue
du Stade. La retraite arrive enfin à la place de la
Constitution qui, avec les arcs lumineux qui l'en-
cadrent et son jardin enguirlandé de lanternes
vénitiennes, offre un tableau d'un autre genre,
moins imposant mais plus gracieux. Le cortège
monte sur l'esplanade du Palais. La famille
royale tout entière, le Roi de Serbie, le Grand-Duc
Georges, du balcon de la façade, admirent ce
spectacle grandiose. Les musiques défilent en
jouant l'hymne national, les soldats et les civils
qui ont pris part à la retraite poussent d'intermi-
nables vivats, les Souverains saluent avec émo-
tion. Le cortège est d'une telle longueur que
l'avant-garde se trouve déjà sur la place de la
Constitution tandis que l'arrière-garde quitte à
peine la place de la Concorde, située à l'extré-
mité opposée. La retraite descend ensuite la rue
d'Hermès, prend la rue d'Éole, dont les balcons
regorgent de spectateurs, revient à la place de la
Concorde et monte le boulevard de l'Université ;

13

Σερβίας Ἀλέξανδρος, ὁ Μέγας Δοὺξ Γεώργιος καὶ αἱ
ἀκολουθίαι αὐτῶν ἀπὸ τοῦ μαρμαρίνου ἐξώστου τῶν
Ἀνακτόρων θαυμάζουσι τὸ μεγαλοπρεπέστατον θέαμα,
οἱ αὐλικοὶ συμπυκνοῦνται εἰς τὰ Προπύλαια. Αἱ μου-
σικαὶ διερχόμεναι πρὸ τοῦ ἐξώστου ἀνακρούουσι τὸν
ἐθνικὸν ὕμνον· οἱ στρατιῶται καὶ οἱ ἄλλοι λαμπαδη-
φόροι ζητωκραυγάζουσιν, οἱ δὲ βασιλεῖς καὶ οἱ ἐπίση-
μοι ξένοι χαιρετίζουσι συγκεκινημένοι. Καὶ ἡ παρέλα-
σις τῶν δεκακισχιλίων ἐκείνων ἀνδρῶν ἐξακολουθεῖ
ἀτελεύτητος, καὶ ἐνῷ ἡ πρωτοπορία κατῆλθεν ἤδη
διὰ τῆς ἀντιθέτου ὁδοῦ εἰς τὴν πλατεῖαν τοῦ Συν-
τάγματος, ἡ οὐραγία εὑρίσκεται εἰς τὸ παρὰ τὴν πλα-
τεῖαν τῆς Ὁμονοίας τέρμα τῆς ὁδοῦ Σταδίου. Καὶ
χύνεται κατόπιν ἡ ἀπέραντος φωτεινὴ πλήμμυρα εἰς
τὴν ὁδὸν Αἰόλου, ἧς τὰ παράθυρα καὶ οἱ ἐξῶσται βρί-
θουσι θεατῶν· ἀκολούθως διὰ τῆς πλατείας τῆς Ὁμο-
νοίας ἀνέρχονται εἰς τὴν λεωφόρον Πανεπιστημίου. Ἡ
πομπὴ σταματᾷ ἐκεῖ πρὸ τοῦ Πανεπιστημίου καὶ περὶ
τὴν 11 μ. μ. διαλύεται, ἐπανερχομένων τῶν στρα-
τιωτικῶν σωμάτων εἰς τοὺς στρατῶνάς των ὑπὸ τοὺς
ἤχους τῆς μουσικῆς, καὶ τῶν λοιπῶν εἰς τὰ ἴδια.

Γεῦμα ἐν τοῖς Ἀνακτόροις.

Κατ' αὐτὴν ταύτην τὴν ἡμέραν συνέβη καὶ ἕτερον
γεγονὸς ἀξιοσημείωτον, τὸ παρατεθὲν ἐν τοῖς Ἀνακτό-
ροις πρόγευμα πρὸς τιμὴν τῶν Ὀλυμπιονικῶν, τῶν ξέ-
νων ἀθλητῶν καὶ τῶν ἀντιπροσώπων τοῦ ξένου τύπου
τῶν παρεπιδημούντων ἐν Ἀθήναις καὶ τοῦ ἐγχωρίου.
Εἰς διακοσίους ἑξήκοντα ἀνήρχοντο οἱ προσκεκλημένοι,
οἵτινες παρεκάθισαν εἰς τράπεζαν ἔχουσαν σχῆμα Π,
στρωθεῖσαν εἰς τὴν μεγάλην αἴθουσαν τῶν Ἀνακτόρων,
ἔφερον δὲ πάντες περιβολὴν περιπάτου, κατὰ τὸ προσ-
κλητήριον. Εἰς Ἀμερικανὸς μάλιστα ἔφερε βραχεῖαν
περισκελίδα ποδηλατιστοῦ καὶ μόνοι οἱ Οὔγγροι ἀθλη-
ταὶ περιεβάλλοντο τὸ τυπικὸν μέλαν ἱμάτιον. Τὴν κοι-
νὴν ὅμως προσοχὴν ἑλκύει πρὸ πάντων ὁ Λούης, φέρων
μετὰ χάριτος τὴν ἐθνικὴν ἐνδυμασίαν, ὅστις καὶ καθ'
ὁδὸν ἐγένετο τὸ ἀντικείμενον ἐνθουσιωδῶν διαδηλώσεων.
Ὁ νικητὴς τοῦ Μαραθωνίου δρόμου συνωδεύετο ὑπὸ
τοῦ γηραιοῦ πατρός του, ἀγαθοῦ καὶ καλοκαγάθου χω-
ρικοῦ, ὑπενθυμίζοντος μὲ τὴν ὑπερήφανον συγκίνησίν
του τὸν Ῥόδιον Διαγόραν.

Ὥρα τοῦ γεύματος ἐν τῇ προσκλήσει ἐσημειοῦτο ἡ
11.30 π. μ. Εἰς τὴν αἴθουσαν εἰσέρχεται ὁ βασιλεὺς
καὶ ἡ τεταγμένη ἐκεῖ Φιλαρμονικὴ Κερκύρας ἀνακρούει
τὸν ἐθνικὸν ὕμνον καὶ κατόπιν τὸν Ὀλυμπιακὸν τοῦ
Σαμάρα. Ὁ Βασιλεὺς κάθηται εἰς τὸ μέσον τῆς τρα-
πέζης φέρων μικρὰν στολὴν ναυάρχου, ἔχων ἐκ δεξιῶν

arrivée à ce monument, elle se disperse vers 11
heures, tandis que les soldats, aux sons de la
musique, regagnent leurs casernes.

Le déjeuner Royal.

Le même jour, le Roi donnait dans la grande
salle du Palais un splendide déjeuner en l'hon-
neur des athlètes qui avaient pris part aux Jeux
Olympiques. Les représentants de la presse hellé-
nique et étrangère, le comité hellénique, le co-
mité international, les commissions, tous ceux qui
avaient contribué d'une manière quelconque au
succès des Jeux, en tout deux cent cinquante in-
vités avaient trouvé place à la table royale. Con-
formément à l'invitation, chacun s'était rendu à
ce déjeuner dans son costume habituel ; un Amé-
ricain portait même la culotte courte de bicy-
cliste; seuls les athlètes Hongrois portaient l'habit
noir d'usage. Louis, en costume national, est
l'objet de l'attention générale; il est accom-
pagné de son vieux père bon paysan dont la
fière simplicité et l'émotion rappellent Diago-
ras de Rhodes.

A 10 heures 30, le Roi paraît en petite tenue
d'amiral. A son entrée, la musique de la Société
philharmonique de Corfou joue l'hymne national,
puis la cantate de Samaras. Après avoir rendu
le salut à ses hôtes, le Roi s'assied à la table du
milieu, ayant à sa droite le Prince Georges et à
sa gauche le Prince Nicolas. En face de S. M.
s'assied le Prince héritier ayant à sa droite M. Zaïmis, président de la Chambre, et à sa gauche M.
Scouzès, ministre des affaires étrangères, tous
deux membres du Conseil des Douze. Par suite
d'indisposition, la Reine n'avait pu assister au
déjeuner.

Au dessert, le Roi se lève, et se tournant vers
les étrangers, il prononce, en français, le toast
suivant :

« Laissez-moi, Messieurs, vous dire la joie que
» nous avons tous ressentie en vous voyant venir
» en Grèce pour prendre part aux Jeux Olympi-
» ques. Par l'accueil que la population vous a
» fait, vous avez pu vous convaincre vous-mêmes
» de l'allégresse avec laquelle le peuple hellénique
» vous a reçus. Je saisis aussi cette occasion pour
» exprimer aux vainqueurs mes plus chaleureu-
» ses félicitations. Dans quelques jours vous allez

τὸν βασιλόπαιδα Γεώργιον καὶ ἐξ ἀριστερῶν τὸν βασι-
λόπαιδα Νικόλαον. Ἀντικρύ του κάθηται ὁ Διάδοχος,
ἔχων ἐκ δεξιῶν τὸν πρόεδρον τῆς Βουλῆς κ. Ζαήμην
καὶ ἐξ ἀριστερῶν τὸν ὑπουργὸν τῶν ἐξωτερικῶν κ. Σκου-
ζέν, ἀμφοτέρους μέλη τοῦ Δωδεκαμελοῦς Συμβουλίου
τῶν Ὀλυμπιακῶν Ἀγώνων. Ἡ βασίλισσα ἀδιαθετοῦσα
δὲν παρέστη.

Κατὰ τὰ ἐπιδόρπια ὁ Βασιλεὺς ἐγερθεὶς ἀπήγγειλε
γαλλιστὶ τὴν ἑξῆς πρόποσιν, ἀποτεινόμενος πρὸς τοὺς
ξένους :

«Ἀφετέ με, κύριοι, νὰ σᾶς ἐκφράσω τὴν χαράν, ἣν
ᾐσθάνθημεν πάντες, βλέποντες ὑμᾶς κατερχομένους εἰς
τὴν Ἑλλάδα διὰ νὰ συμμετάσχητε τῶν Ὀλυμπιακῶν
Ἀγώνων. Ἐκ τῆς δεξιώσεως ἡ ὁποία σᾶς ἐγένετο ἐκ μέ-
ρους τῶν κατοίκων, ἠδυνήθητε νὰ πεισθῆτε ἀφ' ἑαυτῶν
πόσον ὁ ἑλληνικὸς λαὸς ἐχάρη δεξιούμενος ὑμᾶς.
Δράττομαι μάλιστα τῆς εὐκαιρίας ταύτης διὰ νὰ
ἐκφράσω εἰς τοὺς θριαμβευτὰς τὰ ἐνθερμότατά μου
συγχαρητήρια. Μετά τινας ἡμέρας θ' ἀναχωρή-
σητε διὰ νὰ ἐπιστρέψητε εἰς τὴν ἰδίαν ἕκαστος
πατρίδα· δὲν σᾶς ἀποχαιρετῶ· σᾶς λέγω καλὴν
ἐντάμωσιν ἅπαξ ἔτι ἐνταῦθα. Διατηρήσατε ὑπὲρ
ἡμῶν, σᾶς παρακαλῶ, ἀγαθὴν ἀνάμνησιν καὶ μὴ
λησμονῆτε τὴν ἐνθουσιώδη συγκίνησιν, τὴν ὁποίαν
ᾐσθάνθημεν πάντες κατὰ τὴν εἰς τὸ Στάδιον ἄφιξιν
τοῦ νικητοῦ τοῦ Μαραθῶνος. Ἡ Βασίλισσα ἀτυ-
χῶς ἀσθενεῖ, λυπεῖται δὲ ὅτι δὲν ἠδυνήθη νὰ παρα-
στῆ σήμερον. Μ' ἐπιφορτίζει μὲ τὰς προσρήσεις
της πρὸς ὑμᾶς πάντας. Προπίνω εἰς ὑγείαν σας,
ἐπαναλαμβάνων ὑμῖν τὰς εἰλικρινεῖς μου εὐχαριστίας.»

Ζωηραὶ ἐπευφημίαι εἰς παντοίας γλώσσης ἐκφερό-
μεναι διέκοπτον πᾶσαν φράσιν τῆς βασιλικῆς προπό-
σεως. Ὅτε μετ' ἀρκετὴν ὥραν ἀποκατέστη ἡ σιγή, ὁ
βασιλεὺς καὶ πάλιν ἐγερθεὶς εἶπεν ἑλληνιστὶ τὰ ἑξῆς.

«Ἡ ἀναβίωσις τῶν Ὀλυμπιακῶν Ἀγώνων ἐν τῇ ἀρ-
χαίᾳ αὐτῶν κοιτίδι ἐστέφθη ὑπὸ πλήρους καὶ ἀνελπί-
στου ἐπιτυχίας, χαίρω δὲ δυνάμενος σήμερον νὰ συγ-
χαρῶ καὶ εὐχαριστήσω πάντας ὑμᾶς, ὅσοι εἰργάσθητε
ὅπως ἐπέλθῃ τὸ λαμπρὸν τοῦτο ἀποτέλεσμα. (Ἐπευ-
φημίαι).

«Τὰς εὐχαριστίας ταύτας ἀπονέμω ἐν πρώτοις εἰς
τὸν πρόεδρον ὑμῶν, τὸν Διάδοχον, ὅστις φιλοτίμως
προέστη τοῦ ἔργου καὶ δι' ἐπιμονῆς καὶ ἐργασίας ἀκα-
ταπονήτου ἤγαγεν αὐτὸ εἰς πέρας. Ἀψηφῶν πάσας τὰς
δυσκολίας καὶ πάντα τὰ παραβληθέντα προσκόμματα,
ὡδήγησεν ὑμᾶς εἰς τὴν ἐπιτυχίαν, διότι ἐνέπνευσεν αὐ-
τὸν ἡ πρὸς τὴν πατρίδα ἀγάπη καὶ ἡ πεποίθησις ὅτι
συντελεῖ εἰς ἔργον μεγίστην ἐθνικὴν ὠφέλειαν ὑποσχό-

» partir pour rentrer dans vos pays respectifs.
» Je ne vous dis pas adieu, je vous dis au revoir
» encore une fois ici. Gardez-nous, je vous prie,
» un bon souvenir et n'oubliez pas l'enthousiaste
» émotion que nous avons tous ressentie à l'ar-
» rivée au Stade du vainqueur de Marathon. La
» Reine est malheureusement malade, elle regrette
» de ne pouvoir être présente aujourd'hui; elle me
» charge de ses salutations pour vous tous. Je
» bois à votre santé en vous réitérant mes sin-
» cères remerciements.»

Chaque phrase du toast est soulignée par des
applaudissements. Des « Vive le Roi » plusieurs
fois répétés en diverses langues accueillent les
dernières paroles du Roi. S. M. attend assez long-

temps que le silence se rétablisse, puis levant de
nouveau son verre, Elle prononce en grec cette
fois le toast suivant :

« Messieurs, La restauration des Jeux Olym-
» piques dans leur classique berceau, a été cou-
» ronné du succès le plus complet, le plus inatten-
» du. Aussi suis-je charmé de pouvoir féliciter
» et remercier aujourd'hui tous ceux qui ont tra-
» vaillé en vue d'arriver à ce merveilleux résultat.

» Je dois exprimer tout d'abord mes sentiments
» de reconnaissance au Prince Héritier, qui a
» présidé à cette œuvre avec tant de distinction
» et qui a surmonté, par son infatigable et persé-
» vérante activité les obstacles qui auraient pu
» en empêcher le succès. La conviction qu'il avait
» de contribuer ainsi à une œuvre d'utilité natio-
» nale et l'amour de la patrie, qui l'inspirait, lui
» ont rendu sa tâche facile.

» Je dois exprimer aussi les sentiments de re-

μενον. (Ἐπευφημίαι παρατεταμέναι). Ἀλλ' ἐξ ἴσου ἀπονέμω τὰς εὐχαριστίας τοῦ ἔθνους καὶ ἐμοῦ αὐτοῦ εἰς τὸν μέγαν εὐεργέτην τῆς πατρίδος, τὸν Γεώργιον Ἀβέρωφ, ὅστις ἀφειδῶς ὅπως πάντοτε, οὕτω καὶ εἰς τὴν ἀνοικοδόμησιν τοῦ Σταδίου δαπανήσας, ἀνέδειξεν ἑαυτὸν δεύτερον Ἡρώδην τὸν Ἀττικὸν καὶ συνετέλεσεν ὑπὲρ πάντας εἰς τὴν ἐπιτυχίαν τοῦ ἔργου. (Ζητωκραυγαὶ ὑπὲρ τοῦ Ἀβέρωφ).

«Εὐχαριστίας ἀπονέμω καὶ εἰς τοὺς βασιλόπαιδας Γεώργιον καὶ Νικόλαον, οἵτινες διωργάνωσαν καὶ διεξήγαγον τοὺς ἀγῶνας ἐν τῇ ἀκλονήτῳ πεποιθήσει ὅτι ἐπιτελοῦσι φιλόπατρι ἔργον, ἰδίως δὲ εἰς τὸν βασιλόπαιδα Γεώργιον, ὅστις καὶ ὡς πρόεδρος τῆς ἀγωνοδίκου ἐπιτροπῆς μετὰ μεγίστης εἰργάσθη ἀφοσιώσεως. Τὰς αὐτὰς εὐχαριστίας ἀπονέμω καὶ εἰς τὸν ἀκάματον γενικὸν γραμματέα κύριον Φιλήμονα, ὅστις ἐπὶ θυσίᾳ καὶ αὐτῆς τῆς ὑγείας του εἰργάσθη μετ' ἐνθουσιασμοῦ καὶ ζήλου ἀδιαπτώτου. (Ζωηραὶ ἐπευφημίαι).

«Εὐχαριστίας ἀπονέμω οὐχ ἧττον εἰς πάντα τὰ μέλη τῶν διαφόρων ἐπιτροπῶν ὡς καὶ εἰς τοὺς λαμπρύναντας τοὺς ἀγῶνας φιλάθλους, Ἕλληνάς τε καὶ ξένους, ὅσοι ἐτίμησαν τὴν ἑλληνικὴν κονίστραν. Οἱ ξένοι ἀγωνισταὶ ἀπερχόμενοι τῆς Ἑλλάδος εἶμαι βέβαιος ὅτι θέλουσιν ἀποβῆ κήρυκες τῶν προόδων τῆς χώρας καὶ τῶν μεγίστων ἐργασιῶν, αἵτινες ἐγένοντο ἐν βραχυτάτῳ χρονικῷ διαστήματι πρὸς ἐπιτυχίαν τῶν ἀγώνων. (Ἐπευφημίαι).

«Ἡ Ἑλλὰς μήτηρ καὶ τροφὸς τῶν γυμναστικῶν ἀγώνων ἐν τῇ Πανελληνίῳ ἀρχαιότητι, ἀναλαβοῦσα καὶ ἐκτελέσασα αὐτοὺς καὶ σήμερον μετὰ θάρρους ὑπὸ τὰ ὄμματα τῆς Εὐρώπης καὶ τοῦ νέου κόσμου, δύναται νῦν, ὅτε ἡ ἐπιτυχία γενικῶς ἀνωμολογήθη, νὰ ἐλπίσῃ ὅτι οἱ τιμήσαντες αὐτὴν ξένοι θέλουσιν ὁρίσει τὴν χώραν ἡμῶν ὡς εἰρηνικὸν ἐντευκτήριον τῶν ἐθνῶν, ὡς ἐθνῶν, ὡς διαρκὲς καὶ μόνιμον πεδίον τῶν Ὀλυμπιακῶν Ἀγώνων.

«Μὲ τὴν εὐχὴν ταύτην προπίνω, κύριοι, ὑπὲρ πάντων ὅσοι συνετέλεσαν εἰς τὴν ἐπιτυχίαν τῆς πρώτης ταύτης Ὀλυμπιάδος.»

Γενικὸν ἐνθουσιασμὸν ἐξήγειρον οἱ ὡραῖοι οὗτοι λόγοι τοῦ βασιλέως καὶ αἱ ζητωκραυγαὶ πάντων τῶν παρισταμένων εὐθάνουσι μέχρι τρίτου οὐρανοῦ. Κατ' ἐπιθυμίαν δὲ τοῦ Ἄνακτος ἀπαντᾷ ὁ Φιλήμων δι' εὐγλώττων φράσεων, ἐπιτυχοῦς ἐμπνεύσεως, συγκινήσας μέχρι δακρύων τὸν βασιλέα καὶ τοὺς λοιποὺς ἀκροατάς. Πνευματώδη καὶ ἐνθουσιώδη ἅμα πρόποσιν ἤγειρε κατόπιν ὁ ἀνταποκριτὴς τοῦ Φιγαρὼ γάλλος δημοσιογράφος καὶ διακεκριμένος συγγραφεὺς Οὔγος Λερού, μετ' αὐ-

» connaissance de la nation et les miens au grand
» bienfaiteur de la patrie Georges Avéroff, qui
» par sa munificence, en cette circonstance comme
» en tant d'autres s'est montré l'émule d'Hérode
» Atticus et qui, plus que tout autre a contribué
» au succès de l'œuvre.

» Je remercie les Princes Georges et Nicolas,
» qui ont organisé et dirigé les luttes sportiques
» dans la conviction qu'ils accomplissaient une
» œuvre patriotique, le Prince Georges surtout
» qui a présidé le jury avec tant des succès et
» de distinction.

» J'exprime les mêmes sentiments de recon-
» naissance à l'infatigable secrétaire général, M.
» Philémon, qui, au détriment même de sa santé,
» a travaillé avec un zèle et un enthousiasme
» au-dessus de toute éloge.

» J'adresse aussi mes remerciements aux mem-
» bres des divers comités, aux champions Grecs
» et étrangers qui ont rehaussé l'éclat des Jeux
» par leur présence et honoré l'arène hellénique.

» En quittant la Grèce les champions étrangers
» feront, j'en ai là conviction, connaître les pro-
» grès du pays et les grands travaux exécutés
» dans un temps relativement court pour assurer
» le succès des Jeux.

» Mère et nourrice des Jeux gymniques dans
» l'antiquité, la Grèce ayant entrepris de les cé-
» lébrer encore aujourd'hui sous les yeux de l'Eu-
» rope et du nouveau monde peut maintenant que le
» succès a dépassé toute attente, espérer que les
» étrangers qui l'ont honorée de leur présence indi-
» queront notre pays comme le rendez-vous pa-
» cifique des nations, comme le siège stable et
» permanent des Jeux Olympiques.

» Sur ce vœu, je bois, Messieurs, à tous ceux
» qui ont contribué au succès de cette première
» Olympiade.»

Ce second toast du Souverain provoque une explosion d'enthousiasme et d'acclamations prolongées. M. Philémon répond par quelques paroles éloquentes qui émeuvent le Roi et les assistants. Ensuite M. Hugues le Roux, correspondant du Figaro, prononce un toast plein d'esprit et d'enthousiasme. Le correspondant du Times prend lui aussi la parole. Après quoi, le Roi et les Princes passent dans l'autre salon, où tout le monde les suit. Tandis que l'on servait le café, le Roi s'en-

τὸν δὲ ὁ ἀνταποκριτὴς τῶν «Καιρῶν» τοῦ Λονδίνου. Ἀκολούθως δόντος τοῦ βασιλέως τὸ σύνθημα, ἠγέρθησαν πάντες ἐκ τῆς τραπέζης καὶ μετέβησαν εἰς τὴν παρακειμένην αἴθουσαν, ὅπου προσεφέρθη ὁ καφές. Ἐκεῖ ὁ βασιλεὺς συνωμίλησε μετὰ πάντων τῶν περιεστώτων. Μετ' ἰδιαιτέρας συμπαθείας προσηνέχθη πρὸς τὸν Λούην καὶ ἰδιαιτέρας περιποιήσεις ἐπιδαψίλευσε πρὸς τὸν γηραιὸν πατέρα του. Ἡ ὁμήγυρις διελύθη τὴν 3 ½ μ. μ.

Ἀγαθωτάτην ἐνεποίησαν ἐντύπωσιν εἰς τὸ κοινὸν οἱ λόγοι τοῦ βασιλέως καὶ ἰδίᾳ ἡ ἰδέα, ἣν ἐτόνισε καὶ εἰς τὴν γαλλικὴν καὶ εἰς τὴν ἑλληνικὴν πρόποσίν του, ὅτι αἱ Ἀθῆναι δικαιοῦνται νὰ ὦσιν ἡ διαρκὴς ἕδρα τῶν Ὀλυμπιακῶν Ἀγώνων.

Καὶ οἱ λόγοι τοῦ κ. Φιλήμονος, ἀπαντῶντος εἰς τὴν βασιλικὴν πρόποσιν ἀξίζει ν' ἀπομνημονευθῶσιν. Ὁ Φιλήμων εἶπεν ἐκ τοῦ προχείρου τὰ ἑξῆς :

«Οἱ ἀδάμαντες, οἵτινες ἔπεσον ἀπὸ τὰ χείλη σας πρὸ ὀλίγων στιγμῶν, βασιλεῦ, στίλβουσιν ἐκ τοιαύτης λάμψεως, ὥστε ἡ ἰσχυροτάτη εὐγλωττία νὰ μὴ δύναται νὰ τοὺς ἀτενίσῃ. Δύναται ἴσως ν' ἀναπληρώσῃ τὴν ἔλλειψιν ἡ ὑπερεκχείλισις τοῦ ἐνθουσιασμοῦ καὶ τῆς εἰλικρινείας... Αὐτὴν τὴν στιγμὴν ἀπέδειξας ὅτι ἐννοεῖς

tretint familièrement avec tous ses invités ; il s'adressa avec une bienveillance toute spéciale au vainqueur de la course de Marathon et à son vieux père qui l'accompagnait. Les invités se retirèrent vers trois heures et demie après midi.

Les paroles du Roi ont produit la meilleure impression sur l'esprit du public, et en particulier l'idée qu'il a accentuée dans les deux toasts en indiquant Athènes comme siège stable et permanent des Jeux Olympiques.

L'improvisation de M. Philémon mérite d'être citée ; la voici :

« Les diamants qui viennent de tomber de
» votre bouche, ô Roi, brillent de tant d'éclat
» qu'ils font pâlir la plus victorieuse élo-
» quense. Peut-être y peut on suppléer par
» la sincérité et l'enthousiasme. Vous avez
» montré en ce moment, ô Roi, que vous
» comprenez la haute signification du grand
» titre que vous portez, que vous êtes le
» Roi non seulement des Hellènes de la
» Grèce libre, mais aussi des Hellènes qui
» habitent les pays grecs irrédimés. Je rends
» grâce à Dieu de m'avoir permis, avant de fer-
» mer les yeux, d'assister à ce beau spectacle.»

Voici le toast si élégant que lut M. Hugues la Roux :

« Sire,

» Ce n'est pas seulement pour ceux de mon
» sang et de ma race que je demande la permis-
» sion de lever mon verre. C'est pour nous tous
» que vous avez réunis et accueillis. Tous nous
» avons apporté ici ce désir : «Pourvu qu'un
» des nôtres gagne la coupe de Marathon !»

» Or, quand nous avons vu, au bas du Stade,
» paraître ce paysan qui arrivait le premier, il
» n'y a aucun de nous, à quelque nation qu'il ap-
» partienne, qui n'ait tressailli de joie. Nous sen-
» tions que la terre grecque avait couru sous son
» fils pour lui donner la victoire. Il fallait que ce
» fût un Grec qui vînt dire : «Oubliez ce qui vous
» divise. Les barbares sont repoussés. La civili-
» sation triomphe une seconde fois».

» A ce moment-là, quand vos deux fils ont pris
» sous les bras cet enfant de la Grèce, quand ils
» vous l'ont présenté, Sire, il n'y avait plus dans

τὴν ὑψίστην σημασίαν τοῦ μεγάλου τίτλου τὸν ὁποῖον
φέρεις, ὅτι εἶσαι βασιλεὺς ὄχι μόνον τῶν Ἑλλήνων τῶν
ἐντὸς τῆς Ἑλλάδος, ἀλλὰ καὶ τῶν Ἑλλήνων τῶν οἰ-
κούντων τὰς εἰσέτι μὴ ἐλευθέρας ἑλληνικὰς χώρας καὶ
τῶν ἁπανταχοῦ τῆς γῆς παρεπιδημούντων. . . Εὐχα-
ριστῶ τὸν Θεὸν ὅτι πρὶν ἐκπνεύσω μὲ ἠξίωσε νὰ ἴδω
τοιαύτην ἡμέραν.»

Ἡ δὲ καλλιτεχνικὴ πρόποσις τοῦ Οὔγου Λερού,
ἥτις ἀναγνωσθεῖσα κατέθελξε τὸ δημόσιον, εἶχεν ὡς ἑξῆς:

«Μεγαλειότατε.

«Ὄχι μόνον ἐν ὀνόματι τῶν ὁμαίμων καὶ ὁμοφύ-
λων μου ᾔτησα τὴν ἄδειαν νὰ προπίω, ἀλλ᾽ ἐν ὀνόματι
πάντων ὅσους ἐδεξιώθητε. Πάντες ἐκομίσαμεν ἐνταῦθα
ταύτην τὴν ἐπιθυμίαν: «Ἰδικός μας νὰ εἶνε ὁ μέλλων
νὰ λάβῃ ὡς ἔπαθλον τὴν κύλικα τοῦ Μαραθῶνος.»
Ἀλλ᾽ ὅταν εἴδομεν εἰς τὴν ἀρχὴν τοῦ Σταδίου ἐμφανι-
ζόμενον τὸν ἀγρότην ἐκεῖνον, ὅστις κατέφθασε πρῶτος,
οὐδεὶς ἐξ ἡμῶν, οἱασδήποτε ἐθνικότητος, ὑπῆρξεν ὁ μὴ
καταληφθεὶς ὑπὸ χαρᾶς. Πιστανόμεθα ὅτι ἡ ἑλληνικὴ
γῆ θὰ ἔτρεχεν ὑπὸ τοὺς πόδας αὐτοῦ τοῦ τέκνου της
διὰ νὰ τοῦ δώσῃ τὴν νίκην. Ἔπρεπε Ἕλλην νὰ ἔλθῃ διὰ
νὰ εἴπῃ: Λησμονήσατε τὰς διχονοίας σας. Οἱ βάρβαροι
ἡττήθησαν. Ὁ πολιτισμὸς θριαμβεύει τὸ δεύτερον ἤδη.»
Κατὰ τὴν στιγμὴν ἐκείνην, ὅτε τὰ δύο Ὑμῶν τέκνα ἀνε-
σήκωσαν τὸ τέκνον τοῦτο τῆς Ἑλλάδος καὶ τὸ ἐπαρου-
σίασαν εἰς ὑμᾶς, δὲν ὑπῆρχαν πλέον ἐν τῷ Σταδίῳ
οὔτε ξένοι οὔτε Ἕλληνες, δὲν ὑπῆρχον παρὰ ὑπή-
κοοί σας.»

Ἡμέρα ὀγδόη. 1 Ἀπριλίου.

Ὁ καιρὸς δυστυχῶς μετὰ τὴν προσωρινὴν βελτίωσιν
ἐτράπη ἐπὶ τὰ χείρω. Πνέει ἄνεμος σφοδρὸς καὶ ψυ-
χρός, ἐγείρων πυκνὰ νέφη κόνεως. Ἕνεκα τούτου μα-
ταιοῦται τὸ πλεῖστον μέρος τῶν ἐν τῷ προγράμματι
ἑορτῶν.

Τὸ πρόγραμμα ἀνέγραφε: Δωδεκάωρον ποδηλατικὸν
δρόμον ἀντοχῆς ἐν τῷ ποδηλατοδρομίῳ, ἀγῶνας λεμ-
βοδρομιῶν καὶ κωπηλασίας ἐν Φαλήρῳ, ἀγῶνας κω-
πηλασίας πολεμικῶν λέμβων καὶ τὴν ἑσπέραν φωταγώ-
γησιν τῆς Ἀκροπόλεως.

Λεμβοδρομίαι.

Ἔμελλον νὰ τελεσθῶσιν ἐν τῷ ὅρμῳ τοῦ Φαλήρου
τὴν 10 π. μ. Ἡ ἀγωνόδικος ἐπιτροπὴ ὑπὸ τὴν προε-
δρίαν τοῦ βασιλόπαιδος Γεωργίου καὶ ἐκ τῶν μελῶν
Βουδούρη, ἀντιπλοιάρχου, Δυβουρὴν Γάλλου, ἀντι-
πλοιάρχου, Δ. Γκίνη, πλωτάρχου, Δρος Γκέμπαρτ,
Ροσσέλ, Γάλλου, σημαιοφόρου, Ι. Κούτση, Δ. Κυρια-
κοῦ καὶ Ι. Ἠπίτου ὡς γραμματέως εἶχε λάβει θέσιν ἐπὶ

» le Stade ni étrangers ni Grecs ; il n'y avait plus
» que vos sujets. »

Huitième Journée, 1er Avril.

L'amélioration qui s'était produite dans le
temps n'a été malheureusement que momentanée.
Un vent froid et sec soufflant avec violence sou-
lève des nuages de poussière. C'est pourquoi la
plupart des concours et des fêtes que comportait
le programme ne peuvent avoir lieu. Dans le pro-
grame étaient inscrits : la course de résistance
de douze heures au vélocipède, les régates à la
rame, le concours à la rame des embarcations
de la marine de la guerre et, le soir, illumination
de l'Acropole.

Régates.

Elles devaient avoir lieu à 10 heures du matin
dans la rade de Phalère. Le jury se composait du
Prince Georges, président, et des membres: MM.
Voudhouris, capitaine de frégate, Duboury, capi-
taine de frégate dans la marine française, D.
Ghinis, capitaine de corvette, Dr Gébart, Rossel,
enseigne de vaisseau dans la marine française, I.
Koutsis. D. Kyriakou et I. Ipitis, sécrétaire. Le
jury prend place sur un chaland ad hoc, an-
cré près du rivage. Le monde commence déjà à
arriver à Phalère par le chemin de fer ou le tram-
way à vapeur. Mais le vent redouble de violence
et les concurrents hésitent à se présenter. On
décide pourtant que le concours aura lieu entre
les embarcation à quatre rames,et une baleinière
à vapeur les transporte au Vieux Phalère où les
canots du Club nautique de Syra et du Club Pan-
hellénique d'Athènes marquent le point de départ.
Le mauvais temps se change aussitôt en une vé-
ritable tempête qui rend impossible la traversée ;
c'est pourquoi la course est remise pour 3 heures
de l'après-midi. Mais,loin de se calmer,la tempête
ne fait que s'accroître, les embarcation et les cha-
lands sont jetés sur le rivage par la fureur des
flots : les régates et le concours à la rame des
embarcations de la marine de guerre ne peuvent
définitivement avoir lieu.

Au Vélodrome.

Le concours de douze heures à la bicyclette
comence au vélodrome à six heures du matin. A
ce concours prennent par six champions, dont
quatre Hellènes : MM. P. Paraskévopoulos, C.

φορτηγίδος ἐπίτηδες διεσκευασμένης παρὰ τὴν παραλίαν. Ἀρχίζει δὲ νὰ κατέρχηται ὁλονὲν ἀρκετὸς κόσμος διὰ τοῦ σιδηροδρόμου καὶ τοῦ τροχιοδρόμου καὶ νὰ τοποθετῆται εἰς τὰς ἐπὶ τούτῳ ἐξέδρας. Ἀλλ' ὁ ἄνεμος τραχύνεται ὁλονέν· οἱ ἀγωνισταὶ διστάζουσι νὰ προσέλθωσιν. Ἐν τούτοις ἀποφασίζεται νὰ γείνῃ μόνον ὁ διὰ τετρακώπων λέμβων ἀγὼν καὶ δι' ἀτμακάτου μεταφέρονται ῥυμουλκούμενοι μέχρι Παλαιοῦ Φαλήρου, ὅπου ἡ ἀφετηρία, οἱ λέμβοι τῶν Ἐρετῶν Σύρου καὶ τοῦ Πανελληνίου Γυμναστικοῦ Συλλόγου Ἀθηνῶν. Ἀλλ' ἡ κακοκαιρία μεταβάλλεται αὐτόχρημα εἰς τρικυμίαν, καθιστῶσαν ἀδύνατον τὸν πλοῦν. Τούτου ἕνεκα ἀναβάλλεται ὁ ἀγὼν διὰ τὴν 3 μ. μ. Ἐπειδὴ ὅμως ἡ κακοκαιρία ἐξηκολούθησε καὶ τότε μετὰ μείζονος μάλιστα σφοδρότητος, οἱ λέμβοι δὲ καὶ αἱ φορτηγίδες ἐξώκειλαν εἰς τὴν ξηρὰν ἐκ τῆς σφοδρότητος τῶν κυμάτων, ἐματαιώθησαν ὁριστικῶς οἱ ἀγῶνες τῶν τε λεμβοδρομιῶν καὶ τῆς κωπηλασίας τῶν πολεμικῶν λέμβων.

Ποδηλατοδρομίαι.

Ὁ δωδεκάωρος ὅλως ποδηλατικὸς ἀγὼν ἐκτελεῖται ἐν τῷ Ποδηλατοδρομίῳ, ἀρξαμένος τὴν 6 πρωϊνὴν ὥραν τῆς ἡμέρας ἐκείνης. Μετέχουσιν αὐτοῦ ἀγωνισταὶ ἕξ, ἐν οἷς τέσσαρες Ἕλληνες, οἱ Παρασκευόπουλος, Κωνσταντίνου, Λοβέρδος καὶ Τρυφιάτης. Ἐκ τούτων ὅμως οἱ τρεῖς τελευταῖοι ἀποσύρονται πρὸ μεσημβρίας ἐπιμένουν δὲ ἀγωνιζόμενοι οἱ ἕτεροι. Οἱ θεαταὶ εἶνε ὀλίγιστοι καὶ ἕνεκα τῆς ἀθλιότητος τοῦ καιροῦ καὶ ἕνεκα τοῦ ὑπερμέτρως ἀνιαροῦ καὶ μονοτόνου τοῦ θεάματος.

Οἱ ἀγωνιζόμενοι ἐξακολουθοῦν διαγράφοντες ἀτελευτήτους κύκλους ἐπὶ τοῦ στίβου. Περὶ τὴν ἑσπέραν οἱ δύο ἀπομένοντες, ὁ Αὐστριακὸς Σμὰλ καὶ ὁ Ἄγγλος Κῆπιγκ εἶνε κατάκοποι, συντετριμμένοι ἐκ τοῦ καμάτου, ἐξηντλημένοι ὡς μὴ λαβόντες εἰμὴ ὀλίγην τροφὴν ἐκ διαλειμμάτων κατὰ τὸ διάστημα τοῦτο, μὲ τὰς κνήμας ἐξῳδηκυίας. Τέλος σημαίνει ἡ ὥρα τῆς λήξεως καὶ νικητὴς ἀνακηρύσσεται ὁ Σμάλλ, διανύσας χιλιόμετρα 295 καὶ μέτρα 300. Ὁ Κῆπιγκ ὑστέρησε πλέον τῆς μιᾶς στροφῆς ἤτοι 333 μέτρων. Ἡ αὐστριακὴ σημαία ὑψοῦται διὰ τελευταίαν φορὰν ἐπὶ τοῦ ἱστοῦ τοῦ Ποδηλατοδρομίου καὶ οἱ παρεστῶτες χειροκροτοῦσι τὸν νικητήν.

Καὶ ἡ φωταγώγησις τῶν μνημείων τῆς Ἀκροπόλεως ἀνεβλήθη ἐπίσης ἐκ τῆς κακοκαιρίας.

Ἡμέρα ἐνάτη. 1 Ἀπριλίου.

Εἶνε ἡ χειροτέρα ὅλου τοῦ δεκαημέρου τῶν Ἀγώνων, ψυχρά, συννεφώδης, ἀνεμώδης, ἀποκλίνουσα εἰς βροχήν.

Constantinou, Loverdhos et A. Triphiatis : mais les trois derniers se retirent avant midi, et la lutte se poursuit entre les trois autres. Par suite du mauvais temps et de la monotonie du spectacle, les spectateurs sont peu nombreux. Les champions tournent, tournent sans cesse autour de la piste. Vers le soir, les deux seuls qui continuent à lutter, l'Autrichien M. Schmal et l'Anglais M. Kiping sont harassés de fatigue ; épuisés par la privation de nourriture, ils ont les jambes enflées. Enfin M. Schmal est proclamé vainqueur ; il a parcouru 295 kilomètres 300, M. Kiping est en retard d'un tour de piste, c'est-à-dire de 333 mètres.

Le pavillon autrichien est arboré au haut du mât aux acclamations des spectateurs.

Par suite du mauvais temps, l'illumination des monuments de l'Acropole est remise à un autre jour.

Neuvième Journée. 1er Avril.

C'est la plus mauvaise journée des Jeux Olympiques : le temps est froid, le vent souffle, le ciel est couvert d'épais nuages, la pluie paraît imminente. D'après le programme, dans l'après-midi de ce jour devait avoir lieu au Stade la proclamation et le couronnement des vainqueurs.

Malgré la pluie qui menace, la foule commence à partir d'une heure de l'après-midi à envahir le Stade. Les kerkides ne tardent pas à être toutes occupées. Les diverses musiques jouent dans l'arène. Les membres des différentes commissions sont à leurs places. A deux heures, la pluie commence à tomber. Personne pourtant ne se retire, au contraire la foule continue à affluer dans le Stade qui offre en ce moment un spectacle des plus curieux. Les parapluies de toute couleur dont plusieurs milliers de spectateurs s'étaient munis forment en s'ouvrant comme une forêt de gigantesques champignons qui recouvrent, de la base au sommet, les flancs du Stade. Les membres de la commission générale gardent leur sang-froid et restent à leurs places. Mais la pluie tombe à verse et les spectateurs, ceux surtout qui se trouvent en dehors de l'enceinte ou sur les hauteurs qui la dominent n'éprouvent aucun plaisir à cette douche que le ciel leur envoie. Des cris de protestation se font entendre et l'on demande de tous côtés l'ajournement de la distribution des

Κατὰ τὸ πρόγραμμα ἔμελλε κατὰ τὴν ἡμέραν ταύ-
την νὰ γείνῃ μετὰ μεσημβρίαν ἡ ἀνακήρυξις καὶ ἡ στέ-
ψις τῶν νικητῶν ἐν τῷ Σταδίῳ.

Μὲ ὅλην τὴν ἀπειλὴν τῆς βροχῆς, τὸ πλῆθος ἀρχί-
ζει νὰ συρρέῃ εἰς τὸ Στάδιον ἀπὸ τῆς 1 μ. μ. Καὶ πλη-
ροῦνται ὁλονὲν αἱ σειραὶ τῶν κερκίδων καὶ προσέρχεται
ἀκαταπαύστως κόσμος. Αἱ μουσικαί, ὅσαι ἀπέμειναν
ἀκόμη ἐν τῇ πρωτευούσῃ, εὑρίσκονται παρατεταγμέναι
εἰς τὴν κονίστραν καὶ παιανίζουσι. Τὰ μέλη τῶν δια-
φόρων ἐπιτροπῶν εἶνε εἰς τὰς θέσεις των. Εἶνε ἡ ὥρα
2 μ. μ. ὅτε ἡ ἐπικρεμαμένη ἀπὸ πρωΐας βροχὴ ἀρχίζει
νὰ καταπίπτῃ. Καὶ ἐν τοσούτῳ οὐδεὶς ὑποχωρεῖ, ἀλλ'
ἐξακολουθοῦν ὅλοι νὰ σπεύδουν εἰς τὸ Στάδιον, τὸ
ὁποῖον λαμβάνει παράδοξον ὄψιν. Χιλιάδες ἀλεξιβρο-
χίων παντὸς χρώματος, μὲ τὰ ὁποῖα εἶχον ἐφοδιασθῆ
οἱ θεαταί, ἀναπετάννυνται ἀπὸ τὰ βάθρα, ὡς φυτεία
γιγαντιαίων μυκήτων, διὰ μαγικῆς δυνάμεως συντε-
λεσθεῖσα. Τὰ μέλη τῆς ἐπιτροπῆς προσποιοῦνται ἀτα-
ραξίαν καὶ μένουν εἰς τὰς θέσεις των· ἀλλ' ἡ βροχὴ
ἐξακολουθεῖ ῥαγδαιοτέρα καὶ τὸ πλῆθος, ἰδίως δὲ τὸ
ἐκτὸς τοῦ περιβόλου καὶ ἐπὶ τῶν ὑψωμάτων, δὲν εὑρίσκει
εὐχάριστον τὴν καταναγκαστικὴν ταύτην ψυχρολου-
σίαν, ἀρχίζει νὰ διαμαρτύρηται καὶ διὰ κραυγῶν ζητεῖ
τὴν ἀναβολήν. Καὶ ἡ ἐπιτροπὴ ἀναγκάζεται νὰ ἐνδώσῃ,
ἡ τελετὴ δὲ ἀναβάλλεται διὰ τὴν πρωΐαν τῆς ἐπομένης.
Ἡ κακοκαιρία τὴν ἡμέραν ταύτην μέχρι νυκτὸς διαρ-
κέσασα, ἐματαίωσε καὶ πᾶσαν ἐν τοῖς ὁδοῖς κίνησιν καὶ
συγκέντρωσιν.

Ἡμέρα δεκάτη καὶ τελευταία. 2 Ἀπριλίου.

Ἡ σεμνὴ καὶ ἔξοχος τελετὴ τῆς ἡμέρας ταύτης,
ἡ ὑπενθυμίζουσα διὰ τοῦ μεγαλείου τῆς ἡμέρας εὐκλεεῖς
ἀρχαίων χρόνων κατέλιπε τὰς ζωηροτέρας καὶ μᾶλλον
εὐχαρίστους ἐντυπώσεις εἰς τὴν μνήμην
πάντων τῶν παρευρεθέντων. Ἄλλως τε
καὶ ὁ καιρὸς ηὐνόησε τὴν τελετήν· ἡ
ἡμέρα ἀνέτειλεν εὐδία καὶ τὸν ἐαρινὸν
ἥλιον ἐσκέπαζον μόνον ἀπὸ καιροῦ εἰς και-
ρὸν ἐλαφρὰ νεφύδρια μετριάζοντα τὸ καῦ-
μά του. Τὸ Στάδιον ἀπὸ τὰς πρωϊνὰς
ὥρας ἤρχιζε νὰ ἔχῃ τὴν ἐπιβλητικὴν ὄψιν
τῶν πρώτων ἡμερῶν· ὁ εἰς τὰ πέριξ συνω-
στισμὸς ἦτο ἀφορήτως μέγας. Κατὰ τὴν
10ην ὥραν οἱ ἐν τῷ Σταδίῳ θεαταὶ ἦσαν
ὅσοι καὶ κατὰ τὴν ἡμέραν τοῦ Μαραθω-
νίου δρόμου περίπου.

Κατὰ τὴν 10 ½ π. μ. ἀφικνεῖται ἡ
Βασιλικὴ Οἰκογένεια ἐκτὸς τῆς Βασιλίσ-

prix. La commission est enfin obligée de céder
et la cérémonie est renvoyée au lendemain matin.
Le soir, par suite du mauvais temps, l'affluence
est peu considérable dans les rues.

Dixième et dernière Journée. 2 Avril.

La cerémonie grave et imposante de ce jour
qui rappelait la splendeur des temps antiques a
laissé dans la mémoire de tous ceux qui y ont
assisté les impressions les plus vives et les plus
agréables. Le temps lui-même semble vouloir
s'associer à la fête : le soleil s'était levé brillant
et radieux, quelques légères nuées en modéraient
seules l'ardeur. Dès les premières heures de la
journée le Stade commence à offrir le spectacle
imposant qu'il a présenté pendant les premiers
jours des Jeux. Vers les abords l'affluence est
immense ; à dix heures, les spectateurs sont
presque aussi nombreux que le jour de la course
de Marathon.

A dix heures et demie arrive la famille royale,
à l'exception de la Reine retenue par une indispo-
sition. elle est reçue avec les honneurs habituels
et va prendre place aux sièges qui lui sont réser-
vés, à côté desquels prend également place le
Prince Égyptien Méhémé: Ali-Pacha, frère du Khé-
dive, qui était arrivé le jour même à Athènes.
Après l'entrée de la famille, royale on permet à la
foule qui se tenait aux abords du Stade de pénétrer
sans billets, et toutes les places se trouvent de
la sorte immédiatement occupées. Dès que les
membres de la famille royale se sont assis, un
Anglais. M. Robertson, professeur à l'Université

— 104 —

σης ἀδιαθετούσης, μετὰ τοῦ Μεγάλου Δουκὸς Γεωργίου, γινομένη δεκτὴ μετὰ τῶν συνήθων τιμῶν καὶ κάθηται εἰς τοὺς πορφυροστρώτους θώκους. Παρὰ τὰ βασιλικὰ καθίσματα δίδεται θέσις καὶ εἰς τὸν κατὰ τὴν ἡμέραν ταύτην ἀφικόμενον καὶ προσελθόντα εἰς τὸ Στάδιον Αἰγύπτιον πρίγκιπα Μεχμὲτ Ἀλῆ - πασσᾶν Χαλῆλ, ἀδελφὸν τοῦ Κεδίβου καὶ τὸν συνοδὸν αὐτοῦ. Μετὰ τὴν εἴσοδον τῆς Βασιλικῆς Οἰκογενείας, δίδεται ἄδεια καὶ εἰς τὸ σταθμεῦον ἔξω παρὰ τὰ προπύλαια πλῆθος νὰ εἰσέλθῃ ἄνευ εἰσιτηρίου καὶ οὕτω τὸ Στάδιον ὑπερπληροῦται. Εὐθὺς δὲ ὡς ἐκαθέσθησαν τὰ μέλη τῆς Βασιλικῆς Οἰκογενείας, προχωρεῖ πρὸ τοῦ Βασιλέως ὁ Ἄγγλος καθηγητὴς τοῦ ἐν Ὀξωνίᾳ Πανεπιστημίου κ. Ῥόβερτσον καὶ ἀπαγγέλλει Ὀλυμπιακὴν ᾠδήν, ἣν συνέθετο εἰς ἀρχαίαν ἑλληνικὴν γλῶσσαν καὶ εἰς μέτρον πινδαρικόν. Τὸ ποίημα μεστὸν ὑψηλῶν ἐννοιῶν καὶ ἐνθέρμου φιλελληνισμοῦ ἐξαίρει τὸ κλέος τῶν Ὀλυμπιακῶν Ἀγώνων. Ὁ Βασιλεὺς ἀκροᾶται εὐλαβῶς. Μετὰ τὸ πέρας δὲ τῆς ᾠδῆς ἐνθουσιώδη ἀντηχοῦσι χειροκροτήματα, καὶ ὁ Βασιλεὺς ἐγκαρδίως συγχαίρει τὸν ποιητήν.

Μετὰ τοῦτο ὁ Βασιλεὺς λαμβάνει θέσιν ὄρθιος εἰς τὴν ἐπὶ τούτῳ πρὸ τῶν βασιλικῶν θώκων στηθεῖσαν ταπητόστρωτον ἐξέδραν. Ἐπὶ τραπέζης παρὰ τὴν ἀριστερὰν του κεῖνται τὰ ἔπαθλα, κλῶνος κοτίνου τῆς ἱερᾶς Ἄλτεως, κλῶνος δάφνης, τὰ διπλώματα ἐντὸς κυλίνδρων ἐπιμήκων λευκοκυάνων, τὰ τιμητικὰ μετάλλια, ἀργυρᾶ διὰ τοὺς πρώτους νικητὰς καὶ χαλκᾶ διὰ τοὺς δευτέρους, ἔργα τοῦ χαράκτου Σαπλαίν, ἐξαισίας τέχνης, τὰ προωρισμένα διὰ τοὺς νικητὰς δῶρα, ἐν οἷς διακρίνεται τὸ ὑπὸ τοῦ φιλαρχαίου Γάλλου ἀκαδημαϊκοῦ Μπρεὰλ ἀργυροῦν κύπελλον, προωρισμένον διὰ τὸν νικητὴν τοῦ Μαραθωνίου δρόμου καὶ ἓν ἀρχαῖον ἀγγεῖον ὅπερ ὁ ἀθλοθέτης κ. Ἰωάννου Π. Λάμπρος ἔπεμψε πρὸς τὸν Διάδοχον διὰ τῆς ἑξῆς ἀξιοσημειώτου ἐπιστολῆς.

« Ὑψηλότατε

Ἡ λαμπρότης, ἣν προώρισται νὰ προσδώσῃ εἰς τοὺς Ὀλυμπιακοὺς Ἀγῶνας ὁ Μαραθώνιος δρόμος καὶ τὸ ἀρχαϊκὸν τοῦ ἐπιπόνου ἀγωνίσματος, οὗ ζηλευτὸς ἔσται ὁ νικητής, μ' ἔπεισαν νὰ προσφέρω ἐκ τῆς συλλογῆς μου ἔπαθλον αὐτοῦ ἀρχαῖον ἀγγεῖον λίαν ἐπίκαιρον, ἅτε φέρον ὡραίαν παράστασιν δολιχοδρόμων, ἐποπτευομένων ὑπὸ ἀγωνοδικῶν.

Ἐλπίζω ὅτι ἡ Ὑ. Β. Ὑψηλότης θὰ ἐπιτρέψῃ νὰ προστεθῇ τὸ ἐκ τῆς ἀρχαιότητος κληροδοτηθὲν ἡμῖν ἀγωνιστικὸν τοῦτο ἔπαθλον εἰς τὸ ἀργυροῦν κύπελλον τοῦ καθηγητοῦ Μπρεάλ. Οὕτω δὲ θέλει φανῇ καὶ ὁ

d'Oxford, s'avance devant le Roi et lit une ode qu'il a composée en grec ancien d'après le mètre pindarique. Dans cette ode pleine de hautes pensées et qui respire le plus ardent philhellénisme, le poète célèbre la gloire des Jeux Olympiques. Le Roi prête la plus profonde attention à la lecture de ces beaux vers, dont la fin est accueillie par d'enthousiastes acclamations.

Après avoir adressé au poète de chaleureuses félicitations, le Roi se dirige vers l'estrade ornée de tapis qui a été dressée en avant des sièges royaux, il se tient debout sur cette estrade ayant à sa gauche une table sur laquelle sont placés des branches d'olivier provenant de l'Altys, des branches de lauriers, les diplômes dans de longs rouleaux blancs et bleus. Les médailles, en argent pour les premiers prix et en bronze pour les seconds, sont des chefs-d'œuvre, le coin en a été gravé par l'artiste Chaplain. A côté sont les cadeaux destinés aux vainqueurs, on remarque surtout une coupe d'argent donnée par M. Bréal, membre de l'Institut de France et destinée à l'olympionique de la course de Marathon.

Voici la lettre que M. Jean Lambros a adressée au Prince Héritier :

« Monseigneur,

L'éclat que la course de Marathon est appelée à donner aux Jeux Olympique joint au caractère archéologique que présente ce pénible concours, dont le vainqueur sera si digne d'envie, m'a suggéré l'idée d'offrir comme le plus opportun des prix, un vase antique pris dans ma collection et représentant un dolichodrome courant sous les joux et le contrôle des Hellanodices.

J'aime à espérer que Votre Altesse Royale permettra d'ajouter ce prix que nous a légué l'antiquité à la coupe d'argent de M. le professeur Bréal. Le monde antique paraitra de la sorte s'associer au nouveau pour fêter ensemble la victoire du vainqueur à la course de Marathon».

A peu de distance du roi, se tiennent debout le Prince Héritier, les membres du conseil des douze et le secrétaire général, M. Philémon. En face de l'estrade sont allignés les olympioniques en costume de ville, on distingue parmi eux la blanche foustanelle et la taille svelte de Louis, qui a été tout particulièrement acclamé lors de son entrée au Stade. M. Hadjipétros, capitaine d'artillerie, fai-

ἀρχαῖος κόσμος συμπανηγυρίζων μετὰ τοῦ νέου τὴν νίκην τῶν νέων Μαραθωνοδρόμων. »

Παρὰ τῷ Βασιλεῖ εἰς ἀπόστασιν ἵσταται ὁ Διάδοχος καὶ τὰ μέλη τοῦ Δωδεκαμελοῦς Συμβουλίου μετὰ τοῦ Γενικοῦ Γραμματέως κ. Φιλήμονος.

Ἀντικρὺ τῆς ἐξέδρας παρατάσσονται εἰς στίχον οἱ Ὀλυμπιονίκαι, φέροντες ἐνδυμασίαν περιπάτου, κατὰ τὸ πρόγραμμα. Διακρίνεται μεταξὺ ὅλων ἡ λευκὴ φουστανέλλα καὶ τὸ χάριεν ἀνάστημα τοῦ Λούη, οὗτινος ἡ εἰς τὸ Στάδιον εἴσοδος κατὰ τὴν ἡμέραν ταύτην ὑπῆρξεν πανηγυρική.

Ἔργα κήρυκος ἐκτελεῖ ὁ λοχαγὸς τοῦ πυροβολικοῦ κ. Χ. Χατζηπέτρος, ὅστις μὲ φωνὴν ἰσχυρὰν καλεῖ ἕνα ἕκαστον τῶν Ὀλυμπιονικῶν, ἀναφωνῶν τὸ ὄνομα, τὴν πατρίδα καὶ τὸ ἀγώνισμα ἐν ᾧ διέπρεψε. Ὁ προσκαλούμενος προχωρεῖ, ἀνέρχεται τὰς ὀλίγας βαθμίδας τῆς ἐξέδρας καὶ προσκλίνει πρὸ τοῦ Βασιλέως ὅστις τῷ ἀποτείνει συγχαρητηρίους τινὰς φράσεις, τῷ παραδίδει τὸ δίπλωμα, τὸ μετάλλιον καὶ τὸν κότινον, σφίγγων τὴν χεῖρά του καὶ αὖθις, μεθ' ὃ ὁ Ὀλυμπιονίκης ἀποχωρεῖ ὑποκλινόμενος. Τὸ πλῆθος εἰς ἕκαστον ἀναφωνούμενον ὄνομα ἐπευφημεῖ ζωηρῶς. Ἐννοεῖται ὅτι αἱ ἐπευφημίαι καὶ τὰ χειροκροτήματα εἶνε ζωηρότερα ὅσῳ περισσότερον γνωστὸς καὶ συμπαθὴς εἶνε ὁ Ὀλυμπιονίκης καὶ ὅσῳ σπουδαιότερος εἶνε ὁ ἆθλός του.

Οἱ προσκληθέντες κατὰ σειρὰν Ὀλυμπιονίκαι ἦσαν οἱ ἑξῆς:

Α΄ Ἀθλητικὰ Ἀγωνίσματα. *Δρόμος 100 μέτρων,* F. E. Burke, Ἡνωμέναι Πολιτεῖαι τῆς Ἀμερικῆς. *Δρόμος 400 μέτρων,* ὁ αὐτός. *Δρόμος 800 μέτρων,* E. X. Flack, Βικτωρία Αὐστραλίας. *Δρόμος 1500 μέτρων,* ὁ αὐτός. *Δρόμος 110 μέτρων μετ' ἐμποδίων,* T. P. Courtis, Ἡνωμέναι Πολιτεῖαι τῆς Ἀμερικῆς, *Δρόμος Μαραθῶνος,* Σ. Λούης, Ἑλλάς. *Ἅλμα εἰς ὕψος,* E. H. Clark, Ἡνωμέναι Πολιτεῖαι τῆς Ἀμερικῆς. *Ἅλμα ἐπὶ κοντῷ,* W. W. Hoyt, ἐπίσης. *Ἅλμα ἁπλοῦν,* E. H. Klark, ἐπίσης. *Ἅλμα τριπλοῦν,* I. B. Connoly, ἐπίσης. *Δισκοβολία,* R. Garrett, ἐπίσης. *Σφαιροβολία,* ὁ αὐτός. *Ἄρσις βαρῶν διὰ ᾶς χειρός,* L. Elliot, Ἀγγλία. *Ἄρσις βαρῶν δι' ἀμφοτέρων τῶν χειρῶν,* W. Jensen, Δανία. *Πάλη,* K. Schumann, Γερμανία.

Β΄ Γυμναστική. *Δίζυγον καθ' ὁμάδας,* ἡ ὑπὸ τὸν F. Hofmann ὁμάς, Γερμανία. *Μονόζυγον καθ' ὁμάδας,* ἡ αὐτή. *Δίζυγον,* A. Flatow, Γερμανία. *Μονόζυγον,* H. Weingaertner, ἐπίσης. *Ἱππικὸν ἐφαλτήριον ἄνευ λαβίδων,* K. Schumann, ἐπίσης. *Ἱππικὸν ἐφαλτήριον μετὰ λαβίδων,* L. Zutter, Ἑλ-

sant office de héraut, appelle à haute voix chacun des olympioniques en énonçant les nom et prénoms et la patrie du vainqueur ainsi que le concours dans lequel il a excellé. A cet appel, chacun des olympioniques s'avance, monte les degrés de l'estrade et s'incline devant le Roi, qui lui adressant quelques paroles de félicitation lui remet le diplôme, la médaille commémorative et la branche d'olivier, lui serre ensuite la main, après quoi l'olympionique fait une inclination et se retire. A chacun des appels, la foule acclame le vainqueur. Voici le tableau des noms des vainqueurs.

NOMS DES VAINQUEURS.

I. Concours athlétiques. Course de 100 mètres, *F. E. Burke,* États-Unis, Amérique. Course de 400 mètres, *F. E. Burke,* États-Unis, Amérique. Course de 800 mètres, *E. X. Flack,* Victoria Australie. Course de 1500 mètres, *E. X. Flack,* Victoria, Australie. Course avec obstacles 110 mètres, *T. P. Curtis,* États-Unis, Amérique. Course de Marathon, *S. Louïs,* Grèce. Saut en hauteur, *E. H. Clark,* États-Unis, Amérique. Saut à la perche, *N. N. Hoyt,* États-Unis, Amérique. Saut en longueur, *E. H. Clark,* États-Unis Amérique. Saut triple, *J. B. Connoly,* États-Unis, Amérique. Lancement du disque, *R. Garrett,* États-Unis, Amérique. Lancement du poids, *R. Garrett,* États-Unis, Amérique. Travail des poids d'une seule main, *E. Elliot,* Angleterre. Travail des poids des deux mains, *N. Jensen,* Danemark. Lutte, *K. Schuhmann,* Allemagne.

II. Gymnastique. Barres parallèles, *Équipe de F. Hofmann,* Allemagne. Barre fixe, *Équipe de F. Hofmann,* Allemagne. Barres parallèles. *A. Flatow,* Allemagne. Barre fixe, *H. Weingaertner,* Allemagne. Saut au cheval sans anneaux, *K. Schuhmann,* Allemagne. Saut au cheval avec anneaux, *L. Zutter,* Suisse. Anneaux *J. Mitropoulos,* Grèce. Traction à bras sur corde lisse, *N. Andriacopoulos,* Grèce.

III. Natation. Course de 100 mètres, *A. Hayos Guttmann,* Hongrie. Course de 500 mètres, *P. Neumann,* Autriche. Course de 1200 mètres, *A. Hayos Guttmann,* Hongrie. Course de matelots 100 mètres *J. Malokinis,* Grèce.

IV. Tir. Tir à la carabine 300 mètres, *G. Orphanidhis,* Grèce. Tir à la carabine 200 mètres,

εστία. Κρίκοι, Ι. Μητρόπουλος, Ἑλλάς. Ἀναρρίχη-σις ἐπὶ κάλω. Ν. Ἀνδρικόπουλος, Ἑλλάς.

Γ΄ Κολυμβητική. *Ἀγὼν 100 μέτρων*, A. Hajos, Guttmann, Οὑγγαρία. *Ἀγὼν 500 μέτρων*, P. Neumann. Αὐστρία *Ἀγὼν 1200 μέτρων*, A. Hajos Guttmann, Οὑγγαρία. *Ἀγὼν ναυτῶν 100 μέτρων*, Ι. Μαλοκίνης, Ἑλλάς.

Δ΄ Σκοποβολή. *Ἀγὼν τουφεκίου ἀπὸ 300 μέτρων*, Γ. Ὀρφανίδης, Ἑλλάς. *Ἀγὼν τουφεκίου ἀπὸ 200 μέτρων*, Π. Καρασεβδᾶς, ἐπίσης. *Ἀγὼν διὰ περιστρόφου ὑπηρεσίας ἀπὸ 25 μέτρων*, Ι. Paine, Ἡνωμέναι Πολιτεῖαι τῆς Ἀμερικῆς. *Ἀγὼν δι᾽ ἐλευθέρου περιστρόφου ἀπὸ 30 μέτρων*, S. Paine, ἐπίσης. *Ἀγὼν διὰ πιστολίου ἀπὸ 30 μέτρων* Ι. Φραγκούδης.

Ε΄ Ξιφασκία. *Ἀγὼν ξιφασκίας φιλάθλων*, Gravellotte, Γαλλία. *Ἀγὼν σπαθασκίας φιλάθλων*, Ι. Γεωργιάδης, Ἑλλάς. *Ἀγὼν ξιφασκίας διδασκάλων*, Δ. Πύργος, ἐπίσης.

ϛ΄ Ποδηλατικοὶ ἀγῶνες. *Ἀγὼν 100 χιλιομέτρων*, L. Flameng, Γαλλία. *Ἀγὼν 2 χιλιομέτρων*, P. Masson, Γαλλία. *Ἀγὼν 10 χιλιομέτρων*, ὁ αὐτός. *Ἀγὼν πρὸς χρόνου στροφῆς στίβου*, ὁ αὐτός. *Μαραθώνιος ποδηλατικὸς ἀγών*, Δ. Κωνσταντινίδης, Ἑλλάς. *Ἀγὼν δωδεκάωρος*, Ad. Schmal, Αὐστρία.

Ζ΄ Ἀθλητικαὶ παιδιαί. *Lawn-Tennis ἁπλοῦν*, J. P. Boland, Ἀγγλία. *Lawn-Tennis διπλοῦν*, J. P. Boland, Ἀγγλία. F. Thraun, Γερμανία.

Ὅτε ἦλθεν ἡ σειρὰ τοῦ Λούη καὶ ὁ ἀρειμάνιος νικητὴς τοῦ Μαραθωνίου δρόμου ἀνῆλθεν εἰς τὴν ἐξέδραν, ὅλον τὸ Στάδιον συνεκλονίσθη. Μία κραυγὴ ἀτελεύτητος, μυριόστομος, μία βοὴ ὡσεὶ βροντῆς ἐξερράγη ἀπὸ παντὸς σημείου, οἱ πῖλοι καὶ τὰ μανδήλια ἐσείοντο ἐπὶ πολλὴν ὥραν εἰς τὸν ἀέρα διὰ χειρῶν σπασμωδικῶν, μικραὶ ἑλληνικαὶ σημαῖαι ἐξήχθησαν καὶ ἀνεκινοῦντο θριαμβευτικῶς, ζεύγη περιστερῶν μὲ ταινίας τῶν ἐθνικῶν χρωμάτων ἀφίενται καὶ πετῶσιν ὑπεράνω τῆς κονίστρας. Γενικὴ συγκίνησις κατέχει τὸ πλῆθος ὅλοι οἱ ὀφθαλμοὶ ὑγραίνονται καὶ οἱ ξένοι μένουσιν ἐν ἐκστάσει πρὸ τοῦ πρωτοφανοῦς θεάματος. Διὰ ζωηρᾶς ἐνδείξεως συμπαθείας ὑπὸ τοῦ πλήθους ἐτιμήθησαν καὶ οἱ Οὗγγροι, καὶ ὁ Γερμανὸς Σοῦμαν, καὶ οἱ Ἀμερικανοί, οἵτινες ἔφερον ἐπὶ τοῦ στήθους τὰ ἑλληνικὰ σήματα καὶ ἄλλοι τινες.

Μετὰ τοῦτο προσέρχονται ἀνὰ εἷς οἱ δεύτεροι νικηταὶ καὶ λαμβάνουσιν ἐκ τῶν χειρῶν τοῦ βασιλέως κλῶνον δάφνης καὶ τὸ χαλκοῦν μετάλλιον. Εἰς τοὺς πρώτους νικητὰς ἐπεδόθησαν καὶ τὰ διάφορα ταχθέντα ὑπὸ ἰδιωτῶν δῶρα καὶ ἔπαθλα. Ὁ Γκράβελότ, ὡραῖον ἀργυροῦν

P. Karasseudhas, Grèce. Tir au revolver d'ordonnance 25 mètres, *J. Paine*, États-Unis, Amérique. Tir au revolver 30 mètres, *S. Paine*, États-Unis, Amérique. Tir au pistolet 25 mètres, *S. Phrangoudhis*, Grèce.

V. Escrime. Épée (amateurs), *Gravelotte*, France. Sabre (amateurs), *J. Georgiadhis*, Grèce. Épée (professeurs). *L. Pyrgos*, Grèce.

VI. Courses vélocipédiques. Course de 100 kilomètres, *L. Flamand*, France. Course de 2 kilomètres, *P. Masson*, France. Course de 10 kilomètres, *P. Masson*, France. Course de vitesse, *P. Masson*, France. Course vélocipédique de Marathon, *A. Constantinidhis*, Grèce. Course de 12 heures, *Ad. Schmal*, Autriche.

VII. Jeux Athlétiques. Lawn-Tennis simple, *J. P. Boland*, Angleterre. Lawn-Tennis double, *J. P. Boland, F. Thraun*, Allemagne.

Lorsque le héraut clama Louis et que le vainqueur de la course de Marathon monta sur l'estrade, l'amphithéâtre éclata en applaudissements, qui redoublèrent quand des pigeons enrubannés aux couleurs nationales furent lancés en signe d'allégresse d'un grand nombre de tribunes. Des drapeaux flottent en l'air, les chapeaux et les mouchoirs s'agitent, les yeux s'humectent de larmes et les étrangers restent stupéfaits en présence d'un tel spectacle. Les champions Hongrois et Américains ainsi que l'Allemand M. Schuhmann, qui tous portent sur leur poitrine les armoiries helléniques, reçoivent des spectateurs de nombreux témoignages de sympathie.

Vient ensuite le tour des seconds prix, qui, l'un après l'autre montent successivement sur l'estrade, où le Roi remet à chacun d'eux une médaille de bronze et une branche de laurier. On remet aussi aux premiers prix les dons réservés à divers concours. Louis reçoit, outre la coupe d'argent offerte par M. Bréal, un vase antique donné par M. J. Lambros ; M. Gravelotte, un magnifique vase d'argent, don du Club Athénien; M. Karassevdhas, un fusil et M. Phrangoudhis, un pistolet. Enfin le Roi remet une branche de laurier à M. Robertson, auteur de l'ode pindarique.

La solennité de la distribution des prix terminée, M. Gaebhart, représentant de l'Allemagne à Athènes pour les Jeux Olympiques, offrit au Prince Héritier une couronne de laurier nouée

ἀγγεῖον δῶρον τῆς Ἀθηναϊκῆς Λέσχης. Ὁ Καρασεβδᾶς τουφέκιον καὶ ὁ Φραγκούδης πιστόλιον. Τέλος πρὸς τὸν Ῥόβερτσον, τὸν ποιητὴν τῆς πινδαρικῆς ᾠδῆς ὁ Βασιλεὺς ἀπένειμε κλῶνον δάφνης.

Μετὰ τὴν ἀπονομὴν τῶν βραβείων, προβὰς ὁ ἐν Ἀθήναις ἀντιπρόσωπος τῆς Γερμανίας κατὰ τοὺς ἀγῶνας Δρ. Γκέμπαρτ προσέφερε πρὸς τὸν Διάδοχον ὡραῖον ἐκ δάφνης στέφανον μετὰ ταινιῶν ἐξ ἑλληνικῶν καὶ γερμανικῶν χρωμάτων, συνοδεύσας αὐτὸν δι' εὐφραδοῦς καὶ ἐνθουσιώδους προσλαλιᾶς, εἰς ἣν ἀπήντησε δι' ὀλίγων γερμανιστὶ εὐχαριστῶν ὁ Διάδοχος.

Εἶτα ἐγένετο, κατὰ τὸ πρόγραμα, ἡ περιαγωγὴ τῶν Ὀλυμπιονικῶν εἰς τὸ Στάδιον. Ἡγουμένου τοῦ ἀλυτάρχου κ. Μάνου, πάντες οἱ Ὀλυμπιονίκαι καὶ οἱ δεύτεροι ἐλθόντες, φέροντες εἰς χεῖρας τὸ τίμιον ἔπαθλον τοῦ κοτίνου καὶ τῆς δάφνης, περιέρχονται τὸν στίβον βραδεῖ βήματι, ὑπὸ τὰ ἐνθουσιώδη ἐμβατήρια τῶν παρατεταγμένων μουσικῶν. Εἰς τὴν πρώτην σειρὰν βαδίζει ὁ Λούης, ὅστις συγκεκινημένος, ζαλισμένος, ἀμηχανῶν ἐκ τῶν ἀκαταπαύστων ἐνδείξεων, πέμπει διὰ τῶν δύο χειρῶν ἀσπασμοὺς δεξιᾷ καὶ ἀριστερᾷ. Παρὰ τὴν ἄκραν τοῦ στίβου, εἷς τῶν θεατῶν ἐγχειρίζει αὐτῷ μικρὰν ἑλληνικὴν σημαίαν καὶ ταύτην φέρει μέχρι τοῦ τέλους τῆς περιοδείας, σείων αὐτὴν θριαμβευτικῶς.

Μετὰ τὸ τέλος τῆς πομπῆς ὁ βασιλεὺς ἀνεφώνησε μεγαλοφώνως:

«Κηρύττω τὴν λῆξιν τῶν πρώτων Διεθνῶν Ὀλυμπιακῶν Ἀγώνων.» Καὶ μετὰ τὰς τελευταίας ζητωκραυγάς, τὸ πλῆθος ἐξέρχεται ἀθρόον.

Τότε ἐκ τοῦ προχείρου ἐνεργεῖται αὐθόρμητος διαδήλωσις. Ὅλον τὸ πλῆθος μὲ τὰ μέλη τοῦ Δωδεκαμελοῦς Συμβουλίου καὶ τὸν κ. Φιλήμονα ἐπὶ κεφαλῆς, ἡγουμένων τῶν μουσικῶν καὶ τῶν σημαιῶν τῶν διαφόρων Ἐθνῶν, φερομένων ὑπὸ τῶν κλητήρων τοῦ Σταδίου, προχωρεῖ πρὸς τ' Ἀνάκτορα καὶ διὰ κραυγῶν ζητεῖ νὰ ἐμφανισθῇ ὁ Διάδοχος, ὅστις καὶ ἐμφανίζεται εἰς τὰ Προπύλαια μετὰ τῶν βασιλοπαίδων Γεωργίου καὶ Νικολάου. Τότε ὁ κ. Λ. Δεληγεώργης ἐκ μέρους τοῦ Συμβουλίου προσφέρει πρὸς τὸν Διάδοχον στέφανον δάφνης μετὰ καταλλήλου προσλαλιᾶς, εἰς ἣν ἀπαντᾷ ὁ Διάδοχος, ζητωκραυγάζων ἐν τέλει ὑπὲρ τοῦ Ἔθνους. Κατόπιν προσφωνεῖ ἐκ μέρους τῶν Ὀλυμπιονικῶν ὁ κ. Ὀρφανίδης, ὁ δὲ Διάδοχος καὶ αὖθις ἀπαντᾷ. Ἀκολούθως ἡ πομπὴ μετέβη εἰς τὰ Γραφεῖα τοῦ Συμβουλίου τῶν Ὀλυμπιακῶν Ἀγώνων, ὅπου ὁ βουλευτὴς κ. Παπαμιχαλόπουλος, μέλος τῆς πρὸς παρασκευὴν Ἑλλήνων Ἀθλητῶν Ἐπιτροπῆς, προσεφώνησε διερμηνεύων τὰ αἰσθήματα τοῦ ἑλληνικοῦ λαοῦ τὸν Δ. Βικέλαν, πρόεδρον

de rubans aux couleurs de la Grèce et de l'Allemagne. En remettant le couronne, M. Gaebhart prononça une chaleureuse allocution, à laquelle le Prince Héritier répondit en allemand par quelques paroles de remerciement.

Ensuite eut lieu, conformément au programme, le défilé des athlètes sur la piste. Sous la conduite de M. Manos, directeur des Jeux, les olympioniques et les seconds prix, portant tous leurs branches d'olivier ou de laurier, font à pas lents le tour de l'arène, aux sons des marches triomphales qu'exécutent les diverses musiques. Louis est au premier rang; ému et troublé, il remercie par ses gestes la foule qui l'acclame, et agite continuellement un petit drapeau grec que lui a fait passer un des spectateurs.

Le défilé terminé, le Roi se leva et prononça à haute voix les paroles suivantes : «Je proclame la clôture de la première Olympiade.» La foule répondit à ces mots par de nombreux vivats, puis elle s'écoula lentement.

Peu après s'organise spontanément une manifestation. La foule, sous la conduite du conseil des douze et de M. Philémon, accompagnée des diverses musiques et des huissiers du Stade portant les drapeaux des nations qui étaient représentées aux Jeux, se dirige vers le Palais où elle acclame le Prince Héritier. Celui-ci parait au balcon, accompagné de ses deux frères, les Princes Georges et Nicolas. M. Déligeorges lui remet de la part du conseil des douze une couronne de laurier en lui adressant une chaleureuse allocution, à laquelle le Prince Héritier répond par quelques mots de remerciement qu'il termine en s'écriant : «Vive la Grèce !» M. Orphanidhis lui adresse ensuite une allocution au nom des olympioniques, à laquelle S. A. répond également ment. La démonstration se rend ensuite processionnellement devant les bureaux du sécrétariat général, où M. C. Papamikhalopoulos, député et membre de la commission chargée de préparer les athlètes Hellènes, se faisant l'interprète des sentiments du public, adresse une allocution à M. Vikélas, président de la commission internationale des Jeux Olympiques, et à M. Philémon secrétaire général du comité. Après quoi la foule se disperse.

Le soir, les monuments de l'Acropole brillam-

τῆς Διεθνοῦς τῶν Ἀγώνων Ἐπιτροπῆς καὶ τὸν Γενικὸν Γραμματέα Τιμ. Φιλήμονα. Καὶ τὸ πλῆθος κατόπιν διελύθη.

Τὴν ἑσπέραν ἐφωταγωγήθη καὶ αὖθις διὰ πυρσῶν ἡ Ἀκρόπολις. Καὶ ἡ αἴγλη ἐκείνη ἡ ἐπιπλανωμένη ἐπὶ τοῦ Παρθενῶνος καὶ τῶν προπυλαίων καὶ προσδίδουσα εἰς τὰ ἔνδοξα ἐρείπια ἄρρητον κάλλος, πανηγυρικῶς τώρα ἐσυμβόλιζε τὸν νέον θρίαμβον τοῦ ἀρχαίου πνεύματος διὰ τῆς θαυμαστῆς ἐπιτυχίας τῶν Ἀγώνων.

Τὴν σειρὰν τῶν ἑορτῶν ἐπεσφράγισε τὸ παρατεθὲν ἐν Κηφισίᾳ τὴν ἐπομένην ἡμέραν ἀποχαιρετιστήριον γεῦμα ὑπὸ τοῦ Δήμου Ἀθηναίων πρὸς τοὺς ξένους ἀθλητάς. Προσκεκλημένοι ἦσαν περὶ τοὺς 160, παρεκάθισαν δὲ ὁ Διάδοχος, οἱ βασιλόπαιδες Γεώργιος καὶ Νικόλαος, τὸ ὑπουργικὸν συμβούλιον, τὰ μέλη τῶν διαφόρων ἐπιτροπῶν, οἱ ξένοι ἀντιπρόσωποι καὶ ἀθληταί, οἱ ἀντιπρόσωποι τοῦ τύπου κλπ. Κατ' αὐτὸ ὁ Δήμαρχος Ἀθηναίων προπιὼν πρῶτον ὑπὲρ τοῦ Βασιλέως, προέπιε κατόπιν ὑπὲρ τοῦ Διαδόχου καὶ τῶν βασιλοπαίδων Γεωργίου καὶ Νικολάου, ἐκφράζων τὴν εὐγνωμοσύνην τοῦ Δήμου πρὸς τοὺς βασιλόπαιδας, διότι αὐτοὶ πρὸ πάντων διὰ τῆς δράσεώς των συνετέλεσαν εἰς τὴν ἐπιτυχίαν τῶν Ἀγώνων. Ἀπήντησεν εὐγλώττως εὐχαριστῶν ὁ Διάδοχος. Ὁ κ. Φιλήμων προέπιεν ὑπὲρ τῆς Κυβερνήσεως εἰς ἣν ἀπήντησεν ὁ πρωθυπουργὸς κ. Δηλιγιάννης. Ἐπηκολούθησαν διάφοροι ἄλλαι προπόσεις, τελευταία τῶν ὁποίων καὶ ἐνθουσιωδεστάτη ὑπῆρξεν ἡ τοῦ κ. Κέμενυ.

Τὸ γεῦμα ἔληξεν ἐν τῷ μέσῳ παρατεταμένων ζητωκραυγῶν, ἀφοῦ πρότερον ἐφωτογραφήθησαν ἐν συμπλέγματι οἱ συνδαιτυμόνες πρὸς ἀνάμνησιν.

Καὶ ἀπὸ τῆς ἐπομένης οἱ ξένοι καθ' ὁμάδας ἀνεχώρησαν εἰς τὴν πατρίδα των, προπεμπόμενοι μέχρι τῆς τελευταίας στιγμῆς δι' ἐνδείξεων ἀγάπης, ἀποκομίζοντες ἐντυπώσεις ἀγάπης καὶ θαυμασμοῦ πρὸς τὴν Ἑλλάδα, ἅμα δὲ καὶ τὴν στερρὰν πεποίθησιν ὅτι ἡ Ἑλλάς, κατὰ τὴν βασιλικὴν ὅρασιν, ἔσται τὸ εἰρηνικὸν ἐντευκτήριον τῶν Ἐθνῶν, τὸ διαρκὲς καὶ μόνιμον πεδίον τῶν Ὀλυμπιακῶν ἀγώνων.

X. ΑΝΝΙΝΟΣ

---

ment illuminés symbolisèrent le nouveau triomphe que venaient de remporter les immortelles institutions de l'antiquité par le rétablissements des Jeux Olympiques, dont le succès avait été si complet.

La série des fêtes se termina par le banquet d'adieu que la municipalité d'Athènes offrit le lendemain, à Képhissia, aux athlètes étrangers. Les invités étaient au nombre d'environ cent soixante, parmi lesquels figuraient le Prince Héritier, les Princes Georges et Nicolas, les ministres, les membres des diverses commissions, les athlètes étrangers, les représentants de la presse, etc. Le Maire d'Athènes, après avoir bu à la santé du Roi, porta un toast en l'honneur du Prince Héritier et des Princes Georges et Nicolas, dans lequel il leur exprima la reconnaissance de la ville d'Athènes pour le généreux concours qu'ils avaient prêté à l'œuvre du rétablissement des Jeux Olympiques. Le Prince Héritier lui répondit par quelques paroles de remerciement. M. Philémon porta ensuite en l'honneur du gouvernement un toast auquel répondit M. Délyannis, président du conseil. Ces deux toasts furent suivis de plusieurs autres, dont le plus enthousiaste fut assurément celui que prononça à la fin le Hongrois M. Kémény.

On photographia ensuite en groupe tous les convives, et le banquet se termina par des vivats prolongés.

A partir du lendemain, les étrangers commencèrent à quitter peu à peu la Grèce, où ils ne cessèrent de rencontrer jusqu'au dernier moment des témoignages de sympathie, et d'où ils emportèrent, avec les meilleures impressions, la conviction que, selon la phrase du Roi : «la Grèce était destinée à devenir le rendez-vous pacifique des nations, et le champ stable et permanent des Jeux Olympiques.»

CH. ANNINOS

ΠΙΝΑΞ ΤΩΝ ΕΙΚΟΝΩΝ

TABLE DES GRAVURES

* Αἱ μετ' ἀστερίσκου εἰκόνες κατεσκευάσθησαν κατὰ τὰς φωτογραφίας τοῦ ἐν Βερολίνῳ φωτογράφου τῆς Αὐλῆς Κ⁰ⁿ A. Meyer.

* Les gravures marquées d'une étoile sont réproduit d'après les photographies de M' A. Meyer, photographe de la Cour de Berlin.

ΕΝ ΑΘΗΝΑΙΣ

ΕΚ ΤΟΥ ΤΥΠΟΓΡΑΦΕΙΟΥ ΤΗΣ ΕΣΤΙΑΣ

Κ. ΜΑΪΣΝΕΡ ΚΑΙ Ν. ΚΑΡΓΑΔΟΥΡΗ

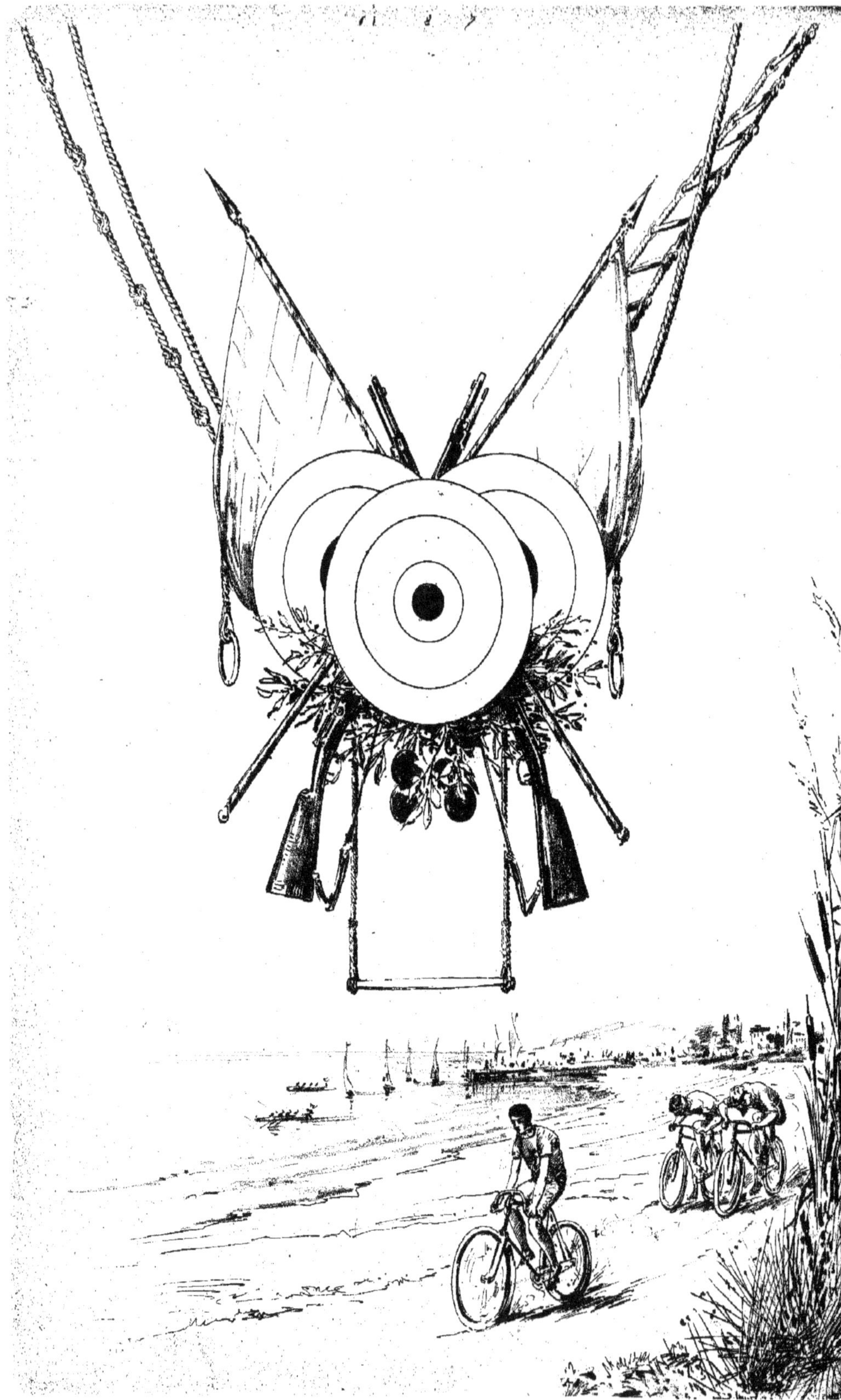